ENZYKLOPÄDIE
DEUTSCHER
GESCHICHTE
BAND 16

ENZYKLOPÄDIE
DEUTSCHER
GESCHICHTE
BAND 16

HERAUSGEGEBEN VON
LOTHAR GALL

IN VERBINDUNG MIT
PETER BLICKLE,
ELISABETH FEHRENBACH,
JOHANNES FRIED,
KLAUS HILDEBRAND,
KARL HEINRICH KAUFHOLD,
HORST MÖLLER,
OTTO GERHARD OEXLE,
KLAUS TENFELDE

DIE JUDEN IN DEUTSCHLAND 1780–1918

VON
SHULAMIT VOLKOV

2., verbesserte Auflage

R. OLDENBOURG VERLAG
MÜNCHEN 2000

Aus dem Englischen übersetzt von Simone Gundi.

Die Deutsche Bibliothek – CIP-Einheitsaufnahme

Enzyklopädie deutscher Geschichte / hrsg. von Lothar Gall in
Verbindung mit Peter Blickle ... – München : Oldenbourg.

ISBN 3-486-53691-5

Bd. 16. Volkov, Šûlāmît: Die Juden in Deutschland 1780–1918

Volkov, Šûlāmît:
Die Juden in Deutschland 1780–1918 / von Shulamit
Volkov. – 2. Aufl. – München :
Oldenbourg, 2000
 (Enzyklopädie deutscher Geschichte ; Bd. 16)
 ISBN 3-486-56481-1 brosch.
 ISBN 3-486-55070-5 Gewebe

© 2000 R. Oldenbourg Wissenschaftsverlag, München
Internet: http://www.oldenbourg-verlag.de

Das Werk einschließlich aller Abbildungen ist urheberrechtlich geschützt. Jede
Verwertung außerhalb der Grenzen des Urheberrechtsgesetzes ist ohne Zustimmung des Verlages unzulässig und strafbar. Das gilt insbesondere für Vervielfältigungen, Übersetzungen, Mikroverfilmungen und die Einspeicherung und Bearbeitung in elektronischen Systemen.

Umschlaggestaltung: Dieter Vollendorf, München

Gesamtherstellung: R. Oldenbourg Graphische Betriebe Druckerei GmbH, München

ISBN 3-486-55070-5 geb.
ISBN 3-486-56481-1 brosch.

Vorwort

Die „Enzyklopädie deutscher Geschichte" soll für die Benutzer – Fachhistoriker, Studenten, Geschichtslehrer, Vertreter benachbarter Disziplinen und interessierte Laien – ein Arbeitsinstrument sein, mit dessen Hilfe sie sich rasch und zuverlässig über den gegenwärtigen Stand unserer Kenntnisse und der Forschung in den verschiedenen Bereichen der deutschen Geschichte informieren können.

Geschichte wird dabei in einem umfassenden Sinne verstanden: Der Geschichte der Gesellschaft, der Wirtschaft, des Staates in seinen inneren und äußeren Verhältnissen wird ebenso ein großes Gewicht beigemessen wie der Geschichte der Religion und der Kirche, der Kultur, der Lebenswelten und der Mentalitäten.

Dieses umfassende Verständnis von Geschichte muß immer wieder Prozesse und Tendenzen einbeziehen, die säkularer Natur sind, nationale und einzelstaatliche Grenzen übergreifen. Ihm entspricht eine eher pragmatische Bestimmung des Begriffs „deutsche Geschichte". Sie orientiert sich sehr bewußt an der jeweiligen zeitgenössischen Auffassung und Definition des Begriffs und sucht ihn von daher zugleich von programmatischen Rückprojektionen zu entlasten, die seine Verwendung in den letzten anderthalb Jahrhunderten immer wieder begleiteten. Was damit an Unschärfen und Problemen, vor allem hinsichtlich des diachronen Vergleichs, verbunden ist, steht in keinem Verhältnis zu den Schwierigkeiten, die sich bei dem Versuch einer zeitübergreifenden Festlegung ergäben, die stets nur mehr oder weniger willkürlicher Art sein könnte. Das heißt freilich nicht, daß der Begriff „deutsche Geschichte" unreflektiert gebraucht werden kann. Eine der Aufgaben der einzelnen Bände ist es vielmehr, den Bereich der Darstellung auch geographisch jeweils genau zu bestimmen.

Das Gesamtwerk wird am Ende rund hundert Bände umfassen. Sie folgen alle einem gleichen Gliederungsschema und sind mit Blick auf die Konzeption der Reihe und die Bedürfnisse des Benutzers in ihrem Umfang jeweils streng begrenzt. Das zwingt vor allem im darstellenden Teil, der den heutigen Stand unserer Kenntnisse auf knappstem Raum zusammenfaßt – ihm schließen sich die Darlegung und Erörterung der Forschungssituation und eine entsprechend gegliederte Auswahlbibliographie an –, zu starker Konzentration und zur Beschränkung auf die zentralen Vorgänge und Entwicklungen. Besonderes Gewicht ist daneben, unter Betonung des systematischen Zusammenhangs, auf die Abstimmung der einzelnen Bände untereinander, in sachlicher Hinsicht, aber auch im Hinblick auf die übergreifenden Fragestellungen, gelegt worden. Aus dem Gesamtwerk lassen sich so auch immer einzelne, den jeweiligen Benutzer besonders interessierende Serien zusammenstellen. Ungeachtet dessen aber bildet jeder Band eine in sich abgeschlossene Einheit – unter der persönlichen Verantwortung des Autors und in völliger Eigenständigkeit gegenüber den benachbarten und verwandten Bänden, auch was den Zeitpunkt des Erscheinens angeht.

Lothar Gall

Inhalt

Vorwort der Verfasserin zur 1. Auflage 1

I. *Enzyklopädischer Überblick* 3
   A. *Der Ausgangspunkt* 3
   B. *Integration, Akkulturation und Emanzipation* 8
      1. Wege in die deutsche Gesellschaft: Das Besitz- und Bildungsbürgertum 8
      2. Die Mühen und Grenzen des „Eintritts" 14
      3. Der Zickzackkurs der rechtlichen Gleichstellung . . 17
   C. *Vormärzliche Reaktion, Reform und interne Differenzierung (I)* 21
      1. Die „Judenfrage" 21
      2. Frühe Reformbemühungen und die Wissenschaft des Judentums 24
      3. Die Spielarten der Reform und eine neue Öffentlichkeit 28
   D. *Intermezzo: Die Revolution und die Zeit danach* 35
      1. Die Revolution von 1848 35
      2. Die rechtliche Entscheidung und die Ambivalenz der Integration 42
   E. *Antisemitismus, sozialer Wandel, interne Differenzierung (II)* 47
      1. Der moderne Antisemitismus 47
      2. Assimilation und Dissimilation 53
      3. Abwehrorganisationen, Zionismus und ein neues Selbstbewußtsein 59
   F. *Der Erste Weltkrieg: Hoffnungen und Enttäuschungen* . 67

II. *Grundprobleme und Tendenzen der Forschung* 71
   A. *Die Geschichte der deutsch-jüdischen Geschichtsschreibung* 71
      1. Im Schatten des Nationalsozialismus 71

2. Die jüdische Geschichtsschreibung: Der Anfang einer neuen Disziplin 72
3. Nach dem Kriege: Neue Ansätze und neue Richtungen 77
4. Zur Definition von „deutsch" und „jüdisch" 82

B. *Akkulturation, Integration, religiöse Differenzierung* . . 86
1. Frühe Akkulturation und die Herausforderung des Zusammenlebens 86
2. Reform und religiöse Differenzierung 94
3. Die Grenzen der Geistesgeschichte und der Biographie 97

C. *Emanzipation* 102
1. Die langwierige Debatte 102
2. Die Revolution von 1848 107

D. *Sozialer Wandel, Antisemitismus, ideologische Differenzierung* 113
1. Mobilität und Modernisierung 113
2. Der moderne Antisemitismus 117
3. Jüdische Reaktionen: Die Geschichte des Central-Vereins und des Zionismus 122
4. Die Vielfalt jüdischen Lebens 129

III. *Quellen und Literatur* 131
1. Gedruckte Quellen und Schriften der Zeitgenossen 131
2. Autobiographisches und Biographisches 133
3. Allgemeine Darstellungen, Zeitschriften und Sammelbände 134
4. Politische, Sozial- und Wirtschaftsgeschichte der Juden in Deutschland, 1780–1918 137
   a. Allgemeine Darstellungen – b. 1780–1848 – c. 1848/1849 – d. 1849–1918 137
5. Kultur- und Geistesgeschichte 145
6. Zur Geschichte des Antisemitismus 148
7. Geschichte der einzelnen Gemeinden und Regionalgeschichte 151

Register 155

Themen und Autoren 163

Vorwort der Verfasserin zur 1. Auflage

Dieses Buch ist einer von drei Bänden der *Enzyklopädie deutscher Geschichte*, die sich mit den Juden in Deutschland befassen. Es behandelt ein langes und besonders wichtiges Kapitel ihrer Geschichte, kann jedoch ohne Kenntnis des darauf folgenden nicht geschrieben oder gelesen werden. Es ist klar, daß deutsch-jüdische Geschichte ohne Erwähnung der Vernichtung der Juden als Teil der nationalsozialistischen „Endlösung" nicht wiedergegeben werden kann. Die ausführliche Behandlung dieses Themas in einem weiteren Band hat Moshe Zimmermann übernommen. Was mich betrifft, so habe ich versucht, das Schicksal der Juden immer vor Augen zu behalten, doch gleichzeitig zu vermeiden, ihre Geschichte deterministisch zu interpretieren oder als fortwährende Verfolgung und unabwendbare Katastrophe zu schildern.

Das Buch versucht in der Tat das Unmögliche: sowohl die gesamte Geschichte des deutschen Judentums – von der Aufklärung bis zum Ende des alten Regimes in Deutschland 1918 – zu skizzieren, als auch die Historiographie dieser Zeit mit all ihrer methodologischen und ideologischen Komplexität zu analysieren. Der erste Teil hat sich deshalb mit sozialen, wirtschaftlichen, politischen und kulturgeschichtlichen Themen zu befassen; ebenso mit internen Aspekten jüdischen Fortschritts und den Beziehungen zwischen Juden und ihrer nichtjüdischen Umgebung. Allgemeine Trends müssen in Betracht gezogen werden, ohne wesentliche Ereignisse oder einzelne prominente Persönlichkeiten außer acht zu lassen. Dies war nur durch strikte Auswahl möglich, um zu entscheiden, was unbedingt einbezogen werden mußte und was unter diesen Umständen weggelassen werden konnte. Auch im zweiten Teil des Buches mußten zahlreiche Themen und eine beträchtliche Anzahl historiographischer Beiträge ausgelassen werden. Unweigerlich fiel die Auswahl in beiden Teilen sehr persönlich aus. Es ist mir völlig klar, daß meine Entscheidungen manchmal nicht ganz überzeugend scheinen und immer strittig sind.

Der erste Entwurf dieses Buches entstand in Form einer Vorlesungsreihe an der Universität München während des Sommersemesters 1989. Einen zweiten Entwurf schrieb ich im darauffolgenden akademischen Jahr. Als Fellow des Historischen Kollegs standen mir perfekte Arbeitsbedingungen zur Verfügung, ich genoß große Gastfreundschaft und ebenso eine intellektuell anregende Umgebung. Während dieser Zeit standen mir Gerhard A. Ritter und der wenig später verstorbene Thomas Nipperdey unausgesetzt mit Ermutigung und Rat zur Seite.

Auch für die Hilfe bei der endgültigen Fertigstellung des Manuskripts bin ich vielen Freunden Dank schuldig. Simone Gundi erwies sich als ganz besonders selbständige und kreative Forschungsassistentin. Sie übersetzte schließlich auch meinen englischen Text mit Geduld und Einfühlungsvermögen ins Deutsche. Elisabeth Fehrenbach und Adolph Dieckmann lasen mit größter Sorgfalt sowohl die englische als auch die deutsche Fassung. Sie gaben mir unzählige wertvolle Anregungen und machten Verbesserungsvorschläge. Letztlich war es Jacob Toury, der besonders wichtige Hilfe leistete; er las das Manuskript mehrere Male und korrigierte Ungenauigkeiten sowie sprachliche Fehler. Außerdem machte er mich auf verschiedene Interpretationsprobleme aufmerksam, schlug Alternativen vor und wies mich auf weitere Quellen hin. Nicht immer habe ich seine Ansichten akzeptiert, aber in allen Fällen waren seine Kommentare unschätzbar.

Zum Schluß möchte ich meinen Mitarbeitern im Institut für deutsche Geschichte an der Universität Tel Aviv danken; ihnen ist dieses Buch gewidmet: Frank Stern machte viele hilfreiche Vorschläge, nachdem er das gesamte Manuskript durchgelesen hatte. Marianne Koppel und Adina Stern halfen, wo immer nötig. Vor allem ermöglichten mir alle drei, im Ausland zu sein, während ich das Buch ausarbeitete. Sie sorgten dafür, daß das Institut ohne mich genauso gut wie mit mir funktionierte. Das war eine große Erleichterung und ebenso eine wirksame Ernüchterung.

Tel Aviv, April 1993 S. V.

I. Enzyklopädischer Überblick

A. Der Ausgangspunkt

Für die Neuere Geschichte der Juden in Deutschland gibt es keinen eindeutigen Anfang. Kein Einzelereignis in den inneren Angelegenheiten der Juden oder in ihren Beziehungen zur christlichen Umwelt genügt den Ansprüchen weder der deutschen noch der jüdischen Geschichte. Kein spezifisches Datum erweist sich gleichzeitig für die kulturelle, die soziale, die politische und die ökonomische Geschichte als eindeutig relevant. Dennoch ergibt sich durch ein Bündel von Ereignissen in den 1780er Jahren ein geeigneter Ausgangspunkt: 1782 wurde der erste Versuch unternommen, den rechtlichen Status der Juden zu ändern – das Toleranzpatent Josephs II. – nur kurz nach dem Erscheinen des ersten Teils von Christian Wilhelm Dohms epochemachendem Werk „Über die bürgerliche Verbesserung der Juden" (1781) [7]. Im Jahr 1783 erschien auch Moses Mendelssohns Buch „Jerusalem oder über religiöse Macht und Judentum" [in 25: Gesammelte Schriften], während fast gleichzeitig eine Welle innerjüdischer intellektueller Aktivitäten und Ansätze zur gesellschaftlichen Integration zu verzeichnen war. *Der Anfang der Neueren Geschichte der Juden*

Der geographische Rahmen unseres Themas ist ebenso schwierig zu bestimmen wie seine zeitlichen Grenzen. Die Zersplitterung des deutschen politischen Lebens am Ende des 18. Jahrhunderts und die unterschiedlichen sozialen und wirtschaftlichen Bedingungen im Alten Reich lassen jede vorschnelle Verallgemeinerung suspekt erscheinen. Außerdem wurde das Leben der jüdischen Gemeinden in diesen Gebieten von einer Vielzahl externer und interner Umstände beeinflußt, so daß kaum eine Aussage auf sie alle gleichzeitig zutreffen kann. Keine Einzelgemeinde kann als repräsentativ für alle betrachtet werden, keine zwei erlebten ganz identische Entwicklungen. Die Veränderungen, die am Ende des 18. Jahrhunderts das jüdische Leben in Berlin radikal umformten, deuteten sich in anderen Zentren zur selben Zeit noch nicht einmal an. Die Entwicklung auf dem Lande unterschied sich in ihrer Geschwindigkeit und ihrem Charak- *Regionale Verschiedenheit der Lebensumstände* ter von der in den Städten. Ost- und westdeutsche Gebiete wiesen verschiedene Entwicklungsmodelle auf. Selbst innerhalb der Einzelstaaten, die das mosaikartige Deutschland des 18. Jahrhunderts bildeten, variierten die Bedingungen des jüdischen Lebens entsprechend den historischen Umständen und den diversen überkommenen lokalen Regeln und Gesetzen.

Juden in Preußen: meist in Städten

So lebten die Juden in Preußen meist in Städten, nachdem sie vom Monarchen und seiner Bürokratie zur Ansiedlung dort ermuntert worden waren. Ihre individuelle soziale und rechtliche Stellung unterschied sich aber von Ort zu Ort. In Halberstadt beispielsweise lebte ungestört eine angesehene jüdische Gemeinde, während im benachbarten Magdeburg die Juden immer wieder selbst um eine kurzfristige Aufenthaltserlaubnis betteln mußten. Innerhalb jeder Stadt genossen manche Juden persönliche Privilegien, während andere mehr oder weniger abhängig und stets der drohenden Ausweisung ausgesetzt waren. Außerhalb von Preußen war die Situation oft umgekehrt: In Bayern war es den Juden meist verboten, in Städten zu leben, deshalb bildeten sie eine vorwiegend ländliche Bevölkerung, die sich auf viele kleine, ja winzige Gemeinden verteilte. Trotz einer Unzahl von Beschränkungen waren aber auch dort städtische Gemeinden nicht gänzlich unbekannt. In Fürth überlebte jahrhundertelang eine alte, respektierte Gemeinde, während die Juden im naheliegenden Nürnberg nicht einmal ein Nachtlager beziehen durften. In Baden, Hessen, in der bayerischen Pfalz, in Franken und Westfalen wohnten die Juden fast ausschließlich in kleinen Dörfern und bildeten dort – aufgrund des traditionellen Verbotes, Land zu besitzen und zu bebauen – eine Art kommerzielle Dienstleistungsgruppe, die zwar unentbehrlich, aber dennoch nicht weniger ungeliebt war.

Juden außerhalb von Preußen: auf dem Land und in der Stadt

Die Anzahl der Juden um 1800

Um die Mitte des 18. Jahrhunderts lebten im gesamten Gebiet des zukünftigen deutschen Kaiserreichs gut 12 500 jüdische Familien, die eine Bevölkerung von etwa 70 000 Personen bildeten [J. TOURY]. Nur ein halbes Jahrhundert später, nach einer Reihe von Grenzverschiebungen, kam es durch die 12 000 Juden in Westpreußen und die 50 000 in der Provinz Posen zu einer Verdoppelung dieser Anzahl. Zu dieser Zeit lebten in Preußen zwischen 150 000 und 175 000 Juden. Zusätzlich kann man in den Habsburgischen Ländern eine jüdische Bevölkerung von etwa 70 000 annehmen, die zuerst in Böhmen und Mähren konzentriert war und später durch 200 000 galizische Juden deutlich vermehrt wurde [J. THON]. Am Ende der napoleonischen Kriege beherbergte der mitteleuropäische,

A. Der Ausgangspunkt

vorwiegend deutschsprachige Raum zwischen 400 000 und 500 000 Juden.

Innerhalb der Grenzen des zukünftigen Kaiserreichs machten die Juden etwa ein Prozent der Gesamtbevölkerung aus; knapp die Hälfte von ihnen lebte in Preußen und etwa 20% (53 000) in Bayern. Nur in Hessen gab es einen bedeutend höheren Anteil an Juden, nämlich drei Prozent der Bevölkerung, in Sachsen hingegen waren es wegen der langjährigen Siedlungsbeschränkungen nur 0,05%. In der Habsburger Monarchie, deren Zahlen für das frühe 19. Jahrhundert besonders unzuverlässig sind, waren offenbar etwa 2,5% der Bevölkerung Juden. Diese Zahl enthält allerdings das galizische Judentum, dessen Bevölkerungsanteil bei 7% lag, und ist deshalb leicht irreführend.

Der Anteil an der Gesamtbevölkerung

Gemeinden mit mehr als 1000 Mitgliedern gab es um 1780 nur in Frankfurt am Main, in Hamburg/Altona, in Glogau, Mannheim, Zülz (Oberschlesien) und Fürth. Zusammen umfaßten diese etwa ein Viertel der jüdischen Gesamtbevölkerung auf dem Gebiet des zukünftigen Kaiserreichs. Ein weiteres Viertel lebte auf dem Land und der Rest in Kleinstädten. Auch außerhalb dieser Grenzen wurden Juden normalerweise nur in kleinen Gruppen toleriert, gelegentlich bildeten sich aber, wie etwa in Wien, trotz aller Verbote einige größere städtische Gemeinden.

Größere städtische Gemeinden

Überall lebten die Juden bis spät im 18. Jahrhundert mehr oder weniger abgesondert von ihren nichtjüdischen Nachbarn. Sie befolgten die strengen Regeln der jüdischen Gesetze und standen unter der rechtlichen Aufsicht ihrer eigenen rabbinischen Gerichte *(Beith-Din)*. Ihre Sprache, das West-Jiddische oder Juden-Deutsche, entstanden aus dem Mittelhochdeutschen, konnte normalerweise an den örtlichen Sprachgebrauch angeglichen werden, blieb aber dennoch ein deutliches Zeichen ihrer Eigenart. Auch ihre Kleidung machte die Juden leicht erkennbar. Ihre religiösen Gebräuche und Familientraditionen unterschieden sie eindeutig von der übrigen Bevölkerung, und obwohl sie im späten 18. Jahrhundert nur noch selten in Ghettos zu leben gezwungen waren, pflegten sie in „Judenhäusern" oder „Judengassen", neben der Synagoge oder anderen Gemeindeeinrichtungen, zusammen zu wohnen. So bildeten sie oft auch räumlich eine abgeschlossene Gruppe.

Die Juden als geschlossene, abgesonderte Gruppe

Offene Verfolgung, Ausweisungen oder körperliche Angriffe waren zu dieser Zeit selten, aber dennoch erlebten die Juden täglich Erniedrigungen und litten unter einer Vielzahl von Einschränkungen. Gemäß den alten und neuen sich oft widersprechenden

Einschränkungen und Sondergesetze

"Judenordnungen" und Sondergesetzen waren die Juden gezwungen, Sonderabgaben aller Art, Schutzgelder sowie den besonders verhaßten "Leibzoll" für Menschen ebenso wie für Vieh oder Handelsgüter zu zahlen. Darüber hinaus zahlten sie für das Recht, ihren Beruf auszuüben, für Heiratserlaubnisse, für kurzfristige und ständige Aufenthaltsgenehmigungen sowie Abgaben zu allen möglichen Anlässen. In einer Gesellschaft, die allgemein weder Freizügigkeit noch Niederlassungsfreiheit oder freie Berufswahl kannte, war die persönliche Freiheit der Juden noch besonders begrenzt. Auch ihre Gemeinden wurden mit speziellen Steuern belastet, und in ihnen waren die Reichen für die Armen verantwortlich und der Gemeindevorstand für die gute Führung aller Mitglieder.

Wirtschaftliche Marginalität

Unter diesen Bedingungen bildeten die Juden eine Randgruppe, und ihre Marginalität wurde noch durch ihre materielle Notlage verstärkt. Die Tatsache der jüdischen Armut wurde leicht durch den legendären Reichtum einzelner Juden verschleiert, und die antisemitische Literatur, die endlos auf diesem Thema herumritt, akzentuierte immer wieder von neuem den falschen Anschein. In Wirklichkeit machten in der Mitte des 18. Jahrhunderts die eigentlich Reichen nicht mehr als zwei Prozent der gesamten jüdischen Bevölkerung aus. In manchen Städten, besonders in Gegenden, in denen erst seit kurzem Juden siedelten, fielen die Wohlhabenden in der Tat mehr ins Auge, typisch waren sie aber nirgendwo. Nur ein Viertel bis ein Drittel der jüdischen Bevölkerung Deutschlands lebte zu Ende des 18. Jahrhunderts in relativ wohlhabenden Umständen oder waren "gesicherte Existenzen" [J. TOURY]. Dagegen lebten mindestens zwei Drittel in unsicheren ökonomischen Verhältnissen oder gar in tiefer Armut.

Juden vorwiegend im Handel tätig

Die Quellen liefern keinen Überblick über die jüdische Berufsstruktur in Deutschland vor der Wende zum 19. Jahrhundert. Vereinzelte Daten, die von den damaligen Lokalbehörden gesammelt wurden, geben jedoch ein ungefähres Bild der Situation. Demnach läßt sich überall in Deutschland eine Dominanz der Handelstätigkeit unter den Juden feststellen. Die Zahl der mit Geld und Kredit Beschäftigten blieb hingegen eher unbedeutend, auch wenn in manchen Zentren wie Berlin und Frankfurt bis zu 20% der Familienvorstände dazu gehörten. Aufgrund der verbreiteten Zunftrestriktionen waren nur wenige Juden Handwerker; eine Ausnahme machten nur die annektierten polnischen Gebiete, wo viele als Schneider oder Schuhmacher arbeiteten und andere in der Brauwirtschaft und im Schank- und Gastgewerbe beschäftigt waren. Insgesamt machten

A. Der Ausgangspunkt

Tagelöhner, Handlungsgehilfen und Hausangestellte etwa 50% der jüdischen Arbeitskräfte aus. Sie bildeten damit eine gewaltige sozial und legal entrechtete Unterschicht in der deutsch-jüdischen Gesellschaft.

Während die Armut der Juden in der deutschen Gesellschaft zu dieser Zeit nichts Besonderes war, unterschied sich ihre Berufsstruktur deutlich von der der nichtjüdischen, vorindustriellen Bevölkerung. Diese Abweichung von der „Normalität", für Minderheiten sehr typisch, zog die Aufmerksamkeit der Zeitgenossen auf sich. Seltsamerweise löste das, was über Jahrhunderte ein anerkannter, normaler Bestandteil des Lebens gewesen war, plötzlich Unbehagen und Polemik aus. Klagen über den Geldverleih und das Handelsmonopol der Juden waren nicht neu, aber erst jetzt riefen sie die Forderung nach Reform und Pläne zur „Verbesserung" hervor. Unter dem Einfluß der Aufklärung und dem Etatismus der staatlichen Bürokratien erschien der traditionelle Status der Juden und ihrer Gemeinden nicht länger hinnehmbar, ihre isolierte Existenz als inakzeptabel, ihre Einzigartigkeit als anstößig. Auch jüdische Stimmen setzten sich für eine größere Anpassungsfähigkeit ein und riefen nach Reformen. Man forderte nun – sowohl von innen als auch von außen – eine Neubestimmung der jüdischen Position. Dieser Wandel der Einstellung ist es, der mehr als jede konkrete Veränderung den Beginn der modernen Ära in der jüdischen Geschichte kennzeichnet.

Die Eigenart der Berufsstruktur der Juden

Die Eigenart der jüdischen Existenz erregt Kritik

B. Integration, Akkulturation, Emanzipation

1. Wege in die deutsche Gesellschaft: Das Besitz- und Bildungsbürgertum

Es wurde allmählich klar, daß ein wirklicher Wandel in der Stellung der Juden nur durch ihren langsamen Eintritt in die deutsche Gesellschaft, genauer: ins deutsche Bürgertum, möglich war. Und die unerläßliche Vorbedingung für diesen „Eintritt" war offensichtlich – für Juden genau wie für Nichtjuden – der Erwerb entweder von ausreichendem Besitz oder von geeigneter Bildung, am besten von beidem. Zunächst stechen vor allem die Lebensläufe weniger herausragender Individuen ins Auge, denen dieser „Eintritt" allen Widerständen zum Trotz gelang. Ihr Werdegang war aber kaum repräsentativ. Schließlich war auch früher schon Aufstieg als Folge großen wirtschaftlichen Erfolges selbst in die obersten Schichten der Gesellschaft nichts Neues, und die Erfahrungen einiger Hofjuden im 17. und frühen 18. Jahrhundert waren schon damals fast legendär. Diese fungierten zwar oft weiter als Fürsprecher in jüdischen Angelegenheiten, lebten aber in der rein christlichen Umgebung und verloren, selbst wenn sie formal der jüdischen Religion noch angehörten, langsam die Verbindung zum Judentum. Die Juden mögen sich später an den faszinierenden Geschichten, die sich um die Hofjuden im Finanzwesen, in der Diplomatie, in der Spionage und dem Liebesleben der barocken europäischen Höfe rankten, vielleicht erfreut haben, sie hielten sich jedoch zu dieser Zeit den jüdischen Massen zu fern, um ihnen als Beispiel zu dienen.

<small>Hofjuden – nicht repräsentativ</small>

Dem Verständnis leichter zugänglich waren die neu privilegierten, begüterten Mitglieder der jüdischen Gemeinde besonders in Berlin. In der zweiten Hälfte des 18. Jahrhunderts bildeten Daniel Itzig, Veitel Ephraim, Moses Isaak, Hertz Gumperts, Abraham Marcuse und die Brüder Fränkel und Hirsch, die Berliner Juden Friedrichs II., zusammen mit einigen wenigen in den östlichen preußischen Provinzen und in Süddeutschland eine neue jüdische

<small>Neu privilegierte Bürger</small>

B. Integration, Akkulturation und Emanzipation

gesellschaftliche Elite, die vor allem außergewöhnlich reich war. Veitel Ephraim, in der zweiten Generation Berliner, besaß eine Reihe überaus eleganter Häuser in der Stadt. Daniel Itzig nannte in seiner exquisiten Villa in der Berliner Burgstraße eine weltberühmte Kunstsammlung sein eigen. Aaron Salomon Gumperts, der Abkömmling einer berühmten Familie von Hoffaktoren, Fabrikanten, Bankiers, Metall- und Münzlieferanten, war ein gebildeter Mann, besaß eine riesige Bibliothek und war ein geschätzter Gastgeber bunt gemischter Gesellschaften – ein perfektes Beispiel für die wirkungsvolle Verbindung von Besitz und Bildung. *Die Verbindung von Besitz und Bildung*

Anders als die Hofjuden waren diese „Adelsbürger" [J. TOURY] nicht offiziell mit bestimmten Höfen oder Monarchen verbunden, obwohl auch sie von königlichen oder fürstlichen Privilegien abhängig waren. Die Ausrüstung von Armeen in Kriegszeiten oder das Münzgeschäft, die Manufaktur und einige lukrative Handwerke in Friedenszeiten machten sie bei den absoluten Herrschern und ihren Finanzverwaltern begehrt. Zusammen mit den höheren Beamten und den Unternehmern der neuen Industrie bildeten diese Männer ein neues soziales Element in Deutschland, das rechtlich oft als „Allgemeiner Stand" bezeichnet wurde. Sie waren ein privilegierter Stand, der Kern einer sich bildenden neuen Bourgeoisie. *Juden als Teil eines neuen Bürgertums*

Den Juden, die offiziell dieser Schicht beitreten durften, wurden nach den Akten alte „Rechte christlicher Bankiers und Kaufleute" verliehen. Sie mußten natürlich für diese Rechte bezahlen, oft mehr als ihre christlichen Pendants, aber dafür waren sie von all den alten, drückenden Judenreglementierungen befreit. Sie blieben weiter ein Teil der jüdischen Gemeinde, zumindest solange sie sich nicht zur Taufe entschlossen, bewegten sich aber gleichzeitig frei unter den deutschen „movers and doers" [MACK WALKER]. Schließlich war Deutschland noch kein Industrieland, noch nicht einmal auf dem Weg dorthin. Innovative und wagemutige Unternehmer waren selten. Selten waren auch Erfahrung im Handel und jegliche überregionale oder sogar internationale Verbindung. Juden mit diesen Eigenschaften erfüllten eine dringend nötige Funktion und wurden entsprechend geschätzt. *Sie* brauchten eigentlich nicht in die bürgerliche Gesellschaft „einzutreten"; sie waren von Anfang an an ihrer Entstehung beteiligt.

Aber wie schon die Hofjuden bildeten auch diese Männer eine sehr kleine jüdische Minderheit. Am Ende des 18. Jahrhunderts lebten in Berlin etwa zwanzig privilegierte jüdische Familien. Sie waren in erster Linie im Geldhandel beschäftigt, gehörten aber meist nicht zu den reichsten oder einflußreichsten Finanziers dieser Stadt. Manche stiegen zu angesehenen Positionen im städtischen Geschäftsleben, sogar in der Gesellschaft und der Lokalpolitik auf. So wurde kurz nach seiner Einbürgerung 1809 Salomon Veit, ein relativ kleiner Berliner Bankier, zum ersten jüdischen Stadtverordneten ernannt. Dennoch blieb der „Eintritt" in die deutsche Gesellschaft durch den Erwerb von Besitz problematisch. Lediglich in Berlin konnten unter dem Einfluß einer aufgeklärten Bürokratie weitergehende Kontakte der Juden mit dem modernen deutschen Bürgertum gelingen. In Frankfurt waren selbst die Rothschilds trotz ihres ungeheuren Reichtums zunächst nur Schutzjuden. Es verwundert nicht, daß dies bei den kleineren jüdischen Geschäftsleuten in Königsberg, Hamburg, Karlsruhe oder Breslau genauso war.

Bedingungen für den „Eintritt"

Aber parallel dazu bot das neu entstehende Bildungsbürgertum einen weiteren Weg für den jüdischen „Eintritt". Diese Schicht der Gebildeten, die stark von der Aufklärung beeinflußt war, bekannte sich dazu, Mitglieder allein auf der Grundlage von Talent, Leistung und persönlichem Verdienst aufzunehmen. Im späten 18. Jahrhundert rühmte sie sich ihrer humanistischen, aufgeklärten Prinzipien, betonte diese in Opposition zur traditionellen Gesellschaft und brach offen überholte gesellschaftliche Tabus. In einigen relativ modernen Städten wie Berlin, Königsberg, Breslau, Kassel oder Dessau begannen auch Juden, sich dieser Schicht anzuschließen, und strebten danach, an ihrem kulturellen und gesellschaftlichen Leben teilzunehmen.

Auch dies schien zu Beginn nur ein Weg für herausragende einzelne zu sein. Oft wird diese Geschichte sogar nur auf einen einzigen Fall bezogen: auf Moses Mendelssohn. Mendelssohn war der erste große jüdische Philosoph der deutschen Aufklärung. Als erster schrieb er ein flüssiges, ja beispielhaftes Deutsch; er war der erste wirkliche Deutsch-Jude. Mendelssohn wurde 1729 in Dessau in bescheidenen Verhältnissen geboren. Mit 14 Jahren folgte er seinem verehrten Religionslehrer nach Berlin und begann, seine intellektuellen Interessen über das Judentum hinaus auszuweiten. Er bildete sich in Sprachen, Mathematik und Philosophie. Sein ganzes Leben lang behielt Mendelssohn eine enge Verbindung zu seinen zahlreichen jüdischen Freunden und Schülern, zur jüdischen Gemeinde von Berlin und zu rabbinischen Gelehrten in ganz Europa. Gleichzeitig stand er in engem Kontakt mit nichtjüdischen Aufklärern und widmete den Großteil seiner Zeit allgemeinen literarischen und philosophischen Betätigungen.

Moses Mendelssohn

B. Integration, Akkulturation und Emanzipation

„Phaedon oder über die Unsterblichkeit der Seele" (1767), ein Essay, geschrieben in der Form eines platonischen Dialogs, begründete Mendelssohns Ruf als führende Gestalt der deutschen Aufklärung und stärkte seine Freundschaft mit einigen ihrer bedeutendsten Vertreter. Sein Beitrag zu einer neuen Interpretation des Judentums erfolgte erst später, als er sich, angesichts von Aufforderungen zu konvertieren, gezwungen sah, seine unerschütterliche Loyalität zur Religion seiner Väter zu erklären. Sein Buch „Jerusalem oder über religiöse Macht und Judentum" enthielt schließlich eine theoretische Darlegung seiner Ansicht in dieser Frage. Es war dieses Buch sowie die zu gleicher Zeit erschienene deutsche Bibelübersetzung und Exegese, die Mendelssohn den Charakter einer Symbolfigur des modernen deutschen Judentums verliehen. Er war somit für die weitere Entwicklung jüdischen Lebens und Denkens weit über die deutschen Grenzen hinaus von entscheidender Bedeutung.

Mendelssohn stand allerdings nicht allein, weder in seiner weitreichenden Akkulturation noch in seinem Wunsch, eine Synthese zwischen dem traditionellen Judentum und der modernen deutschen Kultur zu bieten. Wichtig waren auch „selfmade"-Männer wie der litauische Philosoph Salomon Maimon; Bildungsreformer wie Naphtali Hartwig Wessely; Ärzte wie Aaron Salomon Gumpertz und Marcus Herz. Diese Männer trugen zusammen mit den oben erwähnten jüdischen Geschäftsleuten dazu bei, neue Möglichkeiten aufzuzeigen, die sich den Juden in der deutschen Gesellschaft jetzt eröffneten, wenn sie die Grenzen der Integration und des erfolgreichen sozialen Aufstiegs zu testen trachteten. *Versuch, Judentum und deutsche Kultur zu verbinden*

Man sollte weder den wirtschaftlichen Aufstieg reicher Juden noch die Leistungen einer neuen jüdischen intellektuellen Elite isoliert betrachten. Dies war ja nicht eine Angelegenheit weniger erfolgreicher Individuen. Der bescheidene Geschäftssinn und die wirtschaftlichen Aktivitäten kleiner jüdischer Geldverleiher und Händler spielten eine wichtige Rolle in der Erfolgsgeschichte der Reichen, während für die berühmten Gelehrten Verbindungen zum mehr oder weniger gebildeten Teil der jüdischen Gemeinde auch entscheidend waren. Schließlich war die Voraussetzung für die *Akkulturation* nicht nur eine gewisse Offenheit auf seiten ihrer deutschen Partner, sondern auch ein gewisses Interesse an der weltlichen Kultur in breiten Schichten der Juden. Ein bestimmtes allgemeines Bildungsniveau war Vorbedingung für den Aufstieg hervorragender einzelner. Trotz wiederholter und unumgänglicher Konflikte mit jüdischen Autoritäten blieben diese „Vorläufer" einer jü- *Wirtschaftliche und intellektuelle Voraussetzungen der Akkulturation* dischen Moderne oft ihr Leben lang sowohl in den Gemeinden als auch bei manchen ihrer repräsentativen Persönlichkeiten hoch angesehen.

Der „Eintritt" der Juden in das kulturelle Leben der nichtjüdischen Umgebung begann bereits in der ersten Hälfte des 18. Jahrhunderts. Zu Anfang blieb er jedoch eher sporadisch, und erst um 1750 gab es bewußte Bemühungen, diesen Trend zu intensivieren. Aufklärungsliteratur, populärwissenschaftliche Bildung und moderne Interpretationen von Texten der gelehrten jüdischen Tradition wurden dem jüdischen Leser zugänglich gemacht. Es gab bereits ein neues jüdisches intellektuelles Milieu, als Mendelssohn und seine Zeitgenossen Neuland erschließen wollten. Während die ersten erzieherischen Versuche in Hebräisch unternommen wurden, schloß man bald das Studium des Deutschen mit ein, und ab etwa 1800 beherrschte das Angebot sorgfältig ausgewählten Materials in dieser Sprache den Markt.

Frühe Bemühungen der Aufklärung

Die Wahl der Sprache war durchweg eine entscheidende Frage. Der ursprüngliche Vorstoß, Hebräisch als die authentische, „reine" jüdische Sprache wiederzugewinnen, wurde aufgegeben, als der innere und äußere Druck auf die Juden wuchs, die Sprache ihrer Umwelt zu lernen und zu benutzen. Bereits 1739 verlangte eine Anordnung des Fürstentums Hessen-Kassel, daß die Juden in ihrer Geschäftskorrespondenz nicht länger Jiddisch oder Hebräisch benutzten. Die Toleranzpatente Josephs II. befahlen den Juden, innerhalb von zwei Jahren Deutsch zu verwenden, und verboten den Gebrauch lokaler Sprachen. In Baden wurde der Erfolg der gesetzlichen „Verbesserungs"-Versuche des Konstitutionsedikts von 1809 daran gemessen, in welchem Ausmaß die Juden die deutsche Sprache benutzten bzw. in welchem Umfang sie deutsche Familiennamen annahmen. Auch für die preußischen Gesetzgeber, die das Edikt von 1812 und die Bestimmungen für die Juden in der früheren polnischen Provinz Posen 1833 verfaßten, war dies noch ein zentrales Anliegen. Es blieb das gesamte „Emanzipationszeitalter" hindurch ein wichtiges Thema.

Hebräisch als „reine" jüdische Sprache

Forderungen und Wünsche, Deutsch zu lernen

Auch Juden hielten dies für wichtig. Schon der Berliner Kreis um Moses Mendelssohn kämpfte wiederholt gegen den Gebrauch des „korrupten Jargons". 1781 gründete David Friedländer, einer der vertrautesten Schüler Mendelssohns, die erste „Freie Schule" für die Kinder der jüdischen Armen in Berlin. Sie sollten sowohl eine religiöse als auch eine weltliche Erziehung in deutscher Sprache erhalten. Ähnliche Schulen wurden in Frankfurt a. M., Breslau

B. Integration, Akkulturation und Emanzipation

und Dessau eingerichtet, diese aber wandten sich, was zweifellos realistischer war, an die Kinder des örtlichen jüdischen Bürgertums. Bis 1822 war der Deutschunterricht so weit anerkannt, daß er sogar an der traditionellen Talmud-Torah-Schule in Hamburg eingeführt wurde. Der aufsteigende jüdische Bürger wollte seinen Kindern das Rüstzeug zur kulturellen Anpassung mitgeben. Für ihn war, genau wie für den nichtjüdischen Aufsteiger dieser Zeit, der Gebrauch von gutem Hochdeutsch unerläßlich.

Nicht weniger bedeutend war die Aneignung der entsprechenden bürgerlichen Sittlichkeit [G. MOSSE]. Als Teil des allgemeinen Bildungsideals lernten die Juden, das spezielle Sozialethos des neuen Bürgertums, seine Sitten und Gebräuche anzunehmen. Sie taten dies, als dieses Ethos selbst sich gerade grundsätzlich veränderte, und konnten so leichter die neu zugänglichen Wege in diese soziale Schicht benutzen. Durch die Übernahme des bürgerlichen Verhaltenskodex waren manche Juden bald nicht nur in den anonymen Theaterfoyers und der allgemeinen städtischen Öffentlichkeit akzeptabel, sondern auch in intimeren Kreisen und sogar in manchen Privathäusern. Sie schienen schon fast salonfähig geworden zu sein. In Wirklichkeit gab es aber nur selten und in ganz informellem Rahmen eine gemischte Geselligkeit zwischen Juden und Nichtjuden. *Aneignung bürgerlicher Sittlichkeit*

Das Zentrum dafür war wieder einmal Berlin. Die Mendelssohns selber empfingen schon in den 1760er und 70er Jahren in ihrem bescheidenen Hause viele nichtjüdische Gäste, ebenso wie andere reiche jüdische Familien in der Stadt. Prominente jüdische Intellektuelle und außergewöhnlich reiche Juden waren als Gäste in einigen von Berlins besseren gesellschaftlichen Kreisen akzeptiert, und offene, unstrukturierte Gesellschaften gab es in den berühmten Berliner Salons mehr oder weniger eleganter Jüdinnen zwischen 1780 und dem frühen 19. Jahrhundert. Henriette Herz, Marcus' junge und schöne Gattin, war die erste, die eine solche Gesellschaft empfing, und Rahel Levin (Varnhagen), die noch ledige Tochter eines mäßig reichen Berliner Kaufmanns, unterhielt für einige Zeit den bekanntesten Salon der Stadt. Hier entstand langsam eine Art „offener Gesellschaft", in der man einen damals fast sensationellen Verkehr von Adligen und Bürgerlichen, Christen und Juden, Männern und Frauen pflegte. *Die Berliner Salons*

2. Die Mühen und Grenzen des „Eintritts"

Die Salons erwiesen sich allerdings als ein flüchtiges Phänomen. Sie blühten nur für kurze Zeit und waren auf die Bedürfnisse eines bestimmten kleinen Kreises gebildeter Männer und Frauen ausgerichtet. Diese pflegten vor allem die Kontakte mit dem noch immer dominierenden Adel und suchten weniger die Nähe des Bildungsbürgertums. Sie neigten dazu, sich allmählich aus allen jüdischen Zusammenhängen zu lösen, und einige traten auch zum Christentum über. Akkulturierte Juden, die die Gemeinschaft gleichgesinnter Deutscher suchten, wurden am Ende oft enttäuscht. Die von Anfang an vagen Kriterien für den „Eintritt" machten eine Zurückweisung nur zu leicht und halfen, eine Fülle alter Vorurteile lediglich zu überdecken. Dieser Teil der deutschen Gesellschaft des späten 18. Jahrhunderts, dem manche Juden angehören wollten, war trotz seiner relativen Offenheit und seines ideologischen Egalitarismus nur „halbneutral" [J. KATZ].

Bürgerliche Vereine schließen Juden aus

Auch im formelleren Netz bürgerlicher Vereine wurden Juden nur selten als gleichwertig akzeptiert. Einen Mendelssohn oder Friedländer forderte man gelegentlich zum Beitritt auf; diese sind aber höchstens die Ausnahmen, welche die Regel bestätigen. Selbst die Freimaurer schlossen, entgegen ihrem erklärten Prinzip der allgemeinen Brüderlichkeit, Juden aus ihren deutschen Logen aus, und im frühen 19. Jahrhundert ging auch die jüdische Mitgliedschaft in bürgerlichen Lesegesellschaften oder literarischen Vereinen drastisch zurück. In der Atmosphäre eines wachsenden Nationalismus errichtete man immer höhere Barrieren. Während der altmodische lokale Patriotismus Juden nicht notwendigerweise ausschloß, drohte eine moderne nationale Ideologie, die sich auf romantische Vorstellungen von Volkstradition und Gruppenexklusivität gründete, sie als Fremde auszugrenzen. Nicht zufällig gingen die berühmten Berliner Salons einer christlich-jüdischen Begegnung nach der Jahrhundertwende so schnell zu Ende. Das deutsche Bildungsbürgertum, das sich nunmehr als die nationale Klasse par excellence verstand, identifizierte Verbürgerlichung zunehmend mit Nationalisierung. Juden waren in diesem Zusammenhang suspekt.

Ausgrenzung der Juden durch wachsenden Nationalismus

Kein Maß an patriotischer Begeisterung oder Opferwilligkeit reichte aus, um ihre Loyalität zu beweisen. Obwohl bereits seit 1813 jüdische Freiwillige an den Feldzügen gegen Napoleon teilnahmen und viele Juden auch sonst ihrer Liebe zum Vaterland und zur deut-

B. Integration, Akkulturation und Emanzipation

schen Kultur öffentlichen und praktischen Ausdruck verliehen, blieben sie meist außerhalb der Grenzen der deutschen bürgerlichen Gesellschaft.

Auch der innerjüdische Widerstand gegen die Akkulturation spielte in diesem Prozeß eine Rolle. Juden, die aus ihrer Isolierung ausbrechen wollten, trafen oft auf Widerspruch von innen. Wieder einmal ist der Fall Mendelssohn besonders lehrreich. Der jüdische Aufklärer befand sich schon am Anfang seines Werdeganges in Konflikt mit den etablierten rabbinischen Autoritäten. Er stellte sich z.B. in der heiß umstrittenen Frage, wie viele Tage zwischen Tod und Begräbnis vergehen mußten, auf die Seite der säkularen Behörden und gegen die gängigen jüdischen Gebräuche – daß nämlich das Begräbnis sofort am Todestage erfolgen müsse. Gegen seine Bibelübersetzung und die damit veröffentlichten Kommentare erhoben einige der bekanntesten rabbinischen Gelehrten der Zeit heftig Einspruch. Obwohl Mendelssohn selbst sich in seiner Argumentation immer auf jüdische Quellen stützte und die Möglichkeit eines Konfliktes zwischen dem Judentum und der modernen Kultur nie akzeptierte, fühlte er sich wiederholt mißverstanden. Sein Buch „Jerusalem", das die Verwirrung beseitigen sollte, scheint sie nur verschlimmert zu haben.

Widerstand der Juden gegen die Akkulturation

Mendelssohn interpretierte das Judentum als eine Religion der „praktischen Gebote", eine Religion ohne Theologie, auf Offenbarung gestützt – einen einmaligen, einzigartigen, göttlichen Akt, durch den eine bestimmte Sammlung von Gesetzen einem bestimmten Volk, und nur diesem, übergeben wurde. Seiner Meinung nach war es eine freie Religion, die es erlaubte, sich an die Ansprüche der allgemeinen Gesellschaft anzupassen, und die sich vor allem leicht mit der Vernunft und den Prinzipien der Aufklärung vereinbaren ließ. Mendelssohn plädierte für die grundsätzliche Gleichheit der Menschen in einem reformierten, modernen Staat, der säkular und vorurteilsfrei sein sollte, und sah weder Probleme in einer Koexistenz von Judentum und Christentum in diesem Staat noch Hindernisse für das Zusammenleben von Juden und Christen als Staatsbürger.

Mendelssohns Verständnis des Judentums

Es gelang Mendelssohn allerdings nicht, auch nur seine engsten Gefährten und Familienmitglieder zu überzeugen. Nichtjuden interpretierten radikale Kritik am Judentum gewöhnlich als Auftakt zur Konversion. Selbst Wilhelm von Humboldt, ein Vertreter einer sofortigen Emanzipation der Juden, glaubte, daß die besten unter ihnen mit der Zeit – unter dem wohlwollenden Einfluß einer modernen, aufgeklärten Erziehung – das Christentum annehmen würden;

nicht unbedingt, weil sie an ein bestimmtes christliches Dogma glaubten, sondern als letzten Schritt zur „Verschmelzung" mit der deutschen Gesellschaft. Einige Juden waren auch tatsächlich bereit, nach diesen Prämissen zu handeln. Wohlbekannt, wenn auch wahrscheinlich in ihrer Bedeutung leicht übertrieben, sind die hohen Zahlen von Konversionen in Berlin am Ende des 18. und in der ersten Hälfte des 19. Jahrhunderts. Besonders bezeichnend sind die frühen Fälle von Salomon Maimon, des Kant-Interpreten, der sich vom jüdischen Gesetz lossagte, ohne christliche Dogmen zu akzeptieren, und David Friedländer, der schließlich auch ein dogmenloses Christentum zu einer adäquaten „Religion der Natur und der Vernunft" erklärte.

Bereitschaft zur Konversion

Für Friedländer war die sogenannte „bürgerliche Verbesserung der Juden" eindeutig das Hauptziel. Um sie zu erreichen, war er sogar bereit, das Judentum aufzugeben, denn er verstand es wie viele Christen jener Zeit als eine veraltete, rigide Religion von anachronistischen Gesetzen und sinnlosen Geboten. Die christlichen deutschen Aufklärer aber lehnten seine Art von Kompromiß damals schon eindeutig ab. Deismus war in ihren Augen zwar legitim, in der Praxis erschien er jedoch, insbesondere im deutschen Kontext, unnötig radikal. Darüber hinaus war im frühen 19. Jahrhundert der Höhepunkt der deutschen Aufklärung bereits überschritten, und was in den späten Jahren der Aufklärung noch gegolten hatte, überzeugte zur Zeit der frühen Romantik nicht mehr. Schleiermacher sagte jeder Art von „Scheinbekehrung" den Kampf an, und der Protestantismus wurde nun nicht länger als Religion der Vernunft, sondern der Leidenschaft und der mystischen, privaten Erfahrung interpretiert. Demnach konnte man sich der wahren Religion nicht ohne Glauben zuwenden, und das Festhalten am Judentum war damit dem Verlust der Hoffnung auf volle Mitgliedschaft in der christlich-deutschen Gesellschaft gleichgesetzt.

Beispiel Friedländer

Der Vorwurf der Scheinbekehrung

Die Konversionsrate in Berlin enthüllt die Grenzen der Integration in diesem Stadium. „Eintritt" durch Besitz war immer eine unsichere Sache und, wenn überhaupt, nur für wenige „Auserwählte" möglich. Die Begeisterung über den „Eintritt" durch Bildung versiegte ebenfalls um 1815. Die Romantik, die Volkskultur und Volksgeist betonte und vom Historismus und einem immer ausgeprägteren Nationalismus begleitet war, machte die jüdische Integration überall in Deutschland wesentlich problematischer, als sie ursprünglich zu sein schien. So wählten nicht wenige den Weg zum Taufbecken, um trotz aller Hindernisse den begehrten „Eintritt" zu

Die Taufe als „Eintrittsbillett" in die bürgerliche Gesellschaft

erreichen. Heinrich Heine ist dafür ein Beispiel. Nachdem er sich zuerst aktiv für jüdische Angelegenheiten eingesetzt hatte, um so zur dringend nötigen jüdischen kulturellen Erneuerung beitragen zu können, während er gleichzeitig durch sein herausragendes Talent Zugang zur nichtjüdischen Gesellschaft zu erlangen suchte, gab er den Versuch schließlich auf. Er wählte die Taufe als „Entréebillet zur europäischen Kultur"; erst später entdeckte er die Vergeblichkeit auch dieses Schrittes.

Die frühen Jahrzehnte des 19. Jahrhunderts waren demnach für die jüdische Gemeinschaft in Deutschland eine Zeit der Ernüchterung. Aber selbst in dieser Zeit entschied sich nur eine kleine Minderheit der Juden für die Taufe. Für die Mehrheit erschien eine weitreichende Akkulturation, verbunden mit einer begrenzten Integration, als akzeptabler Kompromiß. Juden, die eine weltliche Erziehung anstrebten, machten von der neuen Erlaubnis zum Besuch deutscher Universitäten regen Gebrauch und bemühten sich, trotz der Diskriminierungen, denen sie ausgesetzt waren, wenn sie eine passende Karriere anstrebten, dort zu glänzen. Sie benutzten die deutsche Sprache in Wort und Schrift, beteiligten sich aktiv am kulturellen Leben und stellten vor allem einen nicht unerheblichen Teil der Konsumenten der Geistes- und Kulturproduktion dar. Trotz der Vorurteile und Hindernisse genossen sie ihren neuen Lebensstil und die Möglichkeiten, ihren individuellen Horizont zu erweitern. Die Akkulturation schritt rasch vorwärts, auch wenn die Integration weiter problematisch blieb. Ein langsam wachsender Wohlstand lieferte die materielle Voraussetzung für den kulturellen Wandel und stärkte das unter Juden nunmehr vorherrschende Gefühl, dieser erfolgreiche Trend sei nicht mehr umkehrbar. Die Verheißung der Emanzipation war schließlich für sie eine reale Eintrittsmöglichkeit, *ohne* ihr Judentum aufzugeben.

Festhalten an der jüdischen Identität

3. Der Zickzackkurs der rechtlichen Gleichstellung

Die ganze Periode hindurch, vom Höhepunkt der deutschen Aufklärung bis zu den stürmischen Tagen des Vormärz, gab es ständig eine erregte öffentliche Debatte über die staats- und bürgerrechtliche Emanzipation. Nicht nur der Prozeß der Akkulturation und Integration, sondern auch der der gesetzlichen Emanzipation war langsamer und schwieriger als ursprünglich erwartet.

I. Enzyklopädischer Überblick

Dohm: „Über die bürgerliche Verbesserung der Juden"

Das öffentliche Interesse an einem Wandel des rechtlichen Status der Juden weckte zum ersten Mal 1781 die Schrift von Christian Wilhelm Dohm: „Über die bürgerliche Verbesserung der Juden". Dies war ein auf Praxis ausgerichtetes Buch, das eine typische Mischung aus den Idealen der Aufklärung und der Modernisierungskampagne der preußischen Bürokratie widerspiegelte, und tatsächlich die wirkungsvollste Darstellung dieser Fragen in ganz Europa. Obwohl Dohm behauptete, daß der Jude „noch mehr Mensch als Jude" sei, war er, wie viele seiner Zeitgenossen, davon überzeugt, daß man ihre offensichtlich abstoßenden Eigenschaften aus ihrem historischen Werdegang und aus den rechtlichen und sozialen Bedingungen verstehen müsse, unter denen zu leben sie gezwungen waren. Dohm glaubte, daß die Juden in einem aufgeklärten Staat, gelenkt von einer fortschrittlichen Bürokratie, „normale", produktive Bürger werden könnten. Eine sorgfältige Erziehung würde helfen, sie in gleichgestellte Mitglieder der Gesellschaft zu verwandeln, die den gütigen Monarchen und ihren wohlorganisierten Staaten nützen könnten.

Kritik an Dohms Buch

Die Reaktionen auf Dohms Buch waren gemischt. Eine relativ gemäßigte Kritik kam beispielsweise von Johann Michaelis, einem liberalen Theologen und Professor für Orientalistik in Göttingen, der argumentierte, daß die Juden „aufgrund ihrer Religion" keine vertrauenswürdigen, loyalen Staatsbürger werden könnten, da sie „weder gute Bauern noch Soldaten" abgeben würden. Radikaler war die Kritik der Konservativen, die sowohl den Glauben der Aufklärung an menschliche Verbesserung als auch ihr Ideal eines säkularen Staates ablehnten – beides Voraussetzungen für die jüdische Emanzipation. Schließlich weckte Dohms Buch auch unter Juden Kritik. Daß er für einen langsamen Prozeß der bürgerlichen Verbesserung durch Erziehung und gegen die sofortige Gewährung der vollen Gleichberechtigung eintrat, lehnte auch Mendelssohn streng ab. In genau diesem Punkt wurde Dohm auch von Wilhelm von Humboldt kritisiert, der 1809 in einem Gutachten für einen einmaligen legislativen Akt der Judenemanzipation plädierte, der allen Bemühungen zur Erziehung und Verbesserung als Grundlage dienen sollte.

Kaiser Joseph II.: Toleranzpatente

Die ersten konkreten Schritte zu einem neuen rechtlichen Status der Juden unternahm Ende 1781 und Anfang 1782 Kaiser Joseph II. mit der Verkündung der Toleranzpatente. Diese kennzeichneten einen wichtigen Wandel in der Einstellung des österreichischen Staates gegenüber den Juden, sie waren aber in ihrem Cha-

B. Integration, Akkulturation und Emanzipation

rakter nicht wirklich emanzipatorisch. Sie begannen damit, die alten Restriktionen gegen die Juden neu zu betonen – so z. B. das Verbot, in Wien eine Gemeinde zu gründen, das Weiterbestehen des Heiratsverbotes, Bestimmungen gegen ihre Freizügigkeit, ihre Einwanderung usw. „Wir haben keineswegs zur Absicht", lautete der Text, „die Schranken der Duldung" (also der Toleranz) grundsätzlich zu ändern. Die Maßnahmen sollten, so wurde betont, die gesellschaftlichen Grenzen zwischen Juden und Christen nicht abschaffen, sondern die Juden lediglich ermuntern, nützlichere Untertanen des Staates zu werden und durch größere Freiheit und bessere Erziehung zu seiner Wohlfahrt beizutragen.

Unter dem Einfluß der Französischen Revolution und der neuen napoleonischen Ordnung wurden ähnliche Reformen 1808 in Württemberg, 1809 in Baden und 1813 in Bayern eingeführt. Überall schafften die neuen Edikte traditionelle Sonderabgaben ab und sicherten den Juden den guten Willen der Regierung zu. Viele einzelne Restriktionen blieben aber in Kraft, und neue Abgaben kamen gelegentlich hinzu. Man war offensichtlich in erster Linie daran interessiert, die Juden zu „verbessern", nicht sie zu „emanzipieren". [Reformen unter Napoleon]

Nur in den von napoleonischen Truppen eroberten Ländern erlebten die Juden eine erste volle Emanzipation nach dem Modell der Französischen Revolution. Neue Edikte wurden zunächst in den linksrheinischen Gebieten erlassen und dann 1796 in den Niederlanden. Jedoch siegte unter Napoleons Einfluß vielerorts das auch vom Kaiser selbst bevorzugte Konzept einer „Erziehungspolitik". 1808 schloß Napoleons *décret infâme*, das den Juden in den ostfranzösischen Départments erneut strenge Restriktionen auferlegte und ihre Berufsfreiheit einschränkte, einige „erzieherische" Maßnahmen mit ein. Der Wunsch, die Juden zu „reformieren", war, ähnlich wie in den deutschen Ländern, auch in Frankreich weit verbreitet. Trotz rechtlicher Unterschiede blieb das Verhältnis von rechtlicher Emanzipation und sozio-kultureller Integration diesseits und jenseits des Rheines zwiespältig. [Emanzipation diesseits und jenseits des Rheines]

Das Preußische Edikt von 1812 war in der Hardenbergschen Reformgesetzgebung verankert. Es war nicht von der gleichzeitigen Gewährung der allgemeinen Gewerbefreiheit und der Freizügigkeit zu trennen; ein notwendiger Bestandteil der in Preußen eingeführten sozio-ökonomischen Reformen. Das „Edikt betreffend die bürgerlichen Verhältnisse der Juden in dem Preußischen Staate" erklärte die Juden zu „Einländern und preußischen Staatsbürgern", [Das preußische Emanzipationsedikt von 1812] die alle Rechte und Pflichten besaßen, und wollte sie ermuntern, sich am Prozeß der Modernisierung und der Stärkung des preußischen Staates zu beteiligen. Es bedeutete zweifellos einen Schritt nach vorn, war aber weit davon entfernt, ein dramatischer Akt der Befreiung zu sein. Seine praktischen Folgen waren sehr begrenzt. Erstens wurde das Edikt nur für das „kleine Preußen" von 1812 verkündet und nicht auf die wiedererlangten oder neugewonnenen Gebiete im Osten und Westen ausgedehnt. Die Posener Juden z. B., nach 1815 ein sehr bedeutender Teil der jüdischen Bevölkerung in Preußen, lebten weiter als Schutzjuden. Etwa zwanzig Judenordnungen waren in Preußen noch in Kraft, ehe sie durch das vereinheitlichende, wenngleich reaktionäre Gesetz von 1847 endlich abgeschafft wurden. Von 1812 an blieben die Juden durch die begrenzte und partielle „Emanzipation" ohne Schutz vor alten sozialen Vorurteilen und wurden trotz der rechtlichen Vorkehrungen weiter und teilweise schärfer als vorher diskriminiert.

Die Reaktion der nach-napoleonischen Zeit

Allmählich verflüchtigten sich selbst die gefeierten rechtlichen Errungenschaften, die während der französischen Besatzung entweder unter dem Einfluß der Aufklärung oder durch die direkte Anwendung des Code Napoleon erreicht worden waren. Eine jüdische Delegation zum Wiener Kongreß, die für die Aufrechterhaltung der Emanzipation plädierte, wurde von den Vertretern der Freien Städte und vieler süddeutscher Staaten abgewiesen. Die betreffenden Passagen der Wiener Schlußakte gestatteten schließlich eine Aufhebung der napoleonischen Gesetze, was in Frankfurt a. M., den drei nördlichen Hansestädten und in den meisten Gebieten des kurzlebigen Königreiches Westfalen fast sofort ausgeführt wurde. Überall war die rechtliche Emanzipation der Juden im Vormärz nichts anderes als ein Vorgeschmack. Sie weckte Erwartungen, die sie nicht erfüllte, und ließ die Juden meist enttäuscht zurück.

C. Vormärzliche Reaktion, Reform und interne Differenzierung (I)

1. Die „Judenfrage"

Die Verwirrung, die sich im Zickzackkurs der Emanzipationsgesetzgebung äußerte, spiegelte deutlich die Ambivalenz der deutschen Gesellschaft gegenüber der neu formulierten „Judenfrage" wider. Der Begriff selbst kam erst gegen Ende der 1830er Jahre in Gebrauch, obwohl die Kontroversen über die darin enthaltenen Themen auch schon früher bekannt waren. Konservative wie z. B. der Berliner Historiker Friedrich Rühs widersetzten sich lange dem grundsätzlichen Wandel in der Natur des Staates, der durch die Gleichstellung der Juden eingeleitet schien. Die Gegner der Emanzipation wurden nicht müde, sich für die Aufrechterhaltung der ausschließlich christlichen Natur aller gesellschaftlichen und politischen Institutionen in Deutschland auszusprechen. Auch von einigen Sprechern des aufsteigenden liberalen Nationalismus jener Zeit wurden antijüdische Positionen offen vertreten. Der Heidelberger Philosoph Jacob Friedrich Fries betrachtete die Juden als fremdes Volk, als Außenseiter – nicht weil sie keine Christen, sondern weil sie keine Deutschen waren. Die radikale und zunehmend populäre nationale Bewegung im Vormärz, vor allem in den Turnvereinen und den studentischen Burschenschaften, war oft von antisemitischen Gefühlen infiziert. Der jüdische Radikaldemokrat Saul Ascher behauptete, auch bei politisch gleichgesinnten Deutschen eine „Germanomanie" erkannt zu haben, eine exklusive Art des Nationalismus, die Ausländern im allgemeinen und Juden im besonderen feindlich gegenübertrat.

Ursprünge des Begriffs „Judenfrage"

Auf die Kritik an der jüdischen Religion, wie sie im intellektuellen Diskurs der Aufklärung üblich gewesen war, folgten nun Angriffe auf die angeblich destruktive Rolle der Juden in Wirtschaft und Gesellschaft. Aber die antijüdischen Empfindungen jener Zeit beschränkten sich nicht auf die gelehrte Argumentation. Im Sommer 1819 breitete sich eine Welle gewalttätiger Angriffe gegen die Juden – bekannt als die „Hep-Hep-Unruhen" – ausgehend von Würzburg und überspringend auf Hamburg und Frankfurt am Main auch auf kleine und mittelgroße Städte im ganzen Land aus, in denen die Juden oft als Vertreter einer neuen sozialen und wirtschaftlichen Ordnung verhaßt waren. Vielfach wurden die Angreifer von der ambivalenten Haltung der lokalen Obrigkeiten und dem anhaltenden Streit über den Status der Juden ermutigt, sie scheinen jedoch im ganzen das Mißbehagen der Behörden über jegliche Form von öffentlicher Unordnung unterschätzt zu haben. Obwohl aus den Quellen nur vereinzelte Fälle von jüdischer Selbstverteidigung und einige isolierte Hilfsaktionen der örtlichen Bürger bekannt sind, hatte die Polizei, insbesondere in Bayern und Preußen, die Lage bald unter Kontrolle. Beschwichtigende Äußerungen in der Presse gaben dem „Pöbel" die Schuld an den Gewalttaten, und auch Juden neigten dazu, die Bedeutung der Ereignisse herunterzuspielen und sie lediglich als ein Überbleibsel einer weniger aufgeklärten Epoche zu betrachten.

In den folgenden Jahrzehnten entwickelte sich unter Intellektuellen, besonders denen der linkshegelianischen Schule, eine neue, grundsätzliche Opposition gegen die Juden. Eine Arbeit von Bruno Bauer entfachte die Debatte [3], indem sie vorgab, die Judenfrage neu zu stellen. Während sie früher eine Frage der Emanzipation der Juden als Individuen gewesen sei, argumentierte Bauer, gehe es jetzt um die Frage der Emanzipation der Juden als Kollektiv – was für die Entwicklung der deutschen Gesellschaft insgesamt die weitaus entscheidendere Frage sei. Da das Wesen des Judentums seine Exklusivität sei, seine Idee einer speziellen Mission und sogar sein Wunsch, die Alleinherrschaft zu erlangen, so Bauer, könne die jüdische Frage nur in einer Welt, die sowohl vom Judentum als auch vom Christentum frei wäre, in einer Welt, die sich von der Religion emanzipiert habe, wirklich gelöst werden. Unter den bestehenden Bedingungen sei die jüdische Emanzipation lediglich eine Spiegelfechterei.

In seiner Schrift „Zur Judenfrage" [24], 1843 als Antwort auf Bauers Veröffentlichung geschrieben, versuchte Karl Marx das Problem umzuformulieren. Die Emanzipation der Juden erschien ihm sowohl notwendig als auch wünschenswert. Ja, Marx sah darin die logische Konsequenz aus den eigentlichen Prämissen der bürgerlichen Gesellschaft. Trotzdem war sie für Marx nur der erste Schritt auf dem langen Weg zur wahren Emanzipation von Juden und

Christen zugleich. Dies aber, betonte er, erfordere nichts weniger als den vollständigen Umsturz genau jener Gesellschaft. Das wahre Problem bestand für Marx nicht länger in der Religion und ihren sozialen Konsequenzen, sondern in der sozio-ökonomischen Struktur und ihren ideologischen Folgen. Aber Marx' Aufsatz war genauso mit anti-jüdischer Rhetorik durchtränkt wie Bauers Buch. Obgleich die Schrift bis ins späte 19. Jahrhundert vergessen blieb, war sie symptomatisch für ihre Zeit. Sie veranschaulicht, wie leicht jüdische Belange mit der allgemeinen Diskussion über die Natur der modernen bürgerlichen Gesellschaft als solcher und mit dem Prozeß ihrer Formierung und Neuformierung vermengt werden konnten.

Auch jüdische Autoren nahmen seit etwa 1830 in steigendem Maße an dieser Debatte teil. Unerschütterlich betonte Gabriel Riesser (1806–1863) den privaten Charakter der Religion und die ausschließlich individuelle Bedeutung der Emanzipation. Ludwig Philippson (1811–1889), ein jüngerer jüdischer Publizist, bestätigte zwar Bauers Vorstellung vom kollektiven Charakter des jüdischen Lebens und der jüdischen Geschichte und begrüßte auch die öffentliche Debatte, weil sie zumindest das vernachlässigte Problem der kollektiven jüdischen Identität ans Licht gebracht habe. Allerdings lehnte er Bauers Interpretation des Judentums gänzlich ab und versuchte sie als falsch und böswillig zu entlarven.

Die Gegenposition der Juden

Die Frage nach der kollektiven Identität der Juden

Mehr als achtzig Aufsätze und Druckschriften heizten während der Jahre 1843/44 die Diskussion um die Judenfrage an, und so muß es wohl ein halbes Jahrhundert nach dem Beginn der Debatte über die jüdische Emanzipation für Nichtjuden offensichtlich gewesen sein, daß selbst ein beträchtliches Maß an individueller „Verbesserung", „Annäherung" oder Akkulturation die Juden als solche nicht dem Verschwinden näher gebracht hatte. Daß die Juden nicht bereit waren, ihre Gemeindeverbindungen aufzulösen, trat eindeutig ans Licht. Die Unvereinbarkeit dessen, was Juden und Nichtjuden von der Emanzipation erwarteten, wurde immer deutlicher. Christen hofften, daß die jüdische Gemeinschaft völlig absorbiert werden könne; Juden waren oft bereit, die Gemeinden zu reformieren, aber nur selten, sie ganz aufzulösen. In der nichtjüdischen Welt tobte die Debatte über die Judenfrage weiter. Intern wurde sie zu einer Debatte über das Ausmaß und die Natur der Reform.

2. Frühe Reformbemühungen und die Wissenschaft des Judentums

Die jüdischen Gemeinden in ganz Deutschland durchliefen unter dem Einfluß der sich wandelnden Umstände weitreichende Veränderungen. Ein wachsender Teil der deutschen Juden stieß sich in zunehmendem Maße an den Grenzen der traditionellen Religion und des Rituals, die ihnen, wie sie meinten, von einer nicht mehr zeitgemäßen rabbinischen Hierarchie auferlegt waren. Nur ein Judentum frei von altem Aberglauben und auf dem kultivierten Niveau der aufgeklärten Gesellschaft könne, so glaubte man jetzt mehr und mehr, mit den Erfordernissen des modernen Lebens vereinbar sein. Wenn das Judentum für den modernen Juden in Deutschland noch irgendeine Rolle spielen sollte, mußte es reformiert werden.

Reformbedürfnis der Juden

Der Weg wurde durch die allmähliche Aushöhlung der rabbinischen Autorität seit dem 18. Jahrhundert und den gleichzeitigen Niedergang der traditionellen Gemeindeinstitutionen geebnet. Zu der Zeit, da Moses Mendelssohn das Recht der Rabbiner zur Exkommunikation angriff, wurde es schon fast nicht mehr angewandt. Ausgesprochener Antiklerikalismus war selten, aber insbesondere in Großgemeinden nicht unbekannt. Die jungen *Maskilim* (aufgeklärte Juden) in Berlin griffen die alten, etablierten Rabbiner offen an, und aus Fällen von Ungehorsam wurden kontroverse öffentliche Angelegenheiten gemacht. Radikale Äußerungen, wie die von Lazarus Bendavid (1762–1832), der zu dem Schluß kam, daß das gesamte jüdische Recht überflüssig sei, und der bereit war, das Judentum auf die reinen Prinzipien einer natürlichen Religion zu reduzieren, erregten die gesamte Berliner Gemeinde. Saul Ascher überschritt die Grenzen des aufgeklärten Rationalismus, indem er bereit und gewillt war, die jüdischen Gebote als solche aufzuheben, denn durch ihre bloße Beschaffenheit müßten sie den Weg der Menschen zu Selbsterfüllung und persönlicher Autonomie behindern. In seinem „Leviathan" (Berlin 1792) sprach sich Ascher für eine romantische Interpretation des Judentums aus, die sich auf den intimen, persönlichen Glauben des einzelnen an einen allwissenden, allmächtigen und vor allem liebenden Gott gründete.

Maskilim gegen etablierte Rabbiner

Zur selben Zeit riefen die Juden in wachsendem Maße die Zivilgerichte an, um Geschäftsstreitigkeiten und private Angelegenheiten zu regeln, die bis dahin von den jüdischen rabbinischen Gerichten beigelegt worden waren. Auch die *Yeshivot* (Religionsschu-

C. Reaktion, Reform, interne Differenzierung (I)

len), die Zentren des traditionellen Lernens, verloren an Bedeutung, und die modernen jüdischen Schulen verwandelten sich bald in Zentren von Reformbestrebungen. Alte und neue Synagogen bildeten einen weiteren Brennpunkt für Reformaktivitäten. Veränderungen im Ritual, in den Gebeten und den Gebetsformen wurden mancherorts – wenn auch nicht ohne Opposition – eingeführt.

Im napoleonischen Königreich Westfalen initiierte das eingesetzte Konsistorium der Israeliten (1810–1814), von den staatlichen Behörden dazu ermutigt, einige Reformen. Israel Jacobson führte in seinem neuen „Tempel" in Seesen die deutsche Predigt als Teil des regulären Sabbatgottesdienstes ein und versuchte eine jüdische Version des Konfirmationsritus für die Jugend, die sich an der protestantischen Praxis orientierte, ins Leben zu rufen. Der Gebetsstil und die Atmosphäre in der Synagoge sollten nun den anerkannten Normen gesitteter deutscher Bürger genügen. Jacobson war es auch, der seit 1815 die ersten Reformgottesdienste in Berlin organisierte, und am 18. Oktober 1818 wurde in Hamburg ein neuer „Tempel" eröffnet, in dem spezielle Prediger, die für ihre Eloquenz bekannt waren, amtierten und ein umstrittenes reformiertes Gebetbuch eingeführt wurde.

_{Reformen im Königreich Westfalen}

_{Reformgottesdienste in Berlin und in Hamburg}

Die traditionellen Teile der jüdischen Gemeinschaft reagierten auf all das zunächst eher zurückhaltend; ihre Führung gab sich beständig Mühe, einen offenen Konflikt zu vermeiden. Außerdem konnte man fast überall in Deutschland bis weit ins 19. Jahrhundert hinein auf den grundlegenden, fast instinktiven Konservativismus der meisten Juden vertrauen. Vor allem blieb die schweigende Mehrheit weiter streng gläubig; sie fühlte sich angesichts des übermäßigen Eifers der Reformer, ihrer erzieherischen Neuerungen und ihrer offenen Mißachtung alter Sitten beunruhigt. Eine entschlossene Kampfansage an die Reform kam zunächst nur von einigen wenigen Rabbinern, besonders von Moshe Sopher aus Preßburg, bekannt als Chatam Sopher. Er versuchte, die defensive Haltung der Traditionalisten in eine eindeutig offensive zu verwandeln. Mit dem Satz „Das Neue ist überall von der Thora untersagt" definierte er die orthodoxe Position in ihrer radikalsten Form. Eine ähnliche Haltung nahmen Männer wie Solomon Titkin aus Breslau oder Shlomo Jehuda Rappoport, der „Schir" von Prag, ein. Die traditionalistischen Rabbiner formulierten 1819 in ihrem *„Eleh Divrei Ha'brit"* (Dies sind die Worte des Bundes) einen Aufschrei gegen das reformierte Gebetbuch des neu gegründeten Tempelvereins in Hamburg. Sie lehnten die liturgischen Veränderungen, den Ge-

_{Die Reaktion der Konservativen}

brauch des Deutschen in der Synagoge und jegliche Neuinterpretation der jüdischen messianischen Überlieferung ab. In der 1830er Jahren drang jedoch überall ein gewisses Maß an Veränderungen ein; von seiten der Orthodoxie wurde eine neue Verteidigungsstrategie erforderlich, die über die bloße Ablehnung hinausging.

Einige der älteren orthodoxen Rabbiner, wie Rabbi Abraham Bing in Würzburg, Meyer ben Simcha Weyl in Berlin oder Israel Deutsch in Beuthen (Oberschlesien), erkannten früh die Notwendigkeit einer umfassenden, nicht-religiösen rabbinischen Bildung. Isaak Bernays, seit 1821 der amtierende Rabbiner der orthodoxen Gemeinde in Hamburg, machte sich nicht nur als Talmudgelehrter einen Namen, sondern hatte sich auch philologisch und philosophisch vorgebildet. Bernays, der nach der alten jüdisch-portugiesischen Sitte mit *Chacham* (Weiser) angesprochen wurde, entwickelte eine neue Vorstellung von der Rolle des Rabbiners. Er führte die Predigt in der Synagoge ein, unterstützte verschiedene erzieherische Verbesserungen und versuchte seiner Gemeinde eine allgemeine, geistlich orientierte rabbinische Fürsorge zu bieten. Selbst Jacob Ettlinger (1798–1871) in Altona, zweifellos eine der größten rabbinischen Autoritäten im vormärzlichen Deutschland, hatte ein Universitätsstudium hinter sich. Er korrespondierte und predigte in fließendem Deutsch.

Ein neuer Stil des Rabbinats

Das Tempo und die Intensität der Veränderungen wurden oft – absichtlich oder unabsichtlich – durch behördliche Intervention gesteuert. In Preußen war jede Einführung einer religiösen oder selbst rituellen Reform durch ein Gesetz von 1823 verboten. Selbst der private Tempel in Berlin im eleganten Heim des jüdischen Bankiers Jacob Herz Beer wurde auf offizielle Anweisung geschlossen. Die bayerischen Behörden dagegen verlangten jetzt, nachdem sie im Edikt von 1813 neben dem Versprechen bürgerlicher Gleichstellung eine Vielfalt restriktiver Maßnahmen eingeführt hatten, daß Rabbiner eine eingehende akademische Bildung durch staatliche Prüfungen nachzuweisen hatten, um offiziell anerkannt und ordiniert zu werden. Als Ergebnis trugen oft die Rabbiner in den ländlichen, traditionellen Gemeinden Bayerns und nicht in den progressiven Stadtgemeinden Preußens einen Doktortitel. Dort konnte man oft am leichtesten und beständigsten eine reformorientierte Gemeinde finden. In Fürth hingegen entzog schließlich die Regierung dem akademisch approbierten Rabbiner Dr. Löwi die Unterstützung gegen die starr konservativen Gemeindemitglieder. Die Reformbestrebungen waren also nicht auf eine Region oder auf eine bestimmte

Die Haltung der Behörden zur Reform

C. Reaktion, Reform, interne Differenzierung (1)

Kategorie von Gemeinden begrenzt. Obwohl gewöhnlich sehr langsam, wurden sie vielerorts fortgeführt und gingen von äußerlichen Fragen des Rituals und des Stils zu inneren inhaltlichen Angelegenheiten über.

Mit der Bedeutung des Judentums und seiner Relevanz für die neuen Zeiten hatte sich die erste Generation jüdischer Universitätsabsolventen schon seit Beginn des 19. Jahrhunderts beschäftigt. Ende 1819, unter dem unmittelbaren Einfluß der „Hep-Hep-Unruhen", gründete eine Gruppe von zunächst sieben jungen jüdischen Gelehrten in Berlin den Verein für Cultur und Wissenschaft der Juden. Eduard Gans, ein brillanter Rechtsgelehrter, Schüler von Hegel, war die treibende Kraft des neuen „Culturvereins", dessen ursprünglicher Zweck die „Verbesserung des Zustandes der Juden im deutschen Bundesstaate" sein sollte. Darüber hinaus suchten die Mitglieder eine Erneuerung des Judentums selbst durch eine „verinnerlichte religiöse Reform". Die Wortwahl allein deutet schon auf Einflüsse der Romantik hin, vermischt mit älteren Prinzipien der Aufklärung, etwas Kantianismus und viel hegelianischem Gedankengut. *Verein für Cultur und Wissenschaft der Juden*

Der Verein organisierte gelehrte Diskussionen unter seinen Mitgliedern und schaffte es, einen Filialverein in Hamburg ins Leben zu rufen sowie etwa fünfzig korrespondierende Mitglieder im übrigen Deutschland zu gewinnen. Seit Mitte 1823, noch bevor die Nachrichten von der Taufe führender Mitglieder des Vereins Berlin erreicht hatten, gingen Mitgliedschaft und Aktivitäten drastisch zurück. Eduard Gans gab die Hoffnung auf, ohne Konversion eine akademische Position zu erlangen, die er so dringend wünschte. Heinrich Heine, der sowohl in der Berliner als auch in der Hamburger Gruppe aktiv mitgearbeitet hatte, war offensichtlich von dem ganzen Projekt enttäuscht und konvertierte zur selben Zeit. Der Culturverein war nicht in der Lage, seinen Mitgliedern eine ausreichende Motivation zu liefern, um sie innerhalb der Gemeinschaft zu halten. Die traditionelle jüdische Gesellschaft betrachtete sie als Außenseiter, und die Reformer waren noch nicht bereit, das Anliegen der jungen Männer zu dem ihrigen zu machen. In diesen Jahren der verschärften Reaktion weigerte sich auch die nichtjüdische Umgebung, sie als einen neuen Typ Juden zu betrachten und ihnen wirklich Tür und Tor zu öffnen. *Taufe aus Enttäuschung*

Dennoch hatte der Verein weitreichenden Einfluß. In seinem Kreise wurde zuerst der Begriff „Wissenschaft des Judentums" geprägt und verwandt, und hier begannen einige der herausragenden *Wissenschaft des Judentums* jüdischen Wissenschaftler des Jahrhunderts ihre Karriere. Von den ursprünglichen Vereinsmitgliedern war es vor allem Leopold Zunz (1794–1886), der sich den Prinzipien der neuen Wissenschaft verschrieb und die Grundlage für ihre künftige Entwicklung erarbeitete. Seine öffentliche Karriere begann, als er als hochgeschätzter Prediger in der provisorischen Reformsynagoge in Berlin wirkte. Zunz war von Schleiermachers neuer romantischer Vorstellung von der Religion ebenso beeinflußt wie von Kants Idealismus. Zuerst war er bestrebt, eine neue Definition vom Judentum zu entwickeln, die in die moderne Zeit passen sollte, später distanzierte er sich aber von diesen im Grunde didaktisch-apologetischen Richtungen und konzentrierte sich auf wissenschaftlichere, akademische Themen. Sein Leben lang lehnte Zunz alle Anstellungen ab, die ihm an den neugegründeten jüdischen höheren Lehranstalten angeboten wurden. Er bestand darauf, daß die neue Wissenschaft an die reguläre Universität gehöre und keine Zukunft habe, solange sie isoliert betrieben werde. Eine ähnlich distanzierte, vermeintlich objektiv-wissenschaftliche Einstellung zum Judentum zeichnete später die Arbeiten eines weiteren Mitarbeiters an der neuen Wissenschaft vom Judentum aus: Moritz Steinschneider (1816–1907), ein Bibliograph von internationalem Ruf. Andere jüdische Akademiker wollten hingegen nicht nur an einem wissenschaftlichen Zugang zum Judentum arbeiten, sondern auch in persönlichem und wissenschaftlichem Ansatz das Judentum selbst reformieren.

3. Die Spielarten der Reform und eine neue Öffentlichkeit

In der Verbindung von Theorie und Praxis zum Zwecke der Reform ragten besonders Abraham Geiger (1810–1874) und Zacharias Frankel (1801–1875) hervor. Beide hatten eine streng traditionelle Erziehung erhalten; der eine in Frankfurt a. M., der andere in Prag. Beide wurden an deutschen Universitäten ausgebildet und stark vom angehenden deutschen Historismus beeinflußt. Beide neigten dazu, die dynamischen Aspekte des Judentums zu betonen, und postulierten seine Fähigkeit zur unbegrenzten Entwicklung. Aber aus ihren jeweiligen historischen Einsichten zogen sie unterschiedliche Schlüsse. Während beide die Legitimität der Reform akzeptierten, kritisierte Geiger die rabbinische Tradition radikaler; ausdrücklicher betonte er den Wert der Offenbarung und bestand auf der

C. Reaktion, Reform, interne Differenzierung (I)

Bedeutung, die die jüdische Mission unter den Völkern habe. Durch seinen Historismus wurde dagegen Frankels Kritik am existierenden Judentum gemildert. Stark von den frühen romantischen Vorstellungen Herders und dem Historismus der Rechtsschule Friedrich Karl von Savignys beeinflußt, wurde Frankel zum Exponenten eines „Fortschritts durch Erhaltung". Er maß sowohl den Volksbräuchen als auch dem intelligenten Instinkt eines Volkes eine große Bedeutung zu, um selektiv das Beste seiner Kultur zu erhalten. Sein „positiv-historischer" Ansatz diente ihm als Mittel zur Rechtfertigung von Veränderungen, gleichzeitig aber auch als Bremse für deren Ausmaß und Tempo.

Während Zunz die Wissenschaft des Judentums im Bereich der akademischen Literaturgeschichte verankern wollte, hoffte Geiger, sie zu einer Theologie zu entwickeln. 1835 begann er, die „Zeitschrift für jüdische Theologie" herauszugeben, und es kennzeichnet seine Entwicklung – von der reinen Wissenschaft hin zu einer führenden Position im liberalen Judentum –, daß er am Ende seines Lebens eine weitere Zeitschrift herausgab, die „Jüdische Zeitschrift für Wissenschaft und Leben". Als Gemeinderabbiner in Wiesbaden, Breslau, Frankfurt und Berlin war Geiger nie ein Extremist. Die streng rationale Position Samuel Holdheims, des führenden Geistes der Reformkongregation in Berlin, der es zuließ, daß Sabbat-Gottesdienste am Sonntag abgehalten wurden, und der sogar Mischehen duldete, war für ihn unannehmbar. Geiger bestand stets darauf, die innere jüdische Einheit zu erhalten, selbst um den Preis weitreichender Kompromisse. Auch er befürwortete aber liturgische Änderungen und unterstützte umfassende Veränderungen in der täglichen jüdischen Praxis. Vor allem aber wollte er alte jüdische Texte einer kritischen Analyse unterziehen und war bereit, auf der Grundlage einer solchen Untersuchung sowohl den traditionellen Vorrang der *Halacha* (jüdisches Religionsgesetz) zu negieren als auch die Existenz eines eigenen jüdischen Nationalgefühls zu leugnen. Ihm erschienen alle Hinweise auf eine jüdische nationale Vergangenheit oder auf *Eretz Israel* (Land Israel) als pure Anachronismen.

In diesen letzten Fragen stand Frankel Geigers Reformweg diametral entgegen. Er maß dem jüdischen Messianismus, der Heiligkeit und Autorität des Pentateuch und der alttestamentarischen Vorstellung von Israel als einem *Volk* die größte Bedeutung zu. Zwischen 1844 und 1848 gab Frankel, damals Rabbiner in Dresden, eine „Zeitschrift für die religiösen Interessen des Judentums" heraus, und 1851 gründete er die „Monatsschrift für Geschichte und Wissenschaft des Judentums", die als einzige der verschiedenen wissenschaftlichen jüdischen Zeitschriften jener Zeit bis 1938 überlebte. Persönlich erlangte er als Leiter des 1854 gegründeten Rabbinerseminars in Breslau sehr großen Einfluß. Die Absolventen dieser Einrichtung gaben bis weit ins 20. Jahrhundert hinein in vielen deutsch-jüdischen Gemeinden den Ton an. Seine Bemühungen jedoch, einen tragfähigen Mittelweg zwischen Orthodoxie und Reform zu finden, sind wiederholt mißlungen. Die Positionen waren bereits zu polarisiert, und die Feindschaft zwischen den Lagern nahm weiterhin zu.

Angesichts der neuen sozialen, wirtschaftlichen und kulturellen Möglichkeiten für Juden fanden sich die Traditionalisten zunehmend in der Defensive, bis die Orthodoxie sich schließlich gezwungen sah, einen Gegenangriff zu unternehmen. Als 1841 eine überarbeitete Fassung des reformierten Hamburger Gebetbuches erschien, war die orthodoxe Reaktion noch lokal und spärlich. Drei Jahre später jedoch, nach der (reformierten) Rabbiner-Versammlung in Braunschweig (1844), gelang es Jacob Ettlinger, eine gemeinsame Antwort zu organisieren, die von 116 Rabbinern, darunter nicht wenige aus dem Ausland, unterzeichnet war. Ettlinger begann bald auch eine neue Zeitschrift, „Der Treue Zionswächter", herauszubringen, die orthodoxe Positionen sowohl zu innerjüdischen Fragen als auch zu allgemeinen politischen Ereignissen formulierte und verbreitete.

Die Rabbiner-Versammlung

Etwas früher bereits bot Samson Raphael Hirsch (1808–1888), einstmals Studienkollege von Abraham Geiger in Bonn und später der gefeierte Rabbiner der Israelitischen Religionsgesellschaft in Frankfurt a. M., seinen eigenen Ansatz einer deutsch-jüdischen Neo-Orthodoxie. Schon 1836 hatte er seine „Neunzehn Briefe über das Judentum" [19] veröffentlicht, in denen er sich – als Bewahrer des traditionellen Judentums – für den Totalitätsanspruch der *Thora* sowie für die Vereinbarkeit der Orthodoxie mit dem Leben in einer modernen bürgerlichen Gesellschaft aussprach. Hirschs Position konnte als ein gewisser Kompromiß zwischen Tradition und Reform angesehen werden, wurde jedoch von keinem der beiden Lager als solcher anerkannt. Besonders die selbstbewußten Vertreter des liberalen Judentums erteilten ihm eine Abfuhr, so daß Hirsch, ein überragender Lehrer und zugleich ein meisterhafter Polemiker, mit der Zeit zum offensten Gegner der Reform wurde. Die alte Orthodoxie akzeptierte seine Linie auch nur teilweise, denn sie war in zu vieler Hinsicht doch noch eine weitere Spielart des modernen Judentums.

Samson Raphael Hirsch, Begründer der Neo-Orthodoxie

C. Reaktion, Reform, interne Differenzierung (I)

Hirsch entwickelte zwei Hauptkonzepte: das Ideal eines „Mensch-*Jisroel*" – eines Juden, in dem sich eine universale Humanität mit dem Judentum vereinigt – und die Synthese der thoratreuen Religiosität mit weltlichem Leben: „Thora im Derech Eretz" – ein paradigmatischer Lebensstil, der die strenge Befolgung der jüdischen Religionsgesetze mit den Werten der bürgerlichen Bildung und Sittlichkeit verbinden sollte. Von der traditionellen Orthodoxie unterschied sich Hirsch, indem er in Detailfragen der *Halacha* zu Kompromissen bereit war, da ihm dies als ein Weg zur Erhaltung ihres Kerns erschien. Er akzeptierte und verinnerlichte moderne Normen, um mit seiner Version des modernen jüdischen Lebens die städtischen, bürgerlichen Juden anzusprechen, die auf ihre konservative Einstellung zur Religion, ihr starkes jüdisches Identitätsgefühl und ihren tiefverwurzelten deutschen Patriotismus stolz waren.

So definierten Liberale und Orthodoxe ihr Judentum auf eine neue Art, die im Grunde viele Gemeinsamkeiten aufwies. Intellektuell bestätigten sie sich so die historische Natur des Judentums. Gesellschaftlich verwandelte es sich dadurch in eine bürgerliche, häusliche Angelegenheit, ja zu einer Privatsache der Familie, während alles öffentliche Engagement dem weltlichen Bereich überlassen wurde. Dieser Standpunkt wurde von den meisten Juden geteilt und trug dazu bei, daß allmählich religiöse Kontroversen unter ihnen viel von ihrer Bitterkeit verloren. Ein weites Spektrum an Einstellungen, von der streng orthodoxen bis hin zur radikal liberalen, sollte sich für die Dauer im deutsch-jüdischen Lebensbereich verwurzeln. Die einheitliche jüdische Gemeinschaft aus dem 18. Jahrhundert machte seit der Mitte des 19. Jahrhunderts einer differenzierten Gliederung Platz, die gelegentlich durch Kontroversen gespalten war, mit der Zeit aber ihre Vielfalt als gegeben akzeptierte und sie manchmal sogar stolz als Zeichen von grundsätzlicher Gesundheit und besonderer Kreativität definierte.

<small>Gemeinsamkeiten und Gliederung im Judentum</small>

Auch organisatorisch wurde der Streit allmählich beigelegt. Man entwickelte drei Modelle der Koexistenz: In Breslau hatten Orthodoxe und Liberale ihre getrennten Rituale und Bildungseinrichtungen, wurden aber – zum Teil aufgrund der Vorschriften über den „Gemeindezwang" in den preußischen Gesetzen – von einem gemeinsamen Rat geleitet, der für alle jüdischen Einrichtungen, soweit sie nicht den rituellen Bereich betrafen, verantwortlich war und sich mit Armenfürsorge, Krankenpflege und der Pflege des Friedhofs befaßte. In Berlin blieben die liberalen Reformer bis in die 1850er Jahre und in Hamburg mindestens bis zur neuen Regelung

<small>Modelle der Koexistenz</small>

von 1864 in der etablierten Gemeinde, hatten aber ihre getrennten Einrichtungen und trugen die zusätzlichen finanziellen Belastungen selbst. Später, infolge des preußischen Gesetzes von 1876, das den „Austritt" als legale Alternative einführte, wurde eine Reihe eigener orthodoxer Gemeinden, darunter die in Frankfurt a. M., gegründet, wodurch manche Gemeinden einer legalen Spaltung unterlagen.

Zur gleichen Zeit entstand durch den anhaltenden innerjüdischen Kampf und die vielfältigen Konfrontationen mit der nicht-jüdischen Welt eine ganz neue Art von jüdischer Öffentlichkeit. Mendelssohn mag schon einige Versuche in diese Richtung begonnen haben, jedoch war erst „*Ha-meassef*" (Der Sammler), der seit 1784 in Königsberg und später in Berlin erschien, der Pionier der jüdischen *Haskalah*-Zeitschriften. Als hebräisches Blatt entsprach es den Interessen der *Maskilim*, eine „reine Sprache" sowie ihre besondere Antwort auf den Geist von „Bildung und Aufklärung" zu entwickeln. Kurz darauf erschien in Dessau auch eine deutschsprachige Zeitschrift, die mit nur wenigen Unterbrechungen bis 1848 überlebte: „*Sulamith*". Sie befaßte sich wieder vorwiegend mit der „Verbesserung" ihrer Leser, führte den Juden die humanistischen Werte der Aufklärung vor Augen und strebte ihre „Veredelung" an. Sie enthielt alle grundlegenden Elemente der „Emanzipationsideologie" [D. SORKIN]: ein umfassendes Programm der Akkulturation und Verbürgerlichung der Juden.

Die ersten jüdischen Zeitschriften

Ein weiterer Aspekt der entstehenden jüdischen Öffentlichkeit war die Institutionalisierung der deutschsprachigen synagogalen Predigt überall in Deutschland. Von seiten jüdischer Lehrer und Reformer breitete sich die deutsche Predigt in allen Kongregationen, selbst den streng orthodoxen, aus und wurde zu einem unentbehrlichen Bestandteil des jüdischen Gottesdienstes. Eine neue Art von Predigern, die manchmal zusätzlich zu den eigentlichen Gemeinderabbinern angestellt wurden, verband jüdische Gelehrsamkeit mit deutscher Bildung; sie waren an jüdischen Vorkommnissen ebenso interessiert wie an den wichtigsten politischen und kulturellen Themen des Tages. Die Predigten von Zunz in der Berliner Reformsynagoge von 1820 bis 1822 waren vielleicht die bekanntesten dieser frühen Zeit. Der Tempel in Hamburg hatte zwei prominente Prediger zur „Erbauung" eingestellt: Eduard Kley (1789–1867) und Gotthold Salomon (1784–1862). In Frankfurt begann 1824 ein radikaler Reformer, Michael Creizenach (1789–1842), in der neuen Gemeindeschule zu predigen, und einige illustre Prediger wie Abra-

Eine neue Art der Predigt

C. Reaktion, Reform, interne Differenzierung (I)

ham Geiger und Leopold Stein sprachen in den neuerbauten Frankfurter Gemeindeeinrichtungen zur Kongregation. Auch die Predigten S. R. Hirschs in der neu begründeten Synagoge der neoorthodoxen Gemeinde erweckten Interesse und Bewunderung. In diesen Predigten wurde ein besonderer öffentlicher, jüdischer Diskurs entwickelt und verbreitet, ein mündliches Medium neben den gedruckten Zeitungen.

Anders als viele andere gefeierte Prediger seiner Zeit pflegte Hirsch seine Predigten nicht in Buchform zu veröffentlichen. Er zog es vor, sie als Artikel in seinem neuen Monatsblatt „*Jeschurun*" abzudrucken. Überhaupt wurden nach bescheidenen Anfängen die Zeitschriften zu den wichtigsten Trägern der neuen jüdischen Öffentlichkeit. Die wissenschaftlichen Journale früherer Zeiten interessierten nur eine kleine, ausgewählte Gruppe, aber die populären Zeitschriften zogen nun das Interesse weiterer Kreise auf sich. Am 2. Mai 1837 erschien in Leipzig die erste Ausgabe der „Allgemeinen Zeitung des Judentums" (AZJ), herausgegeben von Ludwig Philippson, einem Lehrer und Prediger in Magdeburg. Sie kam anfangs zweimal die Woche, dann aber bis 1922 einmal wöchentlich heraus und sollte die erfolgreichste jüdische Zeitschrift in Deutschland werden. Philippson, der die deutschen „allgemeinen Zeitungen" seiner Zeit imitierte, fand bald einen tragenden Leserkreis, und die AZJ wurde zum Organ für die Diskussion sowohl innerer Angelegenheiten der jüdischen Reform als auch äußerer kultureller und politischer Ereignisse, welche das jüdische Lesepublikum berührten.

<small>Die „Allgemeine Zeitung des Judentums"</small>

Unter all jenen, die sich an der öffentlichen jüdischen Diskussion dieser Zeit beteiligten, ragte Gabriel Riesser vielleicht am stärksten hervor. Er vertrat eine liberale Ideengemeinschaft, die über Religionsgrenzen hinaus reichte, und erhoffte die Gleichberechtigung für die Juden von der Verwirklichung allgemeiner liberal-politischer Grundsätze. Riesser wurde 1806 als Enkel eines streng orthodoxen Rabbiners in Hamburg geboren; er erhielt eine weltliche Erziehung und studierte Jura an den Universitäten von Kiel und Heidelberg. Bald wurde ihm bewußt, daß seine beruflichen Bestrebungen sich in einer Gesellschaft, die Juden zwar ihre Bildungseinrichtungen öffnete, ihnen aber fast alle Möglichkeiten für eine Karriere verweigerte, nicht realisieren lassen würden. Anders als einige seiner Zeitgenossen weigerte er sich, die Taufe als Ausweg aus diesem Dilemma zu betrachten, und verbarg seine jüdische Identität nie. Nach der europäischen Revolution von 1830 wandte er sich dem politi-

<small>Gabriel Riesser</small>

schen Journalismus zu; seine kurzlebige Zeitschrift mit dem unzweideutigen Titel „Der Jude" war der eigentliche Vorgänger der AZJ. Hier äußerte sich das entstehende politische Bewußtsein der deutschen Juden zum ersten Mal deutlich und öffentlich.

Riesser versuchte, die scheinbar unvermeidliche Verknüpfung von totaler Assimilation und rechtlicher Emanzipation aufzulösen. In seinem Werk „Über die Stellung der Bekenner des Mosaischen Glaubens in Deutschland" (1831) schloß er sich dem allgemeinen liberalen Angriff auf den absolutistischen Staat an und konzentrierte sich dabei auf die inkonsequente, heuchlerische und korrupte Politik gegenüber den Juden. Er verlangte eine rechtliche Reform und ein umfassendes Bildungsprogramm, das bestehende Antipathien ausmerzen und jede Diskriminierung beseitigen sollte.

Riesser als Repräsentant politisch bewußter Juden

Riesser betrachtete sich selbst als Vertreter einer neuen Generation von Juden, die sich als deutsche Patrioten und zugleich als stolze Juden bekannten. In Wirklichkeit repräsentierte er aber zunächst nur eine kleine Minderheit bereits politisch interessierter Juden, die den vollen „Eintritt" in die deutsche Gesellschaft durch Gesetze und nicht durch Privilegien forderten; mit Hilfe der Politik und nicht der Kultur. Die Mehrheit der deutschen Juden hingegen war damals noch nicht ausreichend politisiert und deshalb auch außerstande, Riessers radikaler Führung zu folgen. Wie die meisten Deutschen konnten sich viele von ihnen die Emanzipation nicht als ein umfassendes politisches Programm vorstellen, und sie konnten sich auch nicht denken, wie sie unabhängig von „Verbesserung" und vollständiger Akkulturation möglich sein sollte.

D. Intermezzo:
Die Revolution und die Zeit danach

1. Die Revolution von 1848

Eine direkte Beteiligung der Juden an der Politik, besonders in Preußen, scheint in den frühen 1840er Jahren mit der erneuten Debatte über ein neues „Judengesetz" begonnen zu haben. Zu diesem Zeitpunkt war völlig klar, daß die große Zahl alter, restriktiver und verwirrender Judenordnungen, die ihr Leben diktiert hatten, verschwinden mußte. Eine modernisierte liberale Gesellschaft konnte sie nicht aufrechterhalten. Auch die Anachronismen, nach denen Juden z. B. zur Armee eingezogen werden oder als Stadtverordnete fungieren konnten, aber ihrem Eid im kleinsten Gerichtsprozeß kein Glauben beigemessen wurde, konnten nicht länger gerechtfertigt werden. Weder die Gegner der Regierung noch die Führung der jüdischen Gemeinde hatten aber durchdachte Alternativen zur Hand. Philippson, der besonders über den nach 1842 in Preußen kursierenden Vorschlag, die Juden vom Militärdienst auszuschließen, bestürzt war, begann sofort eine jüdische Opposition gegen den Gesetzesvorschlag der Bürokratie zu organisieren. Letztendlich aber konnten die lebhafte Diskussion, die öffentliche Kritik und die Petitionsbewegung, an der sowohl Juden wie auch Nichtjuden teilgenommen hatten, die Verabschiedung eines preußischen „Judengesetzes" nicht verhindern.

[margin: Debatte über das „Judengesetz"]

In dem Gesetz vom Juli 1847 wurden zwar die unterschiedlichen Judenordnungen der verschiedenen Gebiete vereinheitlicht, und in seinem ersten Paragraphen wurden den Juden sogar „neben gleichen Pflichten auch gleiche bürgerliche Rechte mit den christlichen Untertanen" zuerkannt, es bedeutete aber in vieler Hinsicht einen Rückschritt gegenüber dem Edikt des Jahres 1812. Der „Gemeindezwang" für die Juden wurde erneut bestätigt, und die Verwaltung der Gemeinden wurde unter strikter Regierungsaufsicht umständlich geregelt. Für die Provinz Posen wurde eine gesonderte Rechtsordnung erlassen, welche die Rechte für den größeren Teil der dortigen Juden stark einschränkte.

Dieses Gesetz blieb bis 1918 in Kraft. Aber schon in der Mitte der 1840er Jahre fand sich, besonders in Teilen des kommerziellen und industriellen Bürgertums, ein großes Maß an Unterstützung für eine volle Emanzipation der Juden. Die Meinungen in dieser Frage waren natürlich alles andere als einheitlich, aber in den ökonomisch weiter entwickelten Regionen, wie z. B. im Rheinland oder in den Hansestädten, begannen auch die repräsentativen Körperschaften die Aufhebung mancher Beschränkungen der Juden zu empfehlen. Im Sommer 1843 stimmte der Landtag der Rheinprovinz mit überwältigender Mehrheit für ein Ende all solcher Restriktionen und für die volle „Gleichberechtigung" der Juden.

Unterstützung für die Gleichberechtigung der Juden

Einige der liberalen Politiker und Publizisten waren von der Unvereinbarkeit ihres Liberalismus mit der Fortdauer der jüdischen Benachteiligungen überzeugt. Andere behaupteten zumindest, daß die Juden inzwischen ihre „geistige Mündigkeit zur Emanzipation" bewiesen hätten und endlich fähig wären, mit den Christen eine gleiche Rechtsstellung einzunehmen. Man beobachtete die religiöse Reformbewegung im Judentum mit Genugtuung und wurde von deren Vertretern schließlich überzeugt, daß die Juden nicht länger eine Nation, sondern nur eine Konfession unter anderen bildeten. Der Kampf für die Emanzipation der Juden schien nunmehr vom allgemeinen Sturmlauf der Liberalen gegen das ganze reaktionäre Staatssystem nicht mehr zu trennen zu sein. Dieser kulminierte schließlich in der Revolution von 1848.

Die Revolution ergab die erste Gelegenheit zu einer konkreten, andauernden Beteiligung von Juden an der Politik in Deutschland. Liberale Juden schlossen sich dem Kampf begeistert an, nicht nur um die jüdische Emanzipation zu erreichen, sondern als Mitstreiter für Freiheit und Einheit. Die Hochstimmung eines großen Teils der deutschen Juden in diesen Tagen läßt sich aus dem Aufruf des liberalen Frankfurter Rabbiners Leopold Stein ablesen: „... Wir erkennen unsere Sache fortan als keine besondere mehr, sie ist eins mit der Sache des Vaterlandes, sie wird mit dieser siegen oder fallen ... Wir sind und wollen nur Deutsche sein! Wir haben und wünschen kein anderes Vaterland als das deutsche! Nur dem Glauben nach sind wir Israeliten, in allem übrigen gehören wir aufs Innigste dem Staate an, in welchem wir leben!" Noch auffallender zeigte sich die Identifizierung der Juden mit der revolutionären Sache in der Position mancher orthodoxer Kreise. Auch sie wurden in den Kampf hineingezogen; selbst Rabbiner Ettlinger in Altona scheint die Begeisterung geteilt zu haben. Distriktrabbiner Grünebaum aus

Enthusiasmus der Juden für die Revolution von 1848

D. Intermezzo: Die Revolution und die Zeit danach 37

Ansbach wandte sich – als Antwort auf Fragen zu den Wahlen in Bayern – an die Gemeinden seines Bezirks mit einem Rundschreiben, in dem er erklärte: „Die Wahlen für Abgeordnete zum teutschen Parlament sind für unser ganzes teutsches Vaterland die wichtigste Handlung welche je vorgenommen worden ist." Er nannte die Teilnahme an diesen Wahlen „eine heilige religiöse Pflicht".

Juden erhielten von Anfang an das Wahlrecht, und im Vorparlament, dessen Mitglieder „aufgrund ihrer nationalen Bedeutung eingeladen worden waren" [R. RÜRUP], fanden sich sechs Juden. Diese waren: Berthold Auerbach, damals als Autor der berühmten „Schwarzwälder Dorfgeschichten" bekannt; Julius Fürst, ein Leipziger Orientalist und Herausgeber der liberalen jüdischen Zeitschrift „Der Orient"; Johann Jacoby, prominenter liberaler Demokrat und einer der jüdischen Ärzte, die sich 1848 als radikale Revolutionäre erwiesen; Ignaz Kuranda, österreichischer Literaturhistoriker und Herausgeber der „Grenzboten"; Moritz Veit, Berliner Verleger und eine Berühmtheit der dortigen lokalen jüdischen Gemeinde; und nicht zuletzt Gabriel Riesser, der aktives Mitglied des Verfassungsausschusses des Frankfurter Parlaments und sein zweiter Vizepräsident werden sollte. Andere Delegierte in der Paulskirche wie Eduard Simon, Moritz Heckscher oder Johann Detmold waren getaufte Juden oder bekanntermaßen jüdischer Abstammung. Diese Tatsache behinderte ihre politische Karriere, zumindest in der revolutionären Zeit, offensichtlich nicht. *Juden in der Paulskirche*

Zum ersten Mal wurden Juden jetzt auch in die Parlamente oder in die konstituierenden Versammlungen verschiedener deutscher Staaten gewählt: in Preußen, Bayern, Braunschweig, Mecklenburg-Schwerin, Sachsen-Anhalt, Hessen-Homburg und in den Städten Frankfurt, Hamburg und Lübeck. Auch in den Straßenkämpfen traten die Juden in den frühen Revolutionstagen deutlich hervor. In Berlin, wo Juden damals etwa 2% der Bevölkerung bildeten, stellten sie 4–5% der während der blutigen Märztage Getöteten. In Wien waren zwei der fünf Opfer zu Beginn der Revolution Juden, und die Juden blieben dort die ganze Zeit über besonders aktiv. Ein jüdischer Arzt, Adolf Fischhof, gehörte zu den Führern der Wiener Volksbewegung und war eine Weile Vorsitzender des dortigen revolutionären Sicherheitsausschusses. Hermann Jellinek, ein anderer jüdischer Radikaldemokrat, trat als ein Wiener Arbeiterführer hervor und wurde dort im November 1848 schließlich hingerichtet. *Jüdischer Anteil an der Revolution*

Genau wie andere Deutsche waren aber auch die Juden in allen wichtigen Fragen der Zeit tief gespalten. JACOB TOURY schätzte, daß ungefähr 50% von ihnen im Grunde konservativ oder sogar loyalistisch gesinnt waren. In Österreich lag dieser Prozentsatz wahrscheinlich noch etwas höher. Zum einen hinterließen Jahrhunderte der Abhängigkeit von Königen und Fürsten ihre Spuren, zum anderen hüteten sich wohlhabende Juden ebenso wie andere Mitglieder der Bourgeoisie davor, ihren schwer erworbenen Reichtum durch übereiltes politisches Engagement aufs Spiel zu setzen. Dennoch war schätzungsweise ein Drittel der erwachsenen jüdischen Männer gemäßigte Liberale. Darunter fand sich sogar eine beachtliche Zahl von Gemeindefunktionären, Lehrern, Rabbinern und Predigern, die erpicht darauf waren, ihre politischen Sympathien über alle zugänglichen Kanäle zu verkünden. Während nun zwar gut 15% der Juden zu den Radikaldemokraten zählten, waren nur einzelne von ihnen erklärte Sozialisten.

Am meisten mußten allerdings die zahlreichen antijüdischen Unruhen während der Revolution Sorge bereiten. Einen Vorgeschmack auf diese „schlimmsten Judenverfolgungen der gesamten Emanzipationsepoche" [H. BERDING] hatten ja bereits die „Hep-Hep-Unruhen" 1819 sowie die sporadischen örtlichen Überfälle auf jüdische Häuser und Synagogen im Revolutionsjahr 1830 und die Welle antijüdischer Gewalt in Hamburg und im Rheinland zwischen Juli 1834 und April 1835 vermittelt. Die Revolution von 1848 brachte die antijüdischen Gewaltausbrüche jedoch auf einen neuen Höhepunkt.

Die ersten pogromartigen Überfälle ereigneten sich Ende Februar 1848 in der französischen Provinz Elsaß. Dort, wo nach der Abschaffung des napoleonischen *décret infâme* (1818) die Juden die volle Gleichberechtigung genossen, griffen Bauern, Studenten und auch manche Jugendliche aus wohlhabenden Familien die Juden in den Dörfern sowie in einigen Kleinstädten gewaltsam an. In Süddeutschland hatte die Bewegung einen ganz ländlichen Charakter. Bereits im April 1847 hatten sich die Bauern im ökonomisch rückständigen Odenwald gegen den Adel, die Bürokratie und die Juden aufgelehnt. In Hessen, Baden und Bayern schlossen sich offenbar selbst christliche Geistliche der antijüdischen Propaganda an. Juden, die oft im Dienst von ländlichen Adelsherrschaften standen oder die anderweitig in ländliche Finanzgeschäfte verwickelt waren, wurden leicht zu Angriffszielen. Die endgültige rechtliche Emanzipation der Juden in Baden, die in den Tagen der Revolution unmit-

D. Intermezzo: Die Revolution und die Zeit danach

telbar bevorzustehen schien, heizte die Atmosphäre weiter an. Dort befürchteten kleinere Dorfgemeinden, daß ärmere Juden zu einer zusätzlichen Last für ihre überbelasteten Budgets und Fürsorgesysteme würden. So sah man in einer Zeit der Agrarkrise, des Hungers und des finanziellen Drucks sowohl die reichen als auch die ärmsten Juden als ernsthafte Bedrohung.

Angriffe gegen reiche wie gegen arme Juden

Gewaltsame Angriffe gegen Juden kamen auch in anderen Regionen Deutschlands vor. In Oberschlesien waren Juden in bewaffnete Straßenkämpfe mit polnischen Revolutionären verwickelt, und in Posen griff der polnische Mob Juden in 14 verschiedenen Orten brutal an. In Böhmen, Mähren und Ungarn ereigneten sich in einigen größeren Städten antijüdische Unruhen, darunter in Preßburg, in Prag und in Budapest.

In den späteren Phasen der Revolution gab es jedoch kaum noch Übergriffe gegen Juden. Im Süden neigten die Bauern schnell dazu, der revolutionären Bewegung den Rücken zu kehren, da viele ihrer Forderungen von den neu geschaffenen Märzregierungen erfüllt wurden. Mit der Wiederherstellung von Recht und Ordnung in den Dörfern konnten die Juden in ihre Häuser zurückkehren und ihre täglichen Geschäfte wiederaufnehmen, wenn auch ihr Leben in diesen ländlichen Gemeinden nun für längere Zeit von der Erfahrung der Gewalt gezeichnet schien. Im Sommer 1848 brachten noch Handwerker in vielen Petitionen Klagen gegen Juden vor, aber diese wirkten sich auf den wesentlichen Lauf der Ereignisse kaum aus. Allgemein gesehen verloren die antijüdischen Gefühle ihre Vehemenz, als die Revolution weniger sozial und lokal zentriert war, sondern nunmehr immer deutlicher einen politischen und nationalen Charakter annahm. Die Juden gaben sich demnach in viel stärkerem Maße dem überwältigenden Gefühl der Verbrüderung hin, welches – durch den Vormarsch der freiheitlichen Gesetzgebung überall in Deutschland hervorgerufen, so glaubten sie, – breitere Bevölkerungsschichten viel mehr beseelte als die sporadischen Ausbrüche der Abneigung oder offene Feindseligkeit gegen sie.

Daher reagierte die jüdische Öffentlichkeit auf die Welle antijüdischer Vorwürfe und Ausbrüche eher zurückhaltend. Alles in allem betrachtete man sie als eine Folge des plötzlichen „Exzesses der Freiheit" („Der Orient") oder als vorübergehende „Pöbelstürme" (Zunz). Ludwig Philippson nutzte auch diese Gelegenheit, um die Forderung nach jüdischer „Produktivierung" und „Verbreitung der Landwirtschaft unter den Juden" wiederaufzufrischen, angeblich um die Ressentiments der ländlichen Bevölkerung abzuschwächen.

Die Juden reagieren zurückhaltend

Eine orthodoxe Zeitschrift, ermutigt von der Aussicht auf Emanzipation, sah in den Unruhen eine „Blutweihe für deutsche Freiheit" („Der Treue Zionswächter"). Einigen Gemeinden gelang es, während der Tumulte eine gewisse Selbstverteidigung zu organisieren, aber gewöhnlich versuchte man nicht, eine gemeinsame jüdische Front aufzubauen. Der Wunsch, als Deutsche anerkannt zu werden, nicht weniger und nicht mehr, war für die Juden zu dieser Zeit so zentral, daß sie jede Sonderaktivität und jede Äußerung von jüdischer Solidarität nur als destruktiv und deshalb als inakzeptabel betrachteten.

Auswirkungen der Revolution auf die Gemeinden

All dies hatte natürlich Auswirkungen auf das jüdische Gemeindeleben, das in der Revolution einen ernsthaften Rückschlag erlitt. Während die Politisierung weiter Kreise der jüdischen Bevölkerung voranschritt, ging das Interesse an innerjüdischen Angelegenheiten zurück. Manchmal wurde die Abschaffung der Sondersteuern auf die jüdischen Gemeindesteuern ausgeweitet, und einige nutzten die Lockerung des obligatorischen korporativen Systems, um ihre Verbindungen zur jüdischen Gemeinschaft endgültig zu lösen. Viele Gemeinden litten unter ernsthafter Knappheit der Mittel und sahen sich gezwungen, soziale Leistungen aufzugeben oder auf ein Minimum zu reduzieren. In manchen Gemeinden versuchte man gewisse demokratische Reformen, die den Einfluß des Rabbiners und die Macht der jüdischen Honoratioren beschränken sollten. Das hatte jedoch nur selten eine anhaltende Wirkung.

Auch die Bemühungen, eine zentrale, alle Gemeinden Deutschlands umfassende jüdische Organisation aufzubauen, scheiterten. Neben der weitverbreiteten Opposition gegen solche „separatistischen" Aktivitäten machte das wechselseitige Mißtrauen zwischen Reformern und Orthodoxen, aber auch zwischen kleinen und großen Gemeinden (besonders in Preußen) eine sinnvolle Zusammenarbeit praktisch unmöglich. Im zerstrittenen nachrevolutionären Deutschland hatte auch eine vereinte jüdische Aktion keinerlei Chance.

Gleichberechtigung kurzfristig verwirklicht

Die ausschließliche Konzentration auf die positive Entwicklung der Gleichberechtigung im Verlauf der Revolutionsereignisse schien zunächst völlig gerechtfertigt zu sein. „Verwirklichte sich doch – wenigstens auf dem Papier und für eine kurze Zeitspanne – der Traum von der völligen Emanzipation" [J. TOURY]. Zuerst kam die Verleihung des Wahlrechts und danach die Einführung der vollen Gleichberechtigung. Schon am 6. März 1848 wurden entsprechende Gesetze in Hessen-Homburg bestätigt, das nahegelegene

Nassau zog bald nach. Braunschweig machte im Mai 1848 explizit alle Bürgerrechte von der Religion unabhängig, und Anfang Juni erklärte ein zusätzlicher Paragraph „das Verbot der Ehe zwischen Juden und Christen" für null und nichtig. Als nächste folgten Hessen-Darmstadt im August, Hannover im September 1848.

Inzwischen verlor jedoch die Revolution viel von ihrem ursprünglichen Schwung. Die Debatte über den Verfassungsparagraphen zur Judenemanzipation in der Paulskirche zog sich lange hin. Der diesbezügliche Paragraph 16 wurde schließlich am 10. Dezember 1848 angenommen: „Durch das religiöse Bekenntnis", hieß es dort einfach, „wird der Genuß der bürgerlichen und staatsbürgerlichen Rechte weder bedingt noch beschränkt." Aber die neue Verfassung mußte erst noch verabschiedet und von den Regierungen der verschiedenen Staaten ratifiziert werden; auch die offizielle Beseitigung widersprechender Gesetze stand noch bevor. Letztendlich wurden die wichtigsten Emanzipationsbestimmungen erst während des Aufkommens der Gegenrevolution durchgeführt: Im Dezember 1848 gewährte die „oktroyierte" Preußische Verfassung die formale Emanzipation der Juden, und im März 1849 wurde sie auch im Habsburger Reich gewährt. *Emanzipation durch die Gegenrevolution*

Im Mai 1849 wollte die Regierung Bayerns die rechtliche Gleichstellung ihrer jüdischen Bürger im Gesetz verankern; sie stieß dabei aber auf unerwartet starken Widerstand in der Kammer. Aus allen Landesteilen waren nämlich massenhaft Äußerungen der Opposition und zahllose Petitionen eingegangen, die die Mitglieder der Kammer in ihrer Überzeugung bestätigten, daß die Zeit für einen so radikalen Akt noch nicht gekommen sei. Aus ähnlichen Erwägungen hatte sich bereits kurz vorher die Regierung in Baden entschieden, die ganze Debatte über dieses Thema zu verschieben; sie ging sehr vorsichtig und schrittweise an das Problem der Emanzipation heran. Die staatsbürgerliche Gleichstellung der Juden in Baden blieb allerdings seit Februar 1848 unangetastet, während die lokale Einbürgerung bis 1862 auf sich warten ließ. In Preußen entwickelte sich die Reaktion in besonderer Weise: Der Artikel 14 der revidierten Verfassung von 1850 schrieb erneut die christliche Natur des Staates fest, und damit wurde praktisch die verwirrende rechtliche Situation des Vormärz wieder hergestellt. In mehreren deutschen Staaten wurde die Emanzipationsgesetzgebung zumindest formal aufgehoben, während man in anderen die alte rechtliche Diskriminierung der Juden wieder einführte. Die meisten politisch aktiven Juden waren verständlicherweise tief enttäuscht. Resignierend zo- *Emanzipation zurückgenommen* gen sie sich, wie viele andere bürgerliche Männer, ins Privatleben zurück. Sie waren jetzt entschlossen, sich von neuem auf ihren eigenen Aufstieg zu konzentrieren und ihr früheres Streben nach Akkulturation und sozialer Integration fortzusetzen. Und in der Tat schienen trotz der vorherrschenden politischen Reaktion die Zeiten wieder günstig zu sein. Das Jahr 1848 war für die Juden in vieler Hinsicht nichts als ein Intermezzo.

2. Die rechtliche Entscheidung und die Ambivalenz der Integration

Es war der industrielle Take-off im dritten Viertel der fünfziger und sechziger Jahre, der auch den Juden neue Chancen gab. Von Beginn an hatten sie im Prozeß des Wirtschaftswachstums und der Urbanisierung eine aktive Rolle gespielt, und deren beinahe einzigartiger Ausgangspunkt bestimmte nun auch ihren Part im weiteren Verlauf dieser Entwicklungen.

Die Juden in der Industrie

Juden kamen zur Industrie meist aus dem Handel. Sie waren besonders in der Textil- und Bekleidungsindustrie führend, vor allem in Baden, Württemberg und Schlesien, wo sie oft bahnbrechend wirkten. Auch in der expandierenden Konfektionsindustrie sowie in den Bereichen Ernährung und Genußmittel engagierten sie sich eifrig. Gegenüber den Aktivitäten in der Leichtindustrie waren Juden in der Montanindustrie und im Werkzeugmaschinenbau die Ausnahme, sie fehlten daher in den kapitalintensiven, führenden Sektoren der deutschen Wirtschaft nach der Jahrhundertmitte. Sie bevorzugten üblicherweise die Konsumgüterindustrie, die aber in Wachstum und Technologie oft hinterherhinkte. Erst später gingen einige von ihnen in die wirklich modernen Industriezweige – in die Elektro- und die Chemieindustrie.

Juden im Finanzwesen

Ihre besondere Bedeutung behielten die Juden weiterhin im Bank- und Finanzwesen. Zu den Berliner Bankiers wie Joseph Mendelssohn und Gerson Bleichröder gesellten sich Abraham Oppenheim in Köln und eine Unmenge kleinerer, privater Banken in Breslau, Posen oder Mannheim, die ein großangelegtes Eisenbahnunternehmen durch das ganze Land finanzierten. In einigen Fällen, vor allem in Schlesien, wandten sich auch jüdische Großhandelsfirmen aus dem Bereich der Metallverarbeitung industrieller Tätigkeit zu und wurden zu Mitbegründern von großen Unternehmensgruppen modernen Stils. Die charakteristische Mehrheit der Juden in

D. Intermezzo: Die Revolution und die Zeit danach

Deutschland blieb weiterhin selbständig im Einzelhandel tätig, nicht ohne dabei zu avancieren. Hausierer wurden zu Ladenbesitzern und fahrende Händler jeder Art zu respektablen Kaufleuten.

Eine Aufstellung der sozialen Schichtung der deutschen Juden im dritten Viertel des 19. Jahrhunderts gibt einen Überblick über die Folgen dieses Prozesses. TOURY hat geschätzt, daß 1848 zwischen 15 und 33% aller Juden in Deutschland als „bürgerlich gesicherte Existenzen" definiert werden können, und in den frühen 1870er Jahren gehörten bereits 60% zu dieser Kategorie. Bis zur Mitte des 19. Jahrhunderts hatten bis zu 50% der deutschen Juden zur Schicht der Armen oder zu den „marginalen Existenzen" gehört, im Jahr 1871 machten diese Gruppen jedoch nur noch etwa ein Viertel aus und in manchen Gegenden sogar nicht mehr als 5%. Die Juden der unteren Mittelklasse, die in die geringste Steuerstufe der Kultusgemeinden eingestuft waren, umfaßten bis 1848 zwischen 25 und 40% der jüdischen Gesamtbevölkerung, stellten aber seit 1870 nur noch zwischen 25 und 35%.

Soziale Schichtung der Juden

Auch wenn zweifellos das allgemein positive ökonomische Klima der Zeit diesen beachtlichen sozialen Aufstieg mit bedingte, befanden sich die Juden offensichtlich in einer besonders günstigen Position, um von der Konjunktur profitieren zu können. Ihre Erfahrung in Handel und Finanzwesen, ihre spezifischen, eigenständigen Wohlfahrtseinrichtungen und ihre Verbindungen über viele Grenzen hinweg befähigten sie zu dem Schritt vom ökonomischen Rand der Gesellschaft in ihren Innenbereich. Die Mehrzahl der Juden gehörte jetzt zu einer Mittelschicht von Selbständigen, die ihren Söhnen in zunehmendem Maße den Eintritt in die freien Berufe ermöglichen wollte und sich tatkräftig bemühte, wo nicht gerade Reichtümer, so jedenfalls und in erster Linie eine angemessene gesellschaftliche Anerkennung zu erlangen.

Ursachen des sozialen Aufstiegs der Juden

Und tatsächlich konnten sich die Juden parallel zu ihrem kollektiven wirtschaftlichen Erfolg eines beeindruckenden gesellschaftlichen Aufstiegs rühmen. Trotz der politischen Reaktion in den Jahren unmittelbar nach der Revolution schritt die bürgerliche Integration in den nächsten Jahrzehnten kräftig fort. Noch vor der Vollendung der rechtlichen Emanzipation im Norddeutschen Bund und in den süddeutschen Staaten schien die gesellschaftliche Akzeptanz sich zur Norm zu entwickeln. Kulturelle und persönliche Kontakte, die bereits in den 1840er Jahren zu erkennen gewesen waren, erneuerten und vermehrten sich, wozu auch der wieder aktivere politische Einsatz der Juden beitrug. Juden waren überdurchschnittlich im

Gesellschaftliche und politische Akzeptanz

deutschen Nationalverein vertreten, und viele wirkten als Mitglieder örtlicher Handelskammern und lokaler industrieller Vereinigungen. Selbst in die Stadtverwaltungen und die Länderparlamente wurden Juden in steigender Anzahl gewählt. Baden ernannte sogar einen jüdischen Minister: Moritz Ellstätter, der von 1868 bis 1893 als Finanzminister amtierte.

Im akademischen Bereich wurden einige Juden an verschiedenen deutschen Universitäten zu ordentlichen Professoren ernannt, und manchen gelang sogar der Eintritt in die (meist unteren) Ränge der Justiz. In der preußischen Armee, bereits seit den Napoleonischen Kriegen eingezogen, kamen sie jedoch nicht in das Offizierskorps. Die Ernennung zum Reserveoffizier mußte den preußischen Juden ein unerfüllbares Wunschziel, ein Traumbild bleiben. Nichtsdestotrotz fielen 1870/71 im Krieg gegen Frankreich über 400 von ihnen, und etwa 300 wurden ausgezeichnet – Tatsachen, die man immer wieder als unanfechtbaren Beleg für jüdische Loyalität benutzte.

Trotzdem gab es prinzipiell in der „jüdischen Frage" nur wenig Umdenken. Die politischen Fronten schienen unverändert zu sein. *Ablehnung durch* Die konservative Haltung gegenüber den Juden hatte der junge Otto *die Konservativen* von Bismarck schon 1847 in seiner oft zitierten Rede vor dem preußischen Landtag zum Ausdruck gebracht. Sie wurde jahraus, jahrein in den Seiten der Kreuzzeitung bekräftigt. Friedrich Julius Stahl, ein getaufter Jude, der zum Chefideologen dieser Kreise wurde, predigte Toleranz gegenüber traditionellen, religiösen Juden, stand aber fest in der Ablehnung der Liberalen. Die populäre Literatur folgte, indem sie die entsprechenden Stereotypen übernahm. Auf der Bühne und in Romanen wurde man wiederholt mit der mehr oder weniger bösartig stilisierten Figur des halb assimilierten, halb akkulturierten Juden konfrontiert – ein Fremder und Außenseiter trotz seines wirtschaftlichen Erfolges und seiner ständigen Bemühungen dazuzugehören.

Jüdische Stereo- In Gustav Freytags „Soll und Haben" und in Wilhelm Raabes *typen in der* „Hungerpastor" konnte man das eindimensionale Stereotyp des un-*Literatur* moralischen, entwurzelten, kulturlosen Juden vielleicht gerade noch liberal interpretieren, als sollte es das Postulat einer vollständigeren Assimilation der Juden unterbauen und zu aktiver Unterstützung der Christen für jene anregen, die den lobenswerten Weg der moralischen „Verbesserung" eingeschlagen hatten. Keine solche Möglichkeit ließen dagegen Schriften wie Richard Wagners „Juden in der Musik" offen. Dieser zuerst 1850 anonym erschienene und dann

D. Intermezzo: Die Revolution und die Zeit danach

1869 mit der zusätzlichen Autorität des Namens Wagner gezeichnete Aufsatz kann höchstens als ein Ausdruck der persönlichen Enttäuschung eines an der Revolution Beteiligten erklärt werden. Seine Schmähungen konzentrierten sich auf Juden, die zum deutschen Kulturleben beitrugen und so angeblich zu seiner sogenannten „Verjudung" beitrugen. Wagner richtete seine Angriffe besonders gegen jüdische Komponisten wie Felix Mendelssohn-Bartholdy und Giacomo Meyerbeer. Er schlug in seinen weiteren antijüdischen Schriften neue Töne an: noch keinen offenen „wissenschaftlichen" Rassismus, aber eine haßerfüllte intellektuelle Mischung, welche diesem sehr nahe kam. *Wagners „Juden in der Musik"*

Gerade in den mittleren Jahrzehnten des 19. Jahrhunderts erhielten die Rassentheorien starke Impulse und übten inner- und außerhalb Deutschlands einen großen Einfluß aus. Joseph Arthur Graf Gobineau veröffentlichte 1853 bis 1855 seinen vierbändigen „Versuch über die Ungleichheit der Menschenrassen". Mitte der 1860er Jahre war die Rassenlehre in der deutschen Diskussion so zentral geworden, daß sie detailliert sowohl im Bluntschli-Braterschen „Staatswörterbuch" als auch in der vierten Auflage des Rotteck-Welcker'schen Staatslexikons behandelt wurde. In dieser Übergangsperiode wurden Rassenbegriffe aber auf die „jüdische Frage" immer noch abwechselnd mit vagen ethnischen und religiösen Begriffen angewandt. Antisemitische Publizisten wie Hermann Wagener, Johannes Nordmann-Naudh oder August Rohling bedienten sich rassistischer Elemente einstweilen nur am Rande. *Neue Rassenlehre*

Diese verbalen Angriffe gegen die Juden dürfen jedoch zunächst die damals im ganzen positiv entwickelten Beziehungen zwischen Juden und Nicht-Juden nicht verdecken. Ihre Grenzen bestimmte damals eigentlich nicht der Antisemitismus, sondern vielmehr die zunehmende Exklusivität eines angeblich liberalen deutschen Bürgertums. In alle drei Bereiche des bürgerlichen Lebens – Familie, örtliche Vereine und nationale Politik – fanden Juden Einlaß, wenn auch oft eine gewisse Distanz nicht durchbrochen wurde. Intime Freundschaften und Mischehen waren nicht unbekannt, aber noch ungewöhnlich, freiwillige gesellschaftliche Kontakte blieben dünn gesät. Die „Allgemeine Zeitung des Judentums" berichtete öfters über den Ausschluß von Juden aus den örtlichen Gesellschaftszirkeln und über Gruppentrennung zwischen Christen und Juden an Treffpunkten der Mittelklasse, wie z. B. in Badeorten. „... Eine volle gesellschaftliche Integrierung", faßt J. TOURY die Situation treffend zusammen, „symbolisiert durch die Möglichkeit *Zunehmende Exklusivität des Bürgertums* der Gemeinschaft von Tisch und Bett, blieb eben ausgeklammert, oder wurde doch erst durch die endgültige Absage ans Judentum unwiderruflich vollzogen."

Das geschlossene jüdische Milieu

Das Bedürfnis, die Grenzen der eigenen Gruppe aufrechtzuerhalten, kam auch von innen. Juden fühlten sich in einem rein christlichen Milieu oft nicht ganz wohl, und obgleich jüdische Kinder in wachsender Zahl allgemeine Schulen besuchten, waren in Preußen 1864 noch fast 50% von ihnen in jüdischen Schulen eingeschrieben. Der neue Wohlstand ihrer Gemeinden drückte sich oft im Bau von Schulen, ebenso wie Synagogen, Krankenhäusern und einer Vielzahl von Kultur- und Bildungseinrichtungen aus, die alle dazu beitrugen, ein respektables, aber separates jüdisches öffentliches Leben zu entwickeln. Zu vielen bürgerlichen Vereinen, z. B. den zahlreichen Sänger- und Lesegemeinschaften, besonders aber zu den studentischen Burschenschaften, wurden Juden immer noch nur selten zugelassen. Sie reagierten darauf mit der Gründung eines eigenen Netzes bürgerlicher Vereinigungen und waren darauf bedacht, das

Jüdische Vereine

ganze Spektrum bürgerlicher Vereinsaktivitäten exakt abzudecken. Selbst die kleinste Dorfgemeinde hatte eine ganze Reihe jüdischer Vereine aufzuweisen. Schließlich gründeten Juden auch ihre eigenen literarischen Zirkel, Diskussionsgruppen und Wohlfahrtsvereine, eine parallele Reihe freimaurerischer Logen und eine ganze Infrastruktur von Gästehäusern, Hotels, Cafés und Restaurants.

Nur zu den patriotischen bürgerlichen Vereinen gab es keine Alternative; separate Organisationen konnten diese nicht ersetzen. Aber auch hier waren die Verhältnisse nicht immer und überall die gleichen. Überhaupt ergab sich mit der vollen rechtlichen Gleichstellung, die am 3. Juli 1869 vom Norddeutschen Bund beschlossen und 1871/72 auf das geeinte Deutschland ausgedehnt wurde, wieder ein Grund zur Hoffnung unter den Juden – Hoffnung auf eine bessere, gedeihlichere Zukunft.

E. Antisemitismus, sozialer Wandel, interne Differenzierung (II)

1. Der moderne Antisemitismus

Die rechtliche Emanzipation der Juden in Deutschland wurde schließlich fast ohne Kontroverse und ohne wirkliche Opposition durchgesetzt. In den späten 1860er Jahren betrachtete man sie allgemein als notwendigen Bestandteil einer umfassenden liberalen Gesetzgebung, wie sie einem neuen, föderalen Reich angemessen war. 1861 hatte Bayern das Matrikeledikt abgeschafft, indem es Chlodwig von Hohenlohe-Schillingsfürsts Argument folgte: „Jeder moderne Staat kann, ohne seiner ganzen historischen Entwicklung untreu zu werden, die politische und rechtliche Gleichstellung [der Juden] mit den Christen nicht versagen." Volle rechtliche Gleichberechtigung wurde auch in Baden (1862) und Württemberg (1861/64) bestätigt, denn, so stellte die dritte Auflage des Rotteck-Welcker'schen Staatslexikons von 1863 fest: „Der Gang der Judenemanzipation ist daher für die einzelnen Staaten ein Prüfstein und ein Maßstab ihrer Gesamtentwicklung und ihres Verhaltens zu den humanen politischen Forderungen der Zeit." Emanzipation als Maßstab für die Gesamtentwicklung der Gesellschaft

Der positive Wandel in der Stellung der Juden in Deutschland wurde daher schließlich von der Stärke der liberalen Bewegung bestimmt. Auch die Umkehrung dieser Entwicklung war an deren Schicksal geknüpft. Ein Börsenkrach im Oktober 1873 signalisierte den Anfang vom Ende der kurzlebigen liberalen Ära im Reich. Die Illusion eines permanenten Wohlstandes in den Gründerjahren wich der Enttäuschung und der Suche nach Schuldigen. Deutsche Identitätsprobleme, eine Folge der politischen Einigung und des Mißtrauens gegenüber der preußischen Dominanz, verschärften die Situation noch weiter. Man spürte zunehmend die desintegrierenden Effekte des Kulturkampfes und konnte die sozialen Spannungen nicht länger als vorübergehend bagatellisieren. Die Öffentlichkeit antwortete, indem sie sich weithin von den Liberalen abwendete. Besonders die ehemals liberalen Publizisten gaben dem neuen antiliberalen Kreuzzug seine antijüdische Komponente. In einer

Vielzahl von Zeitungsartikeln, Pamphleten und Büchern wurde die Arbeit jüdischer Kapitalisten mit dem Zusammenbruch der europäischen Börsen in Verbindung gebracht. Juden und „judenartige" Deutsche wurden für die Katastrophe verantwortlich gemacht – im besten Falle war sie eine Folge ihres unverantwortlichen Verhaltens; im schlimmsten das Ergebnis ihrer dunklen Intrigen.

Die Verbindung zwischen der Gegnerschaft zum wirtschaftlichen Liberalismus und den antijüdischen Gefühlen, die sich bereits in der Revolution von 1848/49 angekündigt hatte, wurde wiederbelebt und verschärft. Am schärfsten formulierte dies eine Artikelserie von Otto Glagau, selbst ein früherer Verfechter des Liberalismus, in der „Gartenlaube". Mit antisemitischen Argumenten erklärte Glagau die „Degeneration des deutschen Liberalismus": Dieser sei unter die Herrschaft der Juden gekommen und so zu einem herzlosen „Manchestertum" degeneriert. „Die soziale Frage ist die Judenfrage", behauptete er, und damit gab er der weitverbreiteten Unzufriedenheit und dem Unmut der Mittelklasse eine deutliche Richtung.

„Die soziale Frage ist die Judenfrage"

Es überrascht nicht, daß die Konservativen schnell einschwenkten. Zunächst schienen sie ihre Angriffe auf Bismarck und seine liberalen Verbündeten zu konzentrieren, aber bald richteten sie sie auch auf seine jüdischen Verbindungen. Von 1875 an war Gerson Bleichröder, Bismarcks jüdischer Privatbankier, der Hauptschurke. Selbst die katholische Presse stimmte trotz ihrer verständlichen Zurückhaltung, konfessionelle Gegensätze anzufachen, in den Chor ein. Mitte der 1870er Jahre und besonders gegen Ende blieb nichts von der vielversprechenden, positiven Atmosphäre übrig, welche seit Anfang der sechziger Jahre die entscheidenden Stadien des Emanzipationskampfes umgeben hatte. Wenige Jahre, nachdem schließlich die rechtliche Gleichstellung erreicht war, fanden sich die Juden in Deutschland mitten in einer antisemitischen Kampagne wieder, wie sie dergleichen seit Jahrzehnten nicht erlebt hatten.

Besonders schmerzlich berührten die gerade jetzt zum Ausdruck kommenden antijüdischen Gesinnungen im Bildungsbürgertum. Da der Andrang zur akademischen Erziehung und zu den freien Berufen stark zunahm und Juden in überdurchschnittlichem Maße daran beteiligt waren, wurde die Konkurrenz zunehmend schärfer, und es gab immer öfter nationalistische Untertöne gegenüber den „fremden" Juden. Es war kein Zufall, daß Heinrich von Treitschke, der Prophet des preußisch-deutschen Nationalismus, die antisemitischen Parolen schnell übernahm und in seine Weltan-

Heinrich von Treitschke

schauung integrierte. „Die Juden sind unser Unglück", behauptete Treitschke jetzt, und seine Worte fanden unter den Gebildeten einen überaus großen Widerhall. Antisemitismus schien salonfähig geworden zu sein, und Juden konnten darauf nur mit Bitterkeit reagieren. Hermann Cohen, damals schon Philosophieprofessor an der Universität Marburg, gab der jüdischen Enttäuschung beredten Ausdruck: „Wir Jüngeren hatten wohl hoffen dürfen, daß es uns allmählich gelingen würde, in die Nation Kants uns einzuleben", schrieb er, „... daß es mit der Zeit möglich werden würde, mit unbefangenem Ausdruck die vaterländische Liebe in uns reden zu lassen und das Bewußtsein des Stolzes, an Aufgaben der Nation ebenbürtig mitwirken zu dürfen. Dieses Vertrauen ist uns gebrochen: die alte Beklommenheit wird wieder geweckt." *(Die Reaktion der Juden)*

Weitere öffentliche Reaktionen auf Treitschke teilten zwar mehr oder weniger seine grundlegenden Annahmen, riefen aber zu mehr Geduld und Toleranz auf. Harry Bresslau, ein jüdischer Kollege Treitschkes in Berlin, glaubte z. B., daß die volle Assimilation in Reichweite sei und die Juden gerade jetzt lediglich Unterstützung und Ermutigung brauchten. Unter den Nichtjuden vertrat Theodor Mommsen einen ähnlichen Standpunkt. Wie die Sachsen, Hannoveraner und andere, so behauptete Mommsen in „Auch ein Wort über unser Judenthum", müßten auch die Juden bereit sein, „die Sonderart nach bestem Vermögen von sich zu thun und alle Schranken zwischen sich und den übrigen deutschen Mitbürgern mit entschlossener Hand niederzuwerfen". Die freiwillige Preisgabe aller Charakteristika des Jüdischen wurde offensichtlich von Freunden und Feinden gleichermaßen noch immer als Vorbedingung für volle und wahre Integration der Juden betrachtet. Am Ende der 1870er Jahre hatte vielleicht eine Mehrheit der Deutschen die Unvermeidbarkeit der Emanzipation akzeptiert, nur wenige waren aber bereit, die Legitimität einer eigenständigen jüdischen Existenz in Deutschland anzuerkennen.

Adolf Stoecker, Hofprediger in Berlin, machte als erster den Antisemitismus zum zentralen Credo einer modernen politischen Partei. Er gründete 1878 die Christlich-Soziale Arbeiterpartei und versuchte damit, das Berliner Proletariat vom Sozialismus weg in das sichere Lager von Kirche und Krone zu ziehen. Während seine Agitation unter den Arbeitern im allgemeinen ergebnislos blieb, erreichte er in Teilen des städtischen Mittelstandes eine unerwartete Popularität. Er glaubte seinen neuen Anhängern mehr bieten zu müssen als eine laute Ablehnung von Liberalismus und Sozialismus *(Adolf Stoecker – Die Christlich-Soziale Arbeiterpartei)* oder das nostalgische Bild einer vergangenen, idyllischen, christlichen Gesellschaft. Antisemitismus wurde damals von vielen anderen Sozialkonservativen und Ex-Liberalen, insbesondere in Berlin, zur Wahlpropaganda benutzt, und Stoecker griff diese Taktik schnell auf. Sein Antisemitismus, der nie völlig von religiösen Untertönen frei war, paßte gut zu den übrigen Themen seines politischen Programms. Aber trotz aller Bemühungen blieb Stoeckers Erfolg in Berlin begrenzt. Die sogenannte „Berliner Bewegung", die für einige Zeit den Ruf der Stadt als unbezwingbare progressive Festung erschütterte, wurde hauptsächlich von anderen antisemitischen Aktivisten am Leben gehalten. Seit Sommer 1881 organisierten Bernhard Förster, Max Liebermann von Sonnenberg und Ernst Henrici eine radikale antijüdische Petition mit über 225 000 Unterschriften, welche dann ein beträchtliches öffentliches Aufsehen erregte. Dagegen wurde eine „Notabeln-Erklärung" veröffentlicht, unterschrieben von 76 Wissenschaftlern, darunter Theodor Mommsen, Johann Droysen, Rudolf von Gneist und Rudolf Virchow, die gegen die „Wiederbelebung eines alten Wahnes" protestierte, und obwohl die Behörden selbst die Bewegung nicht offen zurückwiesen, wurde sie von Kaiser und Kanzler gleichermaßen als unerwünschtes, aufwiegelndes Ärgernis betrachtet.

Die „Berliner Bewegung"

In den Wahlen von 1881 gelang es dem offen antisemitischen Konservativen Zentralkomitee in Berlin, die Sozialdemokraten, die von dem diskriminierenden Sozialistengesetz behindert wurden, auf den dritten Platz zu verdrängen und 46 000 Stimmen zu gewinnen. Allerdings konnte es diese Zahlen niemals verbessern und erreichte nie einen Reichstagssitz in Berlin. Allmählich verlor der Antisemitismus in der Hauptstadt viel von seiner Anziehungskraft. Der Schwerpunkt der Agitation verlagerte sich auf kleinere Städte und in ländliche Gebiete. Eine neue Welle von Antisemitismus läßt sich 1887 erkennen. Otto Böckels Antisemitische Volkspartei konnte in hessischen Dörfern Unterstützung rekrutieren, während die antisemitischen Reformvereine unter der Führung von Theodor Fritsch in den Mittelstädten Sachsens florierten. Hermann Ahlwardt wurde schließlich von den Bauern Pommerns auf einer gemeinsamen Anti-Junker- und Anti-Juden-Liste in den Reichstag entsandt.

Antisemiten im Reichstag

Nach den Wahlen von 1893 gab es im Reichstag 16 antisemitische Abgeordnete. Sie blieben ein dauerhafter Bestandteil der parlamentarischen Szene im deutschen Reich, obwohl sie nie fähig waren, sich politisch zu einigen, und für ihre konfusen Äußerungen und ihre Ineffektivität bekannt waren. Allein ihre Existenz, die Haß

E. Antisemitismus, sozialer Wandel, interne Differenzierung (II) 51

gegen „Bildung, Freiheit und Menschlichkeit" (Theodor Mommsen) predigte, stellte schon einen dauernden Affront gegen viele Juden und auch Nichtjuden dar.

Zur gleichen Zeit ergriffen antijüdische Tendenzen die verschiedensten sozialen Gruppen und zahlreiche große und kleine Institutionen, sickerten in bürgerliche Vereine und Klubs ein, in die höheren Bildungsanstalten und in mehrere politische Parteien. Besonders verbreitet war der Antisemitismus in mittelständischen Organisationen. Da diese sich selbst als die „Verlierer" des Modernisierungsprozesses sahen, glaubten sie oft, daß die Juden im Gegensatz zu ihnen die größten „Gewinner" seien. Antijüdische Positionen waren nicht von ihren wirtschaftlichen Beschwernissen zu trennen und paßten gut zu ihrem immer radikaleren Nationalismus. Kleinhändler und Handlungsgehilfen standen – im Gegensatz zu den meisten Handwerkern – gelegentlich auch in offener Konkurrenz zu Juden, und ihr Antisemitismus trat in den Worten und Taten ihrer Organisationen offen zutage. Der Deutschnationale Handlungsgehilfenverband (DHV) spielte sogar eine wichtige Rolle bei der Aufrechterhaltung der antisemitischen politischen Bewegung. Wiederholt versorgte er sie mit finanziellen Mitteln und ergänzte ihre Führung personell. *Antijüdische Position im Reichstag*

Vielleicht noch aggressiver war der Antisemitismus des Bundes der Landwirte (BdL). Die Großgrundbesitzer, die ihn 1893 als Volksflügel ihrer immer noch aristokratischen Deutsch-Konservativen Partei gegründet hatten, fanden in der Judenhetze ein ideologisches Verbindungsglied, das Teile der Bauern und den ländlichen Mittelstand an sie band. Es war in der Tat schwierig, eine Interessengemeinschaft zwischen so verschiedenen Gruppen vorzutäuschen, so daß die antijüdische Propaganda hier sehr gelegen kam. Manchmal gesellten sich örtliche evangelische Pastoren zu den jungen studentischen Aktivisten des Bundes, indem sie die Juden als die Ursache aller Sorgen hinstellten und nicht zögerten, zum Zwecke ihrer täglichen politischen Ziele überall im Lande Haß zu predigen. *Der Bund der Landwirte*

Ein noch deutlicheres Zeichen für die Bereitschaft der Konservativen, den Antisemitismus in ihren politischen Kampagnen zu nutzen, war die Einführung eines antijüdischen Paragraphen in ihr Parteiprogramm auf dem „Tivoli Parteitag" im Dezember 1892. Diese Art von Populismus entsprach vielleicht nicht dem Geschmack des regierungsfreundlichen Flügels der Deutsch-Konservativen, der es vorzog, die dubiosen christlich-sozialen Anhänger loszuwerden, aber der damals entstehende Charakter der Partei als Interessengruppe förderte einen solchen Kurs. Nicht zum letzten Mal wurden die deutschen Konservativen damals Gefangene ihrer eigenen brutalen, demagogischen Verbündeten.

Die Haltung der Liberalen

Im Gegensatz dazu distanzierte sich die Nationalliberale Partei trotz ihres zunehmenden Konservatismus ziemlich konsequent vom Antisemitismus. Auch das Zentrum versuchte einen kühlen Kopf zu bewahren, besonders in Gegenden, in denen man den Kulturkampf deutlich spürte, konnte aber dem Druck von unten nicht immer widerstehen. Offen anti-antisemitisch waren von den bürgerlichen Parteien schließlich nur die Linksliberalen. Nach ihrer Spaltung 1893 sahen sie sich jedoch auch oft gezwungen, getaufte Juden den Nichtgetauften als Parlamentskandidaten vorzuziehen. Sie unterstützten in Stichwahlen vereinzelt sogar Antisemiten gegen sozialdemokratische Kandidaten.

Sozialdemokratie und Antisemitismus

Schließlich war Antisemitismus auch unter Sozialisten nicht unbekannt. Die Verbindung von Liberalismus und Kapitalismus mit Juden oder mit jüdischem „Einfluß" war in vielen frühen sozialistischen Schriften ein wiederkehrendes Thema. Etwas später richtete sich der Antagonismus, besonders unter dem Einfluß von Lassalle, auch gegen jüdische Journalisten und Intellektuelle. Die Feindschaft wurde weiter durch die überwiegend bürgerliche Orientierung der deutschen Juden akzentuiert. In den späten 1890er Jahren erkannte die Führung der Sozialdemokratie schließlich die Notwendigkeit, sich von diesem „Sozialismus der Dummen" zu lösen. Sie sahen, daß der Antisemitismus nur dazu beitrug, den wahren Feind zu verschleiern, daß er mit ihrer Klassenanalyse und ihren erklärten politischen Idealen unvereinbar war. Der Kampf für den demokratischen Sozialismus machte jede Verbindung mit Antisemitismus inakzeptabel, aber es gelang der Partei nie ganz, die unter ihren Wählern verbreiteten antijüdischen Stereotypen auszumerzen. Einem konsequenten Anti-Antisemitismus standen auch ihre Weigerung, eine jüdische Gruppenexistenz anzuerkennen, ihre wiederholten Stellungnahmen gegen den sogenannten „Philosemitismus" und nicht zuletzt ihre kategorische Ablehnung aller Anzeichen eines jüdischen Nationalbewußtseins entgegen.

Der Antisemitismus war auch außerhalb der politischen Parteien in den mannigfaltigen sozialen Gruppierungen verbreitet. Unter Studenten und Gebildeten hatte er schon in den späten 1870er Jahren Wurzeln gefaßt, und er erhielt danach neuen Schwung durch die imperialistischen, alldeutschen Ideologien am Ende des Jahrhunderts. Die Mitglieder der antisemitischen Studentenverbindungen übertrugen schließlich diese Geisteshaltung auf erhebliche Teile des Bildungsbürgertums und bildeten das Rückgrat der nationalistischen, „völkischen", alldeutschen und antisemitischen Strömungen, die im Vorkriegsdeutschland aus dem Boden schossen. Antisemitismus in bürgerlichen Verbänden

Unter diesen war der Alldeutsche Verband der erfolgreichste. Unter dem Vorsitz des Mainzer Justizrats Heinrich Claß, eines überzeugten Rassisten und militanten Imperialisten, nahm der Verband eine offen antisemitische Position ein. Das Muster war zu diesem Zeitpunkt klar: Antisemitismus wurde ein integraler Bestandteil sowohl der „alten" wie auch der „neuen Rechten" in Deutschland [G. ELEY], ja, ihr Merkmal. Die Eingängigkeit dieser „Weltanschauung" lieferte eine Alternative zu anderen Ideologien der Zeit, vor allem zum Liberalismus und Sozialismus, und ermöglichte die Entwicklung einer allgemeinen anti-modernistischen – also auch anti-emanzipatorischen – Bewegung: nationalistisch, imperialistisch und immer stärker rassistisch in ihren Prämissen.

2. Assimilation und Dissimilation

Während sich ein gewisser Teil der Juden vom neuen Anschwellen des Antisemitismus verraten und enttäuscht fühlte, pflegte die Mehrheit die Gefahr zu bagatellisieren. Aus heutiger Sicht erscheint dies als ein extremer Fall von Kurzsichtigkeit und Selbsttäuschung, aber aus der damaligen Perspektive ist eine solche Haltung nicht unverständlich. Trotz des offenen Antisemitismus und gelegentlicher Diskriminierungen bot das Leben im neuen Kaiserreich den Juden vielversprechende Aussichten. Die Wege zum wirtschaftlichen Aufstieg blieben offen, und die Teilnahme an einer reichen, blühenden Kultur glich die marginal scheinenden Behinderungen leicht aus, selbst die Fälle von Zurückweisung und Frustration.

Der soziale Aufstieg der Juden ging im letzten Viertel des 19. Jahrhunderts ununterbrochen weiter. Fast überall, in der Stadt und auf dem Land, bildeten die Juden eine gesicherte Mittelschicht. Am oberen Ende ihrer sozialen Hierarchie hatte sich eine kleine reiche Schicht etabliert, am unteren Ende eine etwas größere, aber vergleichsweise kleine Unterschicht. Deutlich zeigen die örtlichen Steuerlisten diese Situation. So zahlten die Juden im frühen 20. Jahrhundert z. B. in Frankfurt a. M. durchschnittlich viermal soviel Steuern wie der durchschnittliche protestantische Stadtbürger und achtmal Andauernder sozialer Aufstieg der Juden soviel wie ein Katholik. In Berlin machten die jüdischen Zahlungen 30% des städtischen Steueraufkommens aus, während die Juden nur 15% der Steuerzahler und knapp über 4% der Stadtbevölkerung bildeten.

Juden in den freien Berufen Im Berufsleben ließ hauptsächlich der Eintritt in die freien Berufe den Wandel in Präferenzen und Status erkennen. 1895 waren 6,5% aller Erwerbstätigen in Deutschland und 5,7% aller arbeitenden Juden in der Kategorie „Öffentliche Dienste und Freie Berufe" verzeichnet. Während die Daten für 1907 einen leichten Rückgang der Zahlen für die allgemeine Bevölkerung aufzeigen, weisen sie einen weiteren Anstieg für die Juden auf. Darüber hinaus werden die Zahlen über den Anteil der Juden an den freien Berufen bei weitem unterschätzt, weil die Juden „in der Praxis von der staatlichen Laufbahn in Verwaltung, Justiz, Schule, Universität und Armee in allerdings unterschiedlichem Grade ferngehalten wurden" [M. RICHARZ]. 1907 waren 15% aller deutschen Rechtsanwälte Juden. Auch die große Zahl jüdischer Ärzte und Zahnärzte – 6% von allen – fiel aufgrund ihrer Konzentration in den Metropolen besonders auf. Die oft überbetonte Rolle, die den Juden im Journalismus zugesprochen wird, entsprang einer anderen Art der Konzentration: ihrer Dominanz unter Herausgebern, Chefredakteuren, Wirtschaftsjournalisten und Kunstkritikern, besonders in der linksliberalen Presse und fast ausschließlich in Berlin und Frankfurt a. M.

Juden als Akademiker Diese Entwicklung war das Ergebnis einer raschen Akademisierung junger Juden im späten 19. Jahrhundert. Sie wurde auch im Anteil jüdischer Kinder, die in Deutschland mehr als nur Volksschulbildung erhielten, widergespiegelt. Obwohl die genauen Zahlen von Ort zu Ort verschieden waren, war er achtmal so groß wie der nichtjüdischer Kinder. In Berlin waren um die Jahrhundertwende ein Viertel der Gymnasiasten und ein Drittel der Schüler an Realgymnasien Juden. Man rechnete, daß die jüdischen Studenten an preußischen Universitäten, gemessen an dem Anteil der Juden an der Bevölkerung, 1888 um den Faktor 7,5 und noch 1911/12 um den Faktor 5,4 „überrepräsentiert" waren. Diese Zahlen, die trotz der niedrigen Geburtenrate unter Juden und des kleineren Anteils von Juden in den relevanten Alterskohorten zustande kamen, belegen zweifellos einen unvergleichlichen „Bildungsdrang" [N. KAMPE]. Im Gegensatz zur weitverbreiteten Meinung kamen die jüdischen Studenten nicht nur aus wohlhabenden Familien, sondern teilten die klein- bis mittelbürgerliche Herkunft vieler nichtjüdischer Studenten im Kaiserreich.

E. Antisemitismus, sozialer Wandel, interne Differenzierung (II) 55

Anzeichen von Antisemitismus in der akademischen Welt schienen diesen Trend nicht zu verändern. Aber die Hindernisse in dieser Karriere erwiesen sich als besonders schmerzhaft. Die „Umkehrung der Verfassung durch die Verwaltung", wie Rudolf von Gneist dies nannte, wurde von den meisten deutschen Juden der Nach-Emanzipationszeit als größte Schmach angesehen. In den diplomatischen Dienst oder die oberen Ränge der staatlichen Bürokratie zu gelangen, hatten sie in der Tat keine Chance, und sie begegneten oft großen Schwierigkeiten, wenn sie an der Universität vorankommen wollten. 1909, als Juden 10% der Privatdozenten in Deutschland stellten und 7% der außerordentlichen Professoren, machten sie nur 2% aller Ordinarien aus. Jüdische Wissenschaftler trafen häufig auf mehr oder weniger offene Diskriminierung, und auch der hohe Anteil konvertierter Juden an den deutschen Universitäten beleuchtet diesen Befund.

<small>Hindernisse in der akademischen Laufbahn</small>

Die einzigartige Mischung aus Diskriminierung und Akzeptanz in der Einstellung der deutschen Gesellschaft gegenüber den Juden mag auf deren Leben unbeabsichtigt auch manche positive Auswirkungen gehabt haben. Ihr beeindruckender Beitrag zu Journalismus und Literatur ergab sich zweifellos auch daraus, daß die Aufstiegswege in der Verwaltung ihnen verschlossen waren. Ihren herausragenden Beitrag zu einigen Naturwissenschaften kann man in ähnlicher Weise erklären. Wegen der ständigen Angst vor Diskriminierung standen die Juden unter einem konstanten Druck zu glänzen und pflegten die Ansprüche, die man an sie stellte, zu verinnerlichen. Die Strukturen der deutschen Universitäten, die ihnen zwar nicht alle, aber doch manche Positionen einzunehmen erlaubten, trugen vielleicht auch zu diesem Erfolg bei. Im frühen 20. Jahrhundert gründete der preußische Kultusminister Friedrich Althoff Forschungsinstitute, die Wissenschaftler aufnahmen, denen der Eintritt in die etablierten Fakultäten verwehrt war. Auch die Kaiser-Wilhelm-Institute in Berlin boten Juden neue Möglichkeiten. Offenheit und Begrenzung – beides schuf die Voraussetzungen für ein außergewöhnliches Niveau der jüdischen Kreativität und des jüdischen Erfolgs im akademischen Deutschland. Solche Bedingungen bedeuteten aber zugleich eine außergewöhnliche innere Spannung für den einzelnen Juden, und oftmals waren sie eine Quelle für Leid und Sorge.

Die höchsten Hürden wurden, wie schon erwähnt, einer militärischen Karriere der Juden in der preußischen, hingegen nicht immer in der österreichischen oder bayerischen Armee in den Weg ge-

<small>Ausschluß der Juden aus militärischen Rängen</small>

stellt. Da sie in einer Gesellschaft lebten, die militärischen Rängen höchsten symbolischen Wert zuschrieb, wurde dies von Juden als tiefe Erniedrigung empfunden. „In den Jugendjahren eines deutschen Juden", schrieb Walther Rathenau in „Staat und Judentum" (1911), „gibt es einen schmerzlichen Augenblick, an den er sich zeitlebens erinnert: wenn ihm zum ersten Male voll bewußt wird, daß er als Bürger zweiter Klasse in die Welt getreten ist und daß keine Tüchtigkeit und kein Verdienst ihn aus dieser Lage befreien kann." Diese Erfahrung mußte vielen aufwärtsstrebenden bürgerlichen Juden das Leben verbittern.

Aber trotz allem gingen die Integrationsbemühungen unvermindert weiter. Während unter Kleinhändlern und mittelständischen Kaufleuten, in Dörfern und Kleinstädten die traditionellen jüdischen Lebensweisen unbeirrt aufrechterhalten wurden, strebten die Juden in den höheren Schichten der Gesellschaft und in der allgemein offeneren Atmosphäre der großen Städte nach dem, was man „Assimilation" nannte. Sie nahmen am kulturellen Leben der städtischen Zentren Deutschlands als Produzenten und Konsumenten gleicherweise teil und waren in diesen Rollen oft, wenn auch nicht immer, gesellschaftlich anerkannt. Private Kontakte zwischen Juden und Nichtjuden blieben begrenzt, aber Juden selbst zogen oft die Gesellschaft ihrer Glaubensgenossen der Vermischung mit der nichtjüdischen Umgebung vor. Die Familienbande innerhalb der Gemeinde waren weiter sehr eng, und die Kontakte mit der Welt potentieller Heiratspartner blieben für das Überleben dieser im Grunde endogenen Minderheitsgruppe entscheidend. Daher war den meisten Juden die vorherrschende Mischung von Integration und Isolation, Assimilation und Dissimilation in der Praxis akzeptabel und sogar recht bequem.

Bestrebungen nach Assimilation

Allerdings gingen dabei den Gemeinden einige Mitglieder verloren – sei es aus Lässigkeit, sei es aus wohlüberlegtem Entschluß. Im Verhältnis zur Größe der jüdischen Bevölkerung in Deutschland und zum Grad ihrer Akkulturation blieb die Rate an Mischehen jedoch gering. Trotz der formellen Einführung der Zivilehe und selbst bei Nachlassen des hemmenden religiösen Einflusses betrachteten Juden gewöhnlich eine Heirat mit Nichtjuden weiter als nicht wünschenswert; wahrscheinlich dachten Nichtjuden über solche gemischten Verbindungen ähnlich. Mischehen führten besonders in der zweiten Generation meist dazu, daß alle Verbindungen mit dem Judentum aufgegeben wurden. Aber hohe Zahlen von Mischehen registrierte man in den Vorkriegsjahren nur in einigen größeren

Mischehen

Städten und Gemeinden. Erst in der Weimarer Republik wurden sie allgemein zahlreicher.

Einen anderen Weg, mit dem Judentum zu brechen, eröffnete 1876 das „Austrittsgesetz". Es bot für freidenkende Männer und Frauen eine günstige Alternative zur völligen Aufgabe des Judentums, ohne konvertieren zu müssen. Die Zahl der eingereichten Austrittserklärungen blieb aber gering. Selbst die Berliner Gemeinde registrierte vor 1885 nicht mehr als zehn Austritte und bis 1895 insgesamt nicht mehr als hundert. Die völlige Trennung aller Verbindungen zum Judentum erfolgte jedoch auch jetzt, wie immer schon, in Form der Taufe. In einer Atmosphäre der Enttäuschung waren die Übertrittsraten eng mit den Antisemitismuswellen gekoppelt. Die Anzahl der Übertritte zum Protestantismus in Preußen stieg von 50 im Jahre 1876 auf 132 im Jahre 1881, 312 im Jahre 1891 und auf einen Hochstand von 453 im Jahre 1903.

Das Austrittsgesetz

Austritt und Konversion

Das Judentum zu verlassen, war aber nur für wenige die natürliche Reaktion auf den wachsenden Antisemitismus oder auf das allgegenwärtige Leid der Integration. Statt dessen fühlten sich viele gezwungen, gerade unter diesen Umständen die alten Bindungen wieder zu stärken. Man sprach oft von einem „Trotzjudentum", das Juden veranlaßte, dem Antisemitismus zum Trotz in der Stunde der Not bei den Wehrlosen zu bleiben, und Juden wurden nun sogar gegen ihre eigene Absicht zusammengehalten. Als Reaktion auf die Herausforderungen der Modernisierung hatten sie sich zunächst bemüht, die Lücke zur Umgebung zu schließen, bald aber öffneten sie eine neue. In mancher Hinsicht blieb ihre alte Einzigartigkeit bestehen: sie waren weiterhin anders als die Nichtjuden auf Stadt und Land verteilt und blieben beharrlich bei einer eigenartigen Berufs- und Sozialstruktur. Dazu entwickelten sie Ansätze einer einzigartigen „intimen Kultur". Die bei ihnen besonders niedrige Säuglingssterblichkeit blieb erhalten, während sie im Modernisierungsprozeß schon früher als die Umwelt sowohl eine geringe allgemeine Sterblichkeit als auch eine geringe eheliche Fruchtbarkeit aufzuweisen begannen. Die jüdische Alterspyramide zeigte daher seit der Jahrhundertwende ein Übergewicht bei den Alten und wurde bei den jüngeren Jahrgängen immer schmaler. Die jüdischen Familien wurden also schon eine knappe Generation eher als in der übrigen Bevölkerung kleiner. In bestimmten Bereichen modernisierten sich die Juden offensichtlich schneller und gründlicher als andere; aber auch diese Entwicklung brachte sie auf einen gemeinsamen Nenner. Ihre Einzigartigkeit bestätigte sich damit letztendlich auf unerwartete Art und Weise.

„Trotzjudentum"

Die „intime" Kultur der Juden

Als gute Beispiele dafür dürften auch die Behandlung jüdischer Mädchen und die Stellung jüdischer Frauen dienen. Während die Ausbildung der Jungen von der Tradition gefördert und durch Anforderungen der Konkurrenz auf dem Stellenmarkt notwendig wurde, war die Frauenbildung ein ausgesprochen modernes Phänomen, das weder traditionelle Wurzeln noch zunächst ersichtliche praktische Vorteile hatte. Trotzdem gingen in manchen preußischen Provinzen jüdische Mädchen fünfzehnmal so oft auf höhere Schulen als andere. In Frankfurt, wo jüdische Jungen 14% der Schüler an höheren Schulen stellten, machten die jüdischen Mädchen 24% aller Schülerinnen in den parallelen weiblichen Einrichtungen aus. Die biographische Literatur der Zeit liefert zusätzliche Belege für die Betonung der Frauenbildung unter deutschen Juden. Gebildete jüdische Frauen fanden sich anschließend öfter als andere in den Universitäten und ragten unter den Aktivistinnen ihrer eigenen und der allgemeinen Frauenbewegung hervor.

[Marginalie: Mädchenerziehung]

Während die Juden sich also energisch in das Leben der Nation integrierten, zeigten sie weiterhin alte, aber auch noch neue Gruppenmerkmale. Die Erkenntnis dieser Verschiedenheit, und nicht nur der Antisemitismus, stärkte ihr Selbstbewußtsein. Ein weiterer Anstoß kam von der anhaltenden jüdischen Immigration aus Osteuropa. Zu den früheren Einwanderern aus Posen, Schlesien und Galizien kam seit den 1880er Jahren eine große Wanderung aus Rußland. Die deutschen Juden mußten immer neue Gruppen von Immigranten empfangen und lernten allmählich, mit diesen „Brothers and Strangers" [S. ASCHHEIM] auszukommen.

[Marginalie: Einwanderung aus Osteuropa]

Deutschland war für die jüdischen Immigranten aus Osteuropa ein Durchgangsland. Allen Bemühungen zum Trotz wollten aber viele im Kaiserreich bleiben, und manchen gelang das auch. 1910 stellten sie 11% aller Juden in Deutschland. Sie konzentrierten sich in großen Städten und bildeten überall eine junge, vorwiegend männliche, tatkräftige und aufstrebende Bevölkerungsgruppe. Wie die deutschen Juden, waren auch die osteuropäischen Einwanderer vorwiegend im Handel tätig. Unter ihnen waren aber auch viele Studenten, eine große Gruppe Handwerker und eine beträchtliche Zahl Handarbeiter. Zweifellos diversifizierten sie die Berufsstruktur der Juden in Deutschland [J. TOURY]. Viele brauchten zumindest für eine Übergangszeit soziale Unterstützung, und die Herausforderung, für sie zu sorgen, gab der Entwicklung des jüdischen Wohlfahrtswesens in Deutschland großen Auftrieb. Die Hilfe des jüdischen Establishments geschah nicht nur aus reinem Altruismus.

Man hoffte vor allem, Rückwirkungen auf die eigene anhaltende, aber für Störungen empfindliche Integration zu vermeiden und einem Wiederaufleben des Antisemitismus vorzubeugen. Obwohl die meisten ortsansässigen Juden hofften, die Neueinwanderer bald auf dem Weg zu ihrem nächsten Ziel zu sehen, zeigten sie auch eine beträchtliche Solidarität mit denen, die blieben, und beteiligten sich an den Bemühungen, sie in „normale", nicht unterscheidbare deutsche Juden zu verwandeln.

Der ganze Vorgang war für alle Beteiligten oft sehr mühsam. Die Verlegenheit, die viele ansässige Juden bei Begegnung mit ihren weniger akkulturierten, oft Jiddisch sprechenden osteuropäischen Glaubensgenossen empfanden, wird in den literarischen Arbeiten von Georg Hermann, Jakob Wassermann und Arthur Schnitzler treffend illustriert. Für Franz Kafka verband sich die Faszination dieser unbekannten Juden aus dem Osten mit seinem persönlichen Gefühl von Scham und Peinlichkeit. Zu Beginn des 20. Jahrhunderts gab es bei vielen deutschen Juden sogar eine Welle von Begeisterung über diese als authentisch angesehenen Juden aus dem Osten. Von 1906 an erschienen Martin Bubers Schriften über den Chassidismus, die sich an eine „Intelligenzschicht, die neue alternative Ausdrucksformen suchte", richteten [S. ASCHHEIM]. Während manche Juden sich von den Neuankömmlingen abgestoßen fühlten, wurden andere stark zu ihnen hingezogen. Viele wurden durch diese Begegnung dazu ermutigt, sich ihrem eigenen Judentum von neuem zu stellen.

<small>Osteuropäische Juden: Ablehnung und Faszination</small>

3. Abwehrorganisationen, Zionismus und ein neues Selbstbewußtsein

Die ersten organisatorischen Versuche, durch die Stärkung der Solidarität und die Anregung zu gemeinsamem Handeln eine neue Art des Judentums zu finden, unternahmen Mitte der 1880er Jahre jüdische Studenten. Eine Breslauer Gruppe initiierte die Gründung einer jüdischen Studentenvereinigung. Sie reagierte damit auf die Herausforderung durch den Antisemitismus an den Universitäten und versuchte, das jüdische Selbstbewußtsein und eine neue Form des jüdischen Selbstrespekts wiederzubeleben. Die Betonung ihres Deutschtums war für diese jungen Männer aber nicht weniger wichtig als die Betonung ihres Judentums. Die neue Vereinigung veranlaßte ihre Mitglieder zu körperlicher Ertüchtigung, um sie zu befähi-

<small>Jüdische Studentenverbindungen</small>

gen, ein, wie man sagte, „normales Studentenleben" zu führen; sie nahm sich vor, den Charakter, den Mut und die Männlichkeit junger Juden zu beweisen. Sie akzeptierte die Ideale und den Lebensstil des höheren, gebildeten deutschen Bürgertums, während sie gleichzeitig den Stolz auf die als einzigartig betrachteten jüdischen Eigenschaften aufrechterhielt und eine ausgesprochene Loyalität zur jüdischen Tradition hervorhob. 1896 fanden sich Vertreter einer Anzahl gleichgesinnter Gruppen an deutschen Hochschulen zusammen, um das Kartell jüdischer Studentenverbindungen, später als K.C. bekannt, zu gründen.

Außerhalb des exklusiv jüdischen Milieus rief gegen Ende des Jahres 1890 eine Gruppe führender liberaler Politiker als direktere Reaktion auf den Antisemitismus den Verein zur Abwehr des Antisemitismus ins Leben. Dies war eine überkonfessionelle und überparteiliche Gruppierung, die schnell auf über 12 000 Mitglieder kam – darunter 56 Reichstagsabgeordnete – und eine öffentliche Kampagne zur Bekämpfung des Antisemitismus startete. Obwohl die Zahl seiner wirklich aktiven Mitglieder klein und seine Wirkung eher unbedeutend war, bewies allein das Bestehen des Abwehrvereins die Notwendigkeit, öffentlich gegen den Antisemitismus aufzutreten, und veranlaßte auch jüdische Aktivisten, sich dem Problem der Abwehr des Antisemitismus zu stellen.

Widerstand gegen die Gründung einer unabhängigen jüdischen Abwehrorganisation kam sowohl vom konservativen jüdischen Establishment als auch von linksliberalen Juden, die prinzipiell jede eigene jüdische Kampagne ablehnten. Doch das Drängen nach kollektivem Vorgehen wurde immer stärker, und schließlich wurde im März 1893 in Berlin der Central-Verein deutscher Staatsbürger jüdischen Glaubens ins Leben gerufen. Der C.V. umfaßte bald mehrere zehntausend Einzelmitglieder und eine große Zahl von jüdischen Vereinen, Verbänden und Gemeinden, die kollektiv beitraten. Sein Programm betonte die deutsche Nationalität seiner Mitglieder und behauptete: „Unsere Gemeinschaft mit den Juden anderer Länder ist keine andere als die Gemeinschaft der Katholiken und Protestanten Deutschlands mit den Katholiken und Protestanten anderer Länder." Der neue Verein bestand auf einem Minimum an jüdischer Solidarität, und in seinen frühen Äußerungen herrschte ein ausgesprochen selbstkritischer Ton vor.

Der C.V. repräsentierte die Mehrheit der „religiös-liberalen, assimilierten, deutschgesinnten, mittelständischen jüdischen Bevölkerung" in Deutschland [A. PAUCKER]. Seine Abwehrarbeit geschah zunächst vorwiegend auf rechtlicher Ebene, aber allmählich gewann die sogenannte „Öffentlichkeitsarbeit" an Bedeutung. Trotz häufiger Beteuerungen des Gegenteils war der C.V. eng mit den linksliberalen Parteien assoziiert, wenn auch diese Beziehungen – insbesondere durch die Zurückhaltung bei der Aufstellung jüdischer Wahlkandidaten oder durch die Aufstellung von Getauften – wiederholt belastet wurden. In den unmittelbaren Vorkriegsjahren führte eine neue Leitung, die hauptsächlich aus ehemaligen Mitgliedern der jüdischen Studentenvereinigungen bestand, einen aktivistischeren Stil in den Verein ein, bestand auf seiner Unabhängigkeit und betonte das wachsende Selbstbewußtsein und die Gemeinschaft seiner Mitglieder. Der C.V. arbeitete schließlich zunehmend als eine „bewußtseinsbildende Organisation". Er sprach sich nachdrücklich gegen die Taufe aus und bestand darauf, selbst im Leben seiner nicht mehr religiösen Mitglieder einen spezifisch jüdischen Inhalt zu bewahren. Trotz der erklärten Loyalität seiner Mitgliedschaft sowohl zum „Deutschtum" als auch zum „Judentum" führte die Existenz des C.V. selbst die Grenzen der jüdischen Integration in Deutschland ständig vor Augen.

Von 1890 an zeigte sich auch außerhalb des C.V. ein wachsendes Interesse an allen jüdischen Dingen. Verschiedene örtliche „Vereine für jüdische Geschichte und Literatur" wurden 1893 in einen Verband zusammengefaßt, der landauf, landab Vorträge arrangierte und einen jährlichen Almanach herausgab. Zur gleichen Zeit faßte die Bewegung der in den Vereinigten Staaten seit 1843 entstandenen Bnei-Brith-Logen, die den Freimaurern in manchen Zügen nachgebildet waren, auch in deutsch-jüdischen Gemeinden Fuß. Ihr Eintreten für jüdische Solidarität bewies sich bald, als man den Flüchtlingen wiederholter russischer Pogromwellen erste Hilfe auf ihrem Weg nach Übersee leisten mußte. Die Anteilnahme an der Not der russischen Juden rief auch weitere philanthropische und organisatorische Neuansätze hervor. 1891 veröffentlichte der Kölner Rechtsanwalt Max Bodenheimer eine pseudonyme Druckschrift unter dem Titel „Wohin mit den russischen Juden". Sofort wurden 55 000 Exemplare verkauft. Kurz danach wurde ein Verein zur Förderung der jüdischen Ackerbaukolonien in Syrien und Palästina gegründet. Wenige Jahre später entstand eine zentrale Wohlfahrtsorganisation – der Hilfsverein der deutschen Juden, organisiert von James Simon und Paul Nathan. Er übernahm die ganze Unterstützung der wandernden Juden in Deutschland und auf dem Weg nach Amerika.

Ein neues kulturelles Interesse

Die nationale Idee der Juden

Die Idee eines jüdischen Nationalismus wurde zuerst von den jüdischen Einwanderern aus Rußland in die deutschsprachige Welt eingeführt. Bereits 1882 nahm eine russisch-jüdische Studentenorganisation, gegründet von Nathan Birnbaum in Wien, den hebräischen Namen *Kadima* („Vorwärts gen Osten") an; ihr vages Programm wollte die Assimilation bekämpfen, jüdisches Selbstbewußtsein stärken und das Projekt der Ansiedlung von Juden in Palästina unterstützen. 1885 bildeten einige russische jüdische Studenten in Berlin einen intellektuellen Diskussionsklub, den Russisch-jüdischen Wissenschaftlichen Verein. Ähnliche Organisationen, darunter sogar eine kleine orthodoxe Gruppe, arbeiteten schon seit etwa 1884 für die Unterstützung des Kolonisationsprojektes in Palästina und gaben der entstehenden Bewegung ihr besonderes lokales Profil.

Max Bodenheimer in Köln war dabei, Kontakte mit gleichgesinnten Juden in verschiedenen deutschen Städten und mit der russischen Chibbat Zion-Bewegung („Zionsliebe") zu knüpfen, als die jüdische Nationalbewegung durch die frühen Schriften und die politische Tätigkeit von Theodor Herzl einen entscheidenden Impuls erhielt. Als deutschsprachig erzogener Sohn einer jüdischen Familie aus Budapest war Herzl tief in der deutschen Kultur verwurzelt und zeigte zunächst weder Interesse an noch Kenntnis von seinem jüdischen Erbe. An der Universität Wien erlebte er in den frühen 1880er Jahren das Aufleben des fanatischen Antisemitismus und war auch von dem gerade erschienenen antisemitischen Buch von Eugen Dühring tief betroffen. Nach einigen Ansätzen, sich im Theaterleben der österreichischen Hauptstadt zu etablieren, arbeitete der junge Mann als Reporter für die Wiener „Neue Freie Presse" in Paris zur Zeit der Dreyfusaffäre und kam schließlich im Februar 1896 mit seinem epochemachenden Werk „Der Judenstaat" [15] heraus.

Theodor Herzl

Herzl interpretierte die „Judenfrage" mit Hilfe der Konzepte und Begriffe seiner sozio-politischen Umwelt. Für ihn war sie eine der „nationalen Fragen", die im 19. Jahrhundert Europa bewegten. Wie seine russisch-jüdischen Vorgänger, die er damals noch nicht kannte, ging auch er von der Annahme aus, daß Emanzipation zwecklos sei; seine Hoffnungen auf volle Assimilation waren zerbrochen. Seine Einzigartigkeit lag aber in der Stärke seiner Vision und im Charisma seiner Persönlichkeit. Trotz seiner anfänglichen Stellung als Außenseiter wurde Herzl bald zum unumstrittenen Führer einer neuen weltweiten Bewegung – des Zionismus.

E. Antisemitismus, sozialer Wandel, interne Differenzierung (II)

Einige seiner deutschen Vorgänger waren unmittelbar und tief beeindruckt. David Wolffsohn ging von Köln nach Wien, „um sich ihm bedingungslos zur Verfügung zu stellen". Zu Hause hatte Bodenheimer bereits vor dem Erscheinen des „Judenstaat" seinen Plan zum Aufbau einer „Nationaljüdischen Vereinigung" für ganz Deutschland formuliert und die Existenz einer jüdischen „nationalen Gemeinschaft", die auf „Abstammung und Geschichte" beruhte, von neuem betont. Er versuchte, eine scharfe Konfrontation mit patriotischen deutschen Juden zu vermeiden, indem er für die Notwendigkeit eines eigenen jüdischen Staates als Teillösung der „Judennot" eintrat – eines Staates, „der imstande ist, die Juden völkerrechtlich zu vertreten und die Juden aufzunehmen, die in ihrem Heimatland nicht bleiben können oder wollen". *Max Bodenheimer*

Trotz seines moderaten Tones wurde Bodenheimer sofort heftig von allen Seiten kritisiert. Es gab Zionisten, welche die kulturelle und soziale Arbeit in den Gemeinden für wichtiger hielten, da sie eine ausschließliche Konzentration auf das eher aussichtslose Projekt einer Staatsgründung in Palästina für nicht ersprießlich hielten. Die Orthodoxen verabscheuten den „messianistischen" Anspruch der neuen Bewegung und ihren Bruch mit der traditionellen Philanthropie des Diaspora-Judentums; Liberale betrachteten die ganze neue Utopie als einen mageren Ersatz für ihre eigene universelle, missionarische Vision. Die mehr oder weniger assimilierte Mehrheit der deutschen Juden sah im Zionismus einen Verrat am Traum von der Emanzipation, einen unehrenhaften Rückzug aus dem Kampf um Gleichheit und Integration. *Opposition unter den Juden gegen den Zionismus*

Einer vereinten Opposition gelang es zunächst, im Juli 1896 die Einberufung des ersten weltweiten Zionisten-Kongresses in München zu verhindern. Der Kongreß fand daher Ende August 1897 in Basel statt. Ihm gehörten sechzehn deutsche Delegierte an; eine kleine, aber einflußreiche Gruppe. Unmittelbar danach gründete diese Handvoll von Aktivisten die Zionistische Vereinigung für Deutschland (ZVfD) sowie ein Netz lokaler Ortsgruppen. Zionisten bildeten unter den deutschen Juden immer eine kleine Minderheit, aber man konnte sie nicht ignorieren. Sie bestanden darauf, die jüdische Identität zu bewahren, während sie zugleich loyale Deutsche blieben. Dies erschien damals, im Zusammenhang eines vehementen deutschen Nationalismus, eher verwirrend. Das strenge Festhalten an den Werten deutscher Kultur und deren gesellschaftlichen Normen, verbunden mit strikter Absage an jede Art von Assimilation bei gleichzeitiger Förderung von jüdischem Selbstvertrauen und Natio- *Die Zionistische Vereinigung für Deutschland* nalstolz, wurde von vielen Juden als peinlich widersprüchlich empfunden. Die zwiespältige Einstellung der Zionisten gegenüber der Mitarbeit in den jüdischen Gemeinden war eine weitere Quelle ihrer Schwäche. Trotzdem konnten die deutschen Zionisten am Vorabend des Ersten Weltkrieges 450 Ortsgruppen und fast 10 000 Mitglieder vorweisen. Die Bewegung verfügte über eine aktive und einflußreiche Presse, angeführt von der „Jüdischen Rundschau", sowie einen tatkräftigen Propagandaapparat, der ihr mehr Verbreitung und Einfluß verschaffte, als ihre Größe es vermuten ließ.

Die Führung des C.V. neigte zuerst dazu, in den Zionisten „Verbündete in einem gemeinsamen Kampf" zu sehen [J. REINHARZ]. Nach 1910, als sich die Führungen beider Organisationen radikalisierten, wuchs die Spannung zwischen ihnen jedoch schnell. *Die neue Führung der ZVfD* Besonders Kurt Blumenfeld, aber auch Richard Lichtheim, Felix Rosenblüth und Arthur Hantke kamen jetzt einer Synthese von früher gegensätzlichen zionistischen Doktrinen nahe, die praktischen Aufbau in Palästina, innerjüdische Kulturarbeit und soziale Gegenwartspolitik der Gemeinden in die zionistische Aktivität einband. Dabei blieben sie auch nicht unbeeinflußt von den damals in Deutschland gängigen „völkischen" Ideologien. Martin Bubers neue Betonung einer jüdischen Traditions- und Blutsgemeinschaft in seinen „Reden über das Judentum" (1909–1911) und eine starre Absage an das Dasein in der *Galut* (Exil), die zum konstitutiven Element des Zionismus wurde, wirkten alle auf einen Wechsel der Orientierung in der Führung der deutschen Zionisten hin. Nach Bodenheimers Rücktritt (1910) wurde das Zentrum der Bewegung von Köln nach Berlin verlegt, und seit dem Posener Delegiertentag im Mai 1912 weitete sich die Kluft zwischen Zionisten und Liberalen. *Auseinandersetzungen zwischen C.V. und ZVfD* Während die Zionisten nun verlangten, daß jedes Mitglied in sein „Lebensprogramm" die Übersiedlung nach Palästina, oder zumindest die Etablierung gewisser persönlicher Interessen dort, einschloß, distanzierte sich der C.V. in eindeutigen Worten von allen, die ihr deutsches „Nationalgefühl" verleugneten und sich selbst „als Gast im fremden Wirtsvolk" sahen.

Der interne Streit unter den Juden beschränkte sich nicht auf die Auseinandersetzung zwischen C.V. und ZVfD. Auch das Verhältnis zwischen orthodoxen und Reformjuden blieb gespannt, wenn auch in einem Zustand von „dauerndem Waffenstillstand" [M. PHILIPPSON]. Das Zentrum der jüdischen Reformbewegung war in der Zwischenzeit in die Vereinigten Staaten gewandert, aber die Kontroversen in Deutschland endeten nicht. Die Neo-Orthodoxie, die nun mit einer weltweiten, gut organisierten orthodoxen Bewegung, der *Agudas Isroel*, freund-feindliche Beziehungen pflegte, war nicht länger so selbstbewußt wie früher, ihre Blütezeit war vorüber. Ihre Autorität wurde auch von den religiösen Zionisten, die in der *Mizrachi* organisiert waren, untergraben. Während es in den frühen Zeiten der Emanzipation in den jüdischen Gemeinden Orthodoxe und Reformer gegeben hatte, wurde diese Differenzierung nun von der Polarisierung zwischen Liberalen und Zionisten überlagert. Darin spiegelte sich eine ernsthafte Suche nach einer zeitgemäßen, modernen jüdischen Identität, die sowohl inneren Notwendigkeiten als auch den Anforderungen einer sich rapide wandelnden Umwelt in Deutschland genügen konnte.

Intellektuell war die Diskussion über das „Wesen des Judentums" in den Anfangsjahren des 20. Jahrhunderts eng mit der theologischen Kontroverse im Protestantismus verquickt, die nach Adolf von Harnacks Vorlesungen über das Christentum ausbrach. Leo Baecks frühe philosophische Werke muß man in diesem Kontext verstehen. Moritz Lazarus' Buch „Die Ethik des Judentums" [21], bereits 1898 erschienen, war ein Vorspiel zu dieser Diskussion; es identifizierte Religion mit Ethik und das Judentum mit einer universellen Sittlichkeit. Von seinem Lehrstuhl an der Universität Marburg aus kritisierte Hermann Cohen, einer der prominenten Neo-Kantianer seiner Zeit, Lazarus' „methodisch-philosophische Unzulänglichkeit" und war selbst eifrig dabei, die perfekte Vereinbarkeit des „Besten an der deutschen Kultur mit dem Besten in der jüdischen Tradition" wiederherzustellen.

Über das „Wesen des Judentums"

Hermann Cohen: „Heimkehr zum Judentum"

Aufgewachsen in einer orthodoxen Familie und am Breslauer Rabbinerseminar sowie an der Universität Berlin ausgebildet, glaubte sich Cohen prädestiniert, eine solche „Wahlverwandtschaft" zu verkünden. Schon 1880 betrachtete er das Judentum als notwendige Ergänzung des Deutschtums, ohne die das letztere seine wahren Möglichkeiten gar nicht erfüllen könnte. Eine so harmonische Sicht der Welt zu vertreten, war jedoch in der feindlichen Atmosphäre der kleinen hessischen Universitätsstadt zunehmend schwierig. Nach vier Jahrzehnten machte Cohens Judentum ihn schließlich unter Kollegen und Studenten gleichermaßen unerwünscht. 1912 ging er an die Lehranstalt für die Wissenschaft des Judentums in Berlin und widmete seine letzten Jahre dem Dienst an „seinen Juden". Der Krieg veranlaßte ihn schließlich zu einer neuen Rechtfertigung seines deutschen Patriotismus, entschärfte aber auch anderseits seine bisherige Ablehnung des Zionismus. Zu dieser Zeit war Cohen mit der Niederschrift seines letzten Werkes „Die Religion der Vernunft aus den Quellen des Judentums" beschäftigt, das 1919 postum veröffentlicht wurde. Mit diesem Buch erreichte er – um Franz Rosenzweigs Worte zu zitieren – eine letzte „Heimkehr"; die Früchte von vierzig Jahren während der Suche nach der schwer faßbaren „Heimat des Bluts und des Geistes".

Franz Rosenzweig: „Sehnsucht nach Identität"

Auch Rosenzweig selbst kannte die Qualen dieser Suche. Schon als junger Mann drückte er seine „Sehnsucht nach einer klaren, authentischen, objektiven Identität" aus [A. FUNKENSTEIN] und rang jahrelang mit der Möglichkeit der Taufe. Er lehnte sie schließlich ab, aufgrund seiner eigentlich intuitiven Vorstellung vom Judentum als einer „biologisch-kulturellen Gemeinschaft", der man nicht freiwillig angehörte, sondern die unausweichlich die Lebensform des einzelnen bestimmte – weder völlig religiös noch ausschließlich national. In den Nachkriegsjahren unternahm Rosenzweig zusammen mit Martin Buber eine neue deutsche Übersetzung der Bibel. Wenn Mendelssohns Übersetzung helfen sollte, die kulturelle Kluft zwischen Juden und Deutschen in den frühen Stadien der Akkulturation zu überbrücken, so drückte dieses neue Projekt eine umgekehrte Richtung aus: Die Juden versuchten nun, die abgebrochenen Bande mit ihrer eigenen Vergangenheit zu erneuern und ihre jüdische Identität neu zu bestätigen.

F. Der Erste Weltkrieg: Hoffnungen und Enttäuschungen

In die Auseinandersetzungen über die Bedeutung und die Rolle des Judentums wurden natürlich nicht alle deutschen Juden hineingezogen. Die Führung des C.V., eine kleine Gruppe von Zionisten, wenige Intellektuelle – sie alle versuchten wiederholt ihr Judentum neu zu formulieren und ihren Platz in der deutschen Gesellschaft neu zu definieren; aber die Mehrheit ihrer Zeitgenossen war von diesen Fragen wenig beunruhigt. Der soziale Aufstieg der Juden ging unverändert weiter. Ihr wirtschaftlicher Erfolg war zwar nicht länger so spektakulär, wie er früher gewesen war, hielt aber weiter an, und ihre gesellschaftliche Integration schien weitgehend gesichert. Ihre Bedeutung in Wissenschaft und Kunst war damals auf ihrem Höhepunkt. Gründe zur Zuversicht und zu einer gewissen Selbstzufriedenheit fehlten also nicht.

Dies war auch die Zeit eines liberalen Neuaufschwungs in Deutschland. Der Einfluß der verschiedenen antisemitischen Parteien sank, und antisemitische Meinungen, obwohl weit verbreitet, konnte man als Randerscheinungen betrachten und übergehen. Juden fühlten sich in Deutschland geborgen. Osteuropäische Familien schickten ihre Söhne – und bald auch ihre Töchter – zum Studium an deutsche Universitäten. Auch unter Zionisten im In- und Ausland war eine prodeutsche Einstellung verbreitet.

Beim Ausbruch des Ersten Weltkrieges wurde das vorherrschende Gefühl der Sicherheit und Hoffnung zusätzlich bestätigt. Im Geiste des Burgfriedens und in der „Atmosphäre nationaler Verbundenheit" [S. FRIEDLÄNDER] konnten sich nun auch Juden als integraler Teil einer verjüngten deutschen Nation verstehen. Sie waren zu jedem Opfer bereit, hochpatriotisch angesichts der Gefahr. Selbst die Behörden betrachteten antisemitische Propaganda anfangs als Verstoß gegen die nationale Einheit, und Äußerungen in diese Richtung wurden gelegentlich vom Militärzensor unterdrückt. Auch unter den Frontsoldaten war zuerst das Gefühl eines gemeinsamen Zieles und der Kameradschaft verbreitet. Selbst das Problem,

Die Juden im „Burgfrieden"

ob Juden für kommandierende Positionen benannt werden könnten, schien wie von alleine endlich gelöst zu sein.

Als Teil einer umfassenden Kriegspolitik plante man in Berlin, die zaristische Regierung durch Förderung der Subversion unter den größeren nationalen Minderheiten des russischen Reiches zu schwächen. Neben Polen und Ukrainern waren auch Juden ein Ziel der deutschen Propagandamaschinerie. Die deutschen Juden schienen besonders geeignet, an dieser ideologischen Front zu agieren, und waren auch oft zur Mitarbeit bereit. Die Zionisten, die ihren Patriotismus eifrig zur Schau stellen wollten, glaubten, daß ein deutscher Sieg im Interesse der russischen Juden liege, wenngleich die russischen Juden selbst, die vom Benehmen der Besatzer schnell enttäuscht waren, dem nur selten offen beipflichteten. Das kurzlebige Interesse der Deutschen an den zionistischen Kolonisationsplänen in Palästina als potentielles Element der deutschen Orientpolitik, und damit auch an der zionistischen Führung als potentielle Vertreter der deutschen Sache – nicht nur in Rußland, sondern auch in Amerika – verflog recht schnell.

Der Zionismus und die Orientpolitik

Statt dessen lebte beim Ausbleiben des schnellen Sieges und mit den ersten Belastungen des anfänglich euphorischen Gefühls nationaler Solidarität der Antisemitismus wieder auf. Juden wurden bald für die militärischen Rückschläge oder die Not zu Hause verantwortlich gemacht und als Pazifisten, Drückeberger und Profiteure angeprangert. Eine besonders aggressive Kampagne richtete sich gegen Juden in wichtigen Positionen der Kriegswirtschaft. Walther Rathenau, der die Rohstoffabteilung im Kriegswirtschaftsministerium leitete, wurde zum Ziel heftiger antisemitischer Propaganda. Regierungsbeamte protestierten gelegentlich gegen solche Diffamierungen, waren aber nicht fähig oder nicht bereit, einen effektiven Schutz zu bieten.

Dieselbe Ambivalenz charakterisierte auch die Einstellung der Behörden zu den frühen Forderungen nach einer Statistik über die Juden im Heere. Ursprünglich kamen diese von Zentrumsabgeordneten im Reichstag, aber auf Matthias Erzbergers Antrag an den Haushaltsausschuß im Oktober 1916 folgte bald eine Initiative des Kriegsministeriums selbst. Angeblich sollte eine Enquêtekommission wiederholte Behauptungen widerlegen, daß „eine unverhältnismäßig große Anzahl wehrpflichtiger Angehöriger des israelitischen Glaubens vom Heeresdienst befreit sei oder sich von diesem unter allen nur möglichen Vorwänden drücke". Die „Judenzählung", so wie sie vorgenommen wurde, war für diese Aufgabe aber auf keinen

Die „Judenstatistik"

F. Der Erste Weltkrieg

Fall geeignet. Statt dessen verlieh sie den Gerüchten erst Glaubwürdigkeit und machte die ganze Angelegenheit zu einem öffentlichen Ärgernis. Die Juden reagierten wütend. Besonders bewegend waren die Reaktionen jüdischer Soldaten. Der Kriegsfreiwillige Ernst Simon, später ein bekannter deutsch-jüdischer Pädagoge und führender Zionist, erzählt in seinen Memoiren, daß die „Judenstatistik" ihn aus dem deutsch-nationalen „Traum der Gemeinschaft" gerissen hatte. Für ihn war sie der letzte Beweis, „daß wir fremd waren, daß wir daneben standen, besonders rubriziert und gezählt, aufgeschrieben und behandelt werden mußten".

Auch zu Hause reagierten die Juden besorgt, die jüdischen Organisationen fühlten sich jedoch verpflichtet, die Krise herunterzuspielen, und versicherten der deutschen Öffentlichkeit trotz allem die unerschöpfliche Loyalität ihrer Mitglieder. Eine außerordentliche Hauptversammlung von Delegierten des C.V. im Februar 1917 applaudierte, als ein Sprecher erklärte: „Deutschlands Ruhm, Deutschlands Größe ist unser Leben, ohne sie kann kein echter deutscher Jude überhaupt existieren und atmen." Die Ergebnisse der „Judenstatistik" selbst bekräftigten diesen Patriotismus: Eine jüdische Bevölkerung von etwa 550 000 sandte mehr als 100 000 Männer in den Krieg; vier Fünftel von ihnen dienten an der Front, und mindestens 12 000 fielen im Kampf. Die Juden waren in den Kriegsanstrengungen eindeutig nicht unterrepräsentiert. Aber objektive Tatsachen spielten in der öffentlichen Stimmung zu dieser Zeit nur eine geringe Rolle. Der Antisemitismus überschattete schließlich sogar die späteren sozialen und politischen Errungenschaften der Juden während der Weimarer Republik. Im Endeffekt löste der Große Krieg für Deutschland keines seiner eigentlichen Probleme. Am allerwenigsten löste er die existentiellen Probleme der deutschen Juden.

Deutsch-jüdischer Patriotismus

II. Grundprobleme und Tendenzen der Forschung

A. Die Geschichte der deutsch-jüdischen Geschichtsschreibung

1. Im Schatten des Nationalsozialismus

Die Geschichte der deutschen Juden kann nur rückwärts geschrieben werden. Sicher, jede Geschichtsschreibung erfordert die Anwendung von Konzepten der Gegenwart, aber nur selten wird das zukünftige Urteil der Historiker so sehr von einem einzigen Ereignis diktiert wie in diesem Fall. Die systematische Vernichtung der europäischen Juden durch die Nationalsozialisten mußte jedes folgende historische Nachdenken über ihr Schicksal prägen, unabhängig von ideologischen oder beruflichen Fragen. Kein Historiker kann dem Schatten dieser Tragödie entkommen und sollte dies wohl auch nicht versuchen.

Geschichte der Juden – nach dem Holocaust betrachtet

Es wäre eine Verfälschung unserer Aufgabe, wenn wir die Geschichte der Juden in Deutschland verstehen wollten, als hätte sie nicht in einer Katastrophe geendet. Dennoch wäre es ein Fehler, in den entgegengesetzten Irrtum zu verfallen und diese Geschichte als Einbahnstraße in die Vernichtung zu rekonstruieren. Die Hauptkontroversen auf dem Gebiet der deutsch-jüdischen Geschichte – ebenso der neueren deutschen Geschichte insgesamt – drehen sich ja alle darum, die richtige Balance zwischen unserer eigenen Perspektive nach dem Holocaust und der einer vorhergehenden Generation zu finden.

Trotz des anscheinend unvermeidlichen historischen und konzeptionellen Bruches zwischen „zuvor" und „danach" zeigt aber die deutsch-jüdische Geschichtsschreibung eine auffällige Kontinuität. Fast ein Jahrhundert lang existierten nebeneinander die sogenannte „liberale Schule", die die Auswirkungen der Emanzipation auf die

Kontinuität der deutsch-jüdischen Geschichtsschreibung

rechtliche, soziale und kulturelle Geschichte der Juden in Deutschland positiv bewertete, und die jüdisch-nationale oder zionistische Geschichtsschreibung, welche dieselben Entwicklungen mit Skepsis betrachtete und die innerjüdische Solidarität und Abgeschiedenheit stärker als Akkulturation oder soziale Integration betonte. Erst in den letzten zwei Jahrzehnten erreichte man eine gewisse Distanz zu den dominierenden ideologischen Kontroversen der Vergangenheit. Eine neue Annäherung der Kontrahenten erlaubt heute eine neue Art der Geschichtsbetrachtung, und diese Entwicklung zeigt sich auch in verstärkten beruflichen Kontakten und der Zusammenarbeit zwischen Historikern: in den Vereinigten Staaten und England, in Deutschland, in Israel und andernorts.

Die Möglichkeit einer neuen Synthese
Es ist jetzt wohl der Moment gekommen, ein Resümee der Ergebnisse eines knappen halben Jahrhunderts neuerer deutsch-jüdischer Historiographie zu versuchen, ihre Erfolge und ihre Grenzen zu überprüfen. Anscheinend haben wir heute sowohl eine gewisse Perspektive als auch die nötige Distanz zu den Kontroversen der Vergangenheit erreicht; eine neue Synthese ist jetzt vielleicht ebenso wünschbar wie möglich.

2. Die jüdische Geschichtsschreibung: Der Anfang einer neuen Disziplin

Die Historiographie der jüdischen Geschichte ist heute eine eigenständige historische Disziplin. Gleichzeitig bildet die Geschichte der Juden in den verschiedenen Ländern aber auch einen festen Bestandteil der Geschichte der autochthonen Gesellschaften. Diese doppelte Perspektive ist besonders für das Studium der neueren Geschichte von Bedeutung, da die Juden zunehmend am Schicksal ihrer *Wohnländer* teilhatten und selbst allmählich ein Teil davon wurden. Nirgendwo trifft dies mehr zu als in Deutschland. Die Geschichte der Juden Deutschlands muß sowohl im Kontext der europäisch-jüdischen Geschichte als auch der deutschen Geschichte gesehen werden. Dasselbe historiographische Material muß stets von zwei Seiten ausgewertet werden.

Der Anfang der wisssenschaftlich erarbeiteten Geschichte der Juden
Die neuere wissenschaftliche Geschichtsschreibung der Juden begann etwas später als die allgemeine moderne Historiographie und stand unter dem Einfluß der europäischen Aufklärung und des deutschen Historismus. Ihr Ziel war es, eine umfassende Geschichte der Juden und des Judentums zu schreiben – parallel zur neu entste-

A. Geschichte der Geschichtsschreibung

henden National- und Welt-Geschichtsschreibung. Seit etwa 1820 wurde sie hauptsächlich von jüdischen Gelehrten mit akademischer Ausbildung geschrieben und sollte eine Alternative zu dem bieten, was auf diesem Gebiet vorher geleistet worden war – entweder von oft voreingenommenen und unkritischen christlichen Historikern oder von rabbinischen, jüdischen Autoritäten [117: H. YERUSHALMI, Zachor, 101–104]. Erste Anfänge machten im frühen 18. Jahrhundert auch einige hebräische *Maskilim* (Aufklärer) [278: M. PELLI, Haskalah], kritische Arbeiten von größerem Umfang und Einfluß erschienen aber erst im frühen 19. Jahrhundert.

Auch die neuen Historiker waren Gefangene ihrer Zeit. Die frühen Aufsätze von Eduard Gans und Leopold Zunz sind ebenso wie die mehrbändige „Geschichte der Israeliten" von ISAAK M. JOST (1820–1847) [91] vom Kampf um die Emanzipation und vom zeitgenössischen innerjüdischen Disput über Reform und Säkularisierung geprägt. Die Besonderheit dieser frühen Historiographie läßt sich durch ein solches Umfeld leicht erklären; ihr ausgeprägter Germanozentrismus und ihre Betonung der Literatur, Philologie und Philosophie waren typisch für die kulturellen Interessen dieser ersten Generation akademisch gebildeter Juden. Daher datiert Josts Geschichte, die die Ereignisse „von den Makkabäern bis 1815" abdeckte und schließlich bis 1845 fortgesetzt wurde (1846/47), den Beginn der *neueren* jüdischen Geschichte auf 1740, das Jahr der Thronbesteigung Friedrichs II. von Preußen, und versucht so, die jüdische und die deutsche Geschichte in Einklang zu bringen. Jost versuchte weiter – in Übereinstimmung mit den wissenschaftlichen Kriterien seiner Zeit –, neue Methoden der Quellenkritik anzuwenden und einen objektiven akademischen Standpunkt einzunehmen. Sein Werk blieb aber im Grunde ein Werkzeug im Kampf um „Verbesserung" und um die erstrebte „Gleichstellung der Juden".

Jost: Geschichte der Israeliten

Geschichte im Kampf um die Emanzipation

Wie viele seiner Zeitgenossen kämpfte Jost an zwei Fronten: Er wollte die Juden durch eine Neuinterpretation ihrer Geschichte in den Augen der Nichtjuden respektabler machen und gleichzeitig die Reformbemühungen innerhalb des Judentums unterstützen. Er hob die Einzigartigkeit der jüdischen Geschichte und Tradition hervor, während er eine umfassende Kritik eben dieses traditionellen Judentums formulierte und im Kampf gegen das – seiner Meinung nach anachronistische – rabbinische Joch und die unfruchtbare intellektuelle Isolation des Judentums seiner Zeit einsetzte [287: I. SCHORSCH, Historical Consciousness; 273: R. MICHAEL, I. M. Jost].

Ein solcher historischer Ansatz war zentral für die jüdischen Reformversuche. Geschichte spielte in den Arbeiten von Reformern wie Abraham Geiger oder Zacharias Frankel eine wichtige Rolle, und nur die Radikalsten unter ihnen wie Samuel Holdheim oder die Vertreter der Neo-Orthodoxie wie Samson Raphael Hirsch kamen ohne sie aus; der eine durch seine extrem rationalistische Haltung, der andere aufgrund seiner standhaften Akzeptanz traditioneller Autorität. Keiner konnte jedoch zu einem gänzlich ahistorischen Judentum zurückkehren.

Eine neue Interpretation des Judentums

Der akademischen Bildung und dem politischen Interesse der neuen Historiker entsprechend konzentrierte sich ihre Geschichtsschreibung fast ausschließlich auf die Entwicklung der religiösen jüdischen Literatur. Sie suchten eine neue Interpretation des Judentums, die ihm eine in den Kontext von Emanzipation und Akkulturation passende moderne Bedeutung gab. Die erstarrte Tradition wollten sie durch eine dynamische Sicht des Judentums ersetzen und so den fortgesetzten Wandel legitimieren. Allerdings, Geiger und Frankel, aber auch Zunz, Rappoport, Luzzatto, Sachs und Steinschneider schrieben immer noch eine „Geschichte von innen". Für sie schienen die „äußeren" Ereignisse der jüdischen Geschichte nur eine sich wiederholende Kette von Unterdrückung und Verfolgung zu sein, die sich zur sorgfältigen Forschung oder eloquenten Darstellung nicht eignete. Auch wenn einige ihrer akribischen bibliographischen und philologischen Arbeiten bis heute nützlich sind, dient ihre Geschichtsschreibung insgesamt vor allem als Beleg für das wachsende historische Bewußtsein der Juden dieser Zeit. Erst Heinrich Graetz (1817–1891) gelang es schließlich, eine Geschichte des Judentums *und* der Juden zu schreiben – eine interne wie externe, intellektuelle wie auch soziale und politische [287: I. SCHORSCH, Historical Consciousness, 431].

Heinrich Graetz

HEINRICH GRAETZ veröffentlichte seine „Geschichte der Juden von den ältesten Zeiten bis auf die Gegenwart" [82] zwischen 1853 und 1876. Auch für ihn war das Leben in der Diaspora hauptsächlich eine Geschichte von Elend und Leid, die von einer Serie unvergleichlicher intellektueller Errungenschaften unterbrochen wurde [26: R. MICHAEL, Heinrich Graetz, 511]. Nach der geistigen Mode seiner Zeit versuchte Graetz allerdings, diese mühsame Diaspora-Existenz als ein Instrument zur Erfüllung einer universellen kulturellen Mission des Judentums zu verstehen. Im gegenwärtigen Deutschland schließlich sah er – Beispiel und Lehre Moses Mendelssohns folgend – eine jüdische Renaissance von welthistorischem

A. Geschichte der Geschichtsschreibung 75

Ausmaß, die den Weg zur Erfüllung dieser Mission ebnete. In
Graetz' Sicht der jüdischen Geschichte vermengten sich der Glaube
an die „Ewigkeit Israels" mit einer aufgeklärten Betonung des Fortschritts und eine hegelianische Glorifizierung der Gegenwart.
Darüber hinaus beruhte sein Werk auf einer weitreichenden,
sorgfältigen Forschung und einer derart umfassenden Kenntnis der
Quellen [70: S. ETTINGER in BEN-SASSON, Geschichte des jüdischen
Volkes], daß es später sowohl von Liberalen als auch von jüdischen
Nationalisten und Zionisten mit Bewunderung gelesen wurde.
Trotzdem wurden Graetz' „Germanozentrismus", seine Periodisierung und seine geographische Schwerpunktsetzung bald angegriffen, am nachdrücklichsten durch seinen Bewunderer und, in vieler
Hinsicht, Nachfolger, SIMON DUBNOW. Dubnows zehnbändige Simon Dubnow
„Weltgeschichte des jüdischen Volkes", zuerst auf russisch und
1925 bis 1929 überarbeitet auf deutsch erschienen [74], wollte
Graetz' Standardwerk ersetzen. Obwohl seine Darstellung die Juden
Deutschlands nicht mehr so stark hervorhob, widmete auch er der
jüdischen Geschichte im deutschen „Kulturbereich" sehr ausführliche Kapitel. Selbst in der Hand eines osteuropäischen Wissenschaftlers blieb die Geschichte der deutschen Juden für die Selbstdarstel- Die zentrale Rolle
lung des modernen europäischen Judentums von zentraler Bedeu- des deutschen
tung. In Deutschland hatte man einer relativ großen jüdischen Judentums
Gemeinschaft schließlich die rechtliche Gleichstellung gewährt, und
hier vor allem konnten die Folgen der Emanzipation beobachtet
und beurteilt werden. Hier auch wurden die Auswirkungen verschiedener Reformströmungen im Judentum geprüft, und man
konnte das Schicksal einer modernen jüdischen Gemeinde, die
äußeren Einflüssen offenstand und sich unter den Bedingungen von
Wohlstand und Ansehen frei entfalten konnte, hier am besten verfolgen.
Nicht alle jüdischen Historiker dieser ersten Generation beschäftigten sich jedoch so vorwiegend mit den Errungenschaften des
modernen Judentums. Die literarische Geschichte des jungen Zunz
oder des Rabbiners Michael Sachs widmete sich wiederholt dem
Hochmittelalter und den kreativen Leistungen des damaligen spani- Interesse am spani-
schen Judentums. Diesen stellten sie eine stereotype Sicht der aschke- schen Judentum
nasisch-rabbinischen Führung gegenüber – versunken in altmodischem „Talmudismus" – und verwandten den Gegensatz in der Auseinandersetzung mit letzterer. Auch GRAETZ teilte diesen Anti-Rabbinismus. So nannte er z. B. in der Beschreibung der jüdischen Welt des
frühen 18. Jahrhunderts die rabbinische Führung in Polen und

Deutschland eine Sammlung von „Jammergestalten, die Köpfe erfüllt von unfruchtbarem Wissen, sonst unwissend und unbeholfen wie kleine Kinder" [82: Geschichte der Juden, Bd. 6, 99]. Da sich Graetz' Interesse aber nicht auf die literarischen Leistungen einzelner beschränkte, konnte er der sozialen, kollektiven Geschichte des aschkenasischen Judentums trotzdem gerecht werden. In den 1860er Jahren milderte auch Zunz seine anti-rabbinische Einstellung und ordnete die aschkenasische Kultur in seiner Trilogie des Rituals und der Liturgie neu ein [287: I. SCHORSCH, Historical Consciousness, 434 Anmerkung 84]. Kurz darauf erwachte allgemein ein neues Interesse an der Geschichte der aschkenasischen Juden unter jüdischen wie auch unter nicht-jüdischen Wissenschaftlern.

Neues Interesse am aschkenasischen Judentum

Der christliche Historiker Otto Stobbe veröffentlichte 1866, in Zusammenarbeit mit Graetz, eine Geschichte der mittelalterlichen deutschen Juden „in politischer, sozialer und rechtlicher Beziehung", und in den 1880er Jahren begann eine zweite Generation von jüdischen Gelehrten an Themen der deutsch-jüdischen Sozialgeschichte zu arbeiten. So bemühten sich z. B. Abraham Berliner und Moritz Güdemann, die Selbstachtung der aschkenasischen Juden wiederherzustellen, indem sie die besonderen Qualitäten ihres traditionellen Lebens herausstellten, ihre „spirituelle Ruhe, moralische Sensibilität, familiäre Stabilität und würdige Pietät" [ebd. 434].

Hier liegen die Anfänge einer eigenen Geschichtsschreibung der deutschen Juden. Eine Zeitlang stand die Literatur über einzelne Gemeinden oder über Juden in verschiedenen deutschen Provinzen und Staaten im Mittelpunkt. Ende des 19. Jahrhunderts, mit der Konsolidierung des deutschen Nationalstaats und einem wachsenden jüdischen Selbstbewußtsein, wurde aber auch die Gesamtgeschichte des deutschen Judentums zu einem legitimen Forschungsobjekt. Wissenschaftliche jüdische Zeitschriften brachten spezifische Aufsätze über historische Themen, und 1887 erschienen die ersten Ausgaben der „Zeitschrift für die Geschichte der Juden in Deutschland", die aber damals nur fünf Jahrgänge lang bestand. Erst 1929 begann eine neue Reihe zu erscheinen, jedoch wurde sie damals schnell zum Abbrechen verurteilt. Inzwischen wuchs das Interesse an Statistik und Wirtschaftsgeschichte und führte zur Gründung eines jüdischen statistischen Amtes, und von 1905 an kam die „Zeitschrift für die Demographie und Statistik der Juden" heraus. Bald darauf wurde ein Gesamtarchiv der deutschen Juden etabliert, Signal für einen neuen, wissenschaftlichen Zugang zu diesem For-

Die allgemeine Geschichte des deutschen Judentums

schungsbereich. Schließlich erschien 1935, unter dem wachsamen Auge des Nazi-Zensors, die „Geschichte der Juden in Deutschland" von ISMAR ELBOGEN [76], die erste Gesamtdarstellung ihrer Art.

In jener späten Stunde wurden einige weitere Arbeiten veröffentlicht, darunter MAX WIENERS „Jüdische Religion im Zeitalter der Emanzipation" [301] und JACOB LESTSCHINSKYS Aufsatzsammlung „Das wirtschaftliche Schicksal des deutschen Judentums" [126]. Umfassendere geschichtswissenschaftliche Werke über das deutsche Judentum konnten aber erst nach dem Zusammenbruch des Dritten Reiches – und damit nach der Vernichtung eben dieses Judentums – fortgesetzt werden.

Geschichtsschreibung in den 1930er Jahren

3. Nach dem Kriege: Neue Ansätze und neue Richtungen

Nachdem sie der Mißhandlung und Verfolgung in Deutschland entkommen waren, suchten viele jüdische Wissenschaftler, darunter einige professionelle Historiker und auch Philosophen und Politologen, neue Möglichkeiten zu arbeiten und zu publizieren, besonders in Großbritannien, in den Vereinigten Staaten und im damaligen Palästina. Für viele wurde es zu einem dringenden Bedürfnis, die nationalsozialistische Machtergreifung und die Entwicklung der antijüdischen Ideologie und Politik zu studieren. So wurden einige der besten Arbeiten über die Geschichte des Antisemitismus im 19. Jahrhundert während des Krieges oder unmittelbar danach geschrieben. PAUL MASSINGS Buch „Rehearsal for Destruction", das schwerpunktmäßig den Antisemitismus im Kaiserreich behandelt, erschien schon 1949 in New York [322]. EVA REICHMANNS Arbeit „Hostages of Civilization" [330] kam 1950 in London heraus, und HANNAH ARENDTS Werk „Elemente und Ursprünge totaler Herrschaft" [302], das ein ausführliches Kapitel nicht nur über den Antisemitismus, sondern auch über die Stellung der Juden in der europäischen Gesellschaft des 19. Jahrhunderts enthält, erschien auf englisch 1951 in London und in New York.

Neuanfang nach dem Kriege: Schwerpunkt Antisemitismus

Wenige Jahre später wurde 1955 in Jerusalem das *Leo Baeck Institute* gegründet. Sein erklärter Zweck war es, „die wissenschaftliche Forschung auf dem Gebiet der Geschichte der Juden in Deutschland und anderen deutschsprachigen Gebieten seit der Zeit der Aufklärung voranzutreiben, das dazu nötige Material zu sammeln und die Veröffentlichung entsprechender Darstellungen zu

Das Leo Baeck Institute

fördern". Aus heutiger Sicht kann seine Bedeutung für die Entwicklung der deutsch-jüdischen Historiographie gar nicht hoch genug eingeschätzt werden. Die gemeinsamen Bemühungen – wenn auch nicht immer in reibungsloser Zusammenarbeit – des Londoner Arbeitszentrums, verantwortlich für das inzwischen unentbehrliche „yearbook" [99], der New Yorker Filiale – mit ausgedehntem Archiv und wertvoller Bibliothek – und der Jerusalemer Arbeitsgruppe, die das „Bulletin" [71] herausgibt, trugen sehr viel zum Entstehen einer neuen historischen Teildisziplin bei: der neueren Geschichtsschreibung der Juden in Deutschland.

Obwohl nach dem Kriege die Liberalen und Zionisten sich um Versöhnung bemüht hatten, kam ihre Polarität bald wieder auf. Die ideologischen Kontroversen, die die deutsch-jüdische Historiographie früher befruchtet haben mögen, gaben ihr jetzt einen täuschenden Anschein von Aktualität und einen falschen Anschein von Relevanz. Erst in letzter Zeit wurden die alten Diskussionen etwas weniger zwanghaft. Eine zweite und dritte Generation von Historikern beginnt nun, das Forschungsgebiet zu erweitern, eigene Fragestellungen und Gesichtspunkte einzubringen und neue Methoden anzuwenden.

Außerdem profitierte die deutsch-jüdische Geschichtsschreibung von Entwicklungen auf mindestens drei Kontinenten. Durch die Zerstreuung der asylsuchenden deutschen Juden nach 1933 entstanden Zentren dieses Forschungsgebiets zuerst in den USA, in England und in Israel; seit den späten 60er Jahren läßt sich auch in der Bundesrepublik ein neues Interesse an diesem Thema erkennen.

Anfänge der Antisemitismusforschung in der Bundesrepublik   Der Schwerpunkt des Interesses lag auch hier ursprünglich auf der Geschichte des Antisemitismus. ELEONORE STERLINGS Buch „Er ist wie du" [333], erschienen 1956, war ein bahnbrechendes Unterfangen, es hatte jedoch keine unmittelbaren Nachfolger. MARTIN BROSZATS Kölner Dissertation von 1953, die die politische antisemitische Bewegung im Kaiserreich behandelt, blieb bis heute in Manuskriptform. Hingegen gab es Übersetzungen aus dem Englischen. HANNAH ARENDTS Werk wurde den deutschen Lesern 1955 zugänglich gemacht [302], EVA REICHMANNS Buch erhielt 1956 eine deutsche Ausgabe [330], PAUL MASSINGS Buch folgte erst 1959 [322].

Etwa zur selben Zeit entstand in der Bundesrepublik ein neues Interesse daran, die Geschichte einzelner, nicht mehr existierender jüdischer Gemeinden zu überliefern. Die ersten Erinnerungsbände, die z. T. umfangreiche historische Darstellungen und Bibliogra-

A. Geschichte der Geschichtsschreibung 79

phien enthielten, stammten von ehemaligen Gemeindemitgliedern, teilweise von Überlebenden des Holocaust, so einige Arbeiten über München [362: H. LAMM, Von Juden in München], Köln [341: Z. ASARIA, Die Juden in Köln], Berlin, Worms und Breslau [344: B. BRILLING, Mittelschlesien]. Auch regionale Studien, z. B. über Westfalen [367: H. MEYER, Aus Geschichte und Leben] und Bayern [373: S. SCHWARZ, Die Juden in Bayern], wurden zu dieser Zeit verfaßt und publiziert. Gelegentlich förderten auch örtliche Behörden die Veröffentlichung von noch erhaltenen Dokumenten [z. B. Bonn, Frankfurt, Stuttgart. Vgl. 364: E. G. LÖWENTHAL, In the Shadow of Doom]. Wenngleich diese lokalen Arbeiten dazu beitrugen, wichtige Materialien und Informationen zusammenzutragen, liegt ihre Bedeutung doch mehr in ihrer erzieherisch-politischen Funktion. Für die Disziplin als solche war das wachsende Interesse an deutschjüdischer Geschichte in der Bundesrepublik oft wichtiger als diese konkreten Ergebnisse. Funktion der jüdischen Geschichte für die Bildungspolitik

Die Historische Kommission zu Berlin begann 1963, unter dem Vorsitz von Hans Herzfeld und der Mitarbeit von Adolf Leschnitzer, damals Honorarprofessor an der Freien Universität, das Studium der deutsch-jüdischen Geschichte zu unterstützen. In Hamburg wurde 1966 ein Institut für die Geschichte der Juden in Deutschland gegründet, und individuelle Forscher zeigten ein aktives Interesse an diesem Gebiet.

Quantitativ bildete zunächst sicherlich die Geistesgeschichte den Schwerpunkt der deutsch-jüdischen Geschichtsschreibung. Es würde den Rahmen des vorliegenden Überblicks sprengen, auch nur die wichtigsten Arbeiten über deutsch-jüdische Denker wie Martin Buber, Hermann Cohen und Franz Rosenzweig oder über Autoren wie Heinrich Heine, Ludwig Börne oder Franz Kafka aufzuzählen. Auch für allgemeinere Arbeiten auf dem Gebiet der Geistesgeschichte bestand unmittelbar nach dem Krieg erneuter Bedarf. Die älteren Schriften von MAX WIENER [301: Jüdische Religion], HANS-JOACHIM SCHOEPS [283: Jüdische Religionsphilosophie] und JULIUS GUTTMANN [260: Die Philosophie des Judentums] erwarben wieder eine Leserschaft, und auch einige neue Überblicke, wie das noch immer vielgelesene Buch von WANDA KAMPMANN, „Deutsche und Juden" [96], kamen heraus. Das wachsende Interesse an Sozialgeschichte in der zweiten Hälfte der 60er Jahre führte dann zu gewissen Verlagerungen. Schließlich war die Teildisziplin „Jüdische Geschichte" für eine sozialgeschichtliche Untersuchung besonders geeignet. Das Zentrum der deutsch-jüdischen Geschichtsschreibung *Geistesgeschichte herrscht vor*

Neue Sozialgeschichte

verschob sich deshalb zu dieser Zeit nicht nur geographisch – zurück nach Deutschland –, sondern auch methodisch von der Geistesgeschichte zur Sozial-, Wirtschafts- und innenpolitischen Geschichte.

1964 beendete STEFI WENZEL ihre Dissertation über Juden in der preußischen Kommunalverwaltung [155: Jüdische Bürger und kommunale Selbstverwaltung]. REINHARD RÜRUPS Aufsatz über „Die Emanzipation der Juden in Baden" [in 136: R. RÜRUP, Emanzipation und Antisemitismus] erschien 1966 und sein allgemeinerer, bahnbrechender Essay „Judenemanzipation und bürgerliche Gesellschaft in Deutschland" [ebd.] 1968. Interessanterweise druckte das „Leo Baeck Yearbook" 1969 sofort eine englische Version dieses Aufsatzes ab; daran zeigte sich eine neue Zusammenarbeit zwischen der älteren Generation jüdischer Historiker, die meist im Ausland lebten, und einer jüngeren Generation deutscher Historiker in der Bundesrepublik. MONIKA RICHARZ, die bald viel zur Arbeit des Leo Baeck Instituts beitrug, veröffentlichte 1971 ihre Dissertation über den Eintritt der Juden in die akademischen Berufe [158], und 1973 erschien ARNO HERZIGS Studie „Judentum und Emanzipation in Westfalen" [355]. Deutschland wurde wieder zu einem Zentrum der deutsch-jüdischen Geschichtsschreibung, und es konzentrierte sich zunehmend eher auf soziale und politische denn auf die traditionellen kulturellen Aspekte.

Internationale Zusammenarbeit

Anfänge in Israel

Auch in Israel wuchs in den späten 50er Jahren das Interesse an der Geschichte der Juden in Deutschland, verbunden mit einem Wechsel der Fragestellung. JACOB KATZ' Buch „Tradition and Crisis" [98], das sich mit der frühneuzeitlichen Geschichte befaßt, erschien dort 1958. AZRIEL SHOHETS Arbeit über die frühe jüdische Aufklärung [140], MORDECHAI ELIAVS Studie über jüdische Erziehung im deutschsprachigen Raum [151] und JACOB TOURYS Werk über die politische Orientierung der deutschen Juden im 19. Jahrhundert [147] waren ursprünglich Dissertationen an der hebräischen Universität in Jerusalem in den frühen 60er Jahren. Sie betonten eine jüdisch-historische Perspektive, wollten aber einige ihrer anerkannten Wahrheiten in Frage stellen. Auch hier konnte man einen Wandel in Richtung Sozialgeschichte beobachten, obgleich die langjährige Betonung der Geistesgeschichte an den israelischen Universitäten unbestritten blieb.

Inzwischen hatten noch weitere intellektuelle Entwicklungen, diesmal in erster Linie in den Vereinigten Staaten, zum wachsenden Interesse an der deutsch-jüdischen Geschichte beigetragen. Die zu-

A. Geschichte der Geschichtsschreibung 81

nehmende Beschäftigung mit den sogenannten *ethnic studies*, indirekt ein Ergebnis der Bürgerrechtsbewegung und des wachsenden Selbstbewußtseins der amerikanischen Schwarzen, gab dem Studium der jüdischen Geschichte eine neue öffentliche und akademische Legitimation. Darüber hinaus ermöglichten Fortschritte in der Soziologie und die steigende Bedeutung der Sozialgeschichte sowohl die Behandlung neuer historischer Probleme als auch die Anwendung neuer Methoden. Es wuchs sowohl der sozio-kulturelle als auch der akademische Anreiz für junge Wissenschaftler, sich der Geschichte ihrer europäischen Vorfahren zu widmen. Das Leo Baeck Institut in New York wurde bald zu einem Treffpunkt für junge Forscher und spiegelte die Möglichkeiten auf diesem Feld wider – trotz oder gerade wegen des eintretenden Generationswechsels. Der Einfluß der *ethnic studies*

Auch die früheren Bemühungen, die Quellen für das Studium des deutschen Judentums zu sichten, begannen neue Früchte zu tragen. Neben dem kleinen, aber rasch wachsenden Leo Baeck Archiv in New York baute das Zentralarchiv des Jüdischen Volkes in Jerusalem eine beachtliche Sammlung deutscher Quellen auf. Nach Vereinbarungen mit den zuständigen Behörden in der Bundesrepublik wurden zahlreiche Gemeinde-Unterlagen entweder ins Zentralarchiv überführt oder für den Gebrauch israelischer Wissenschaftler fotokopiert. Es ist allerdings so viel Material zerstört worden, daß die vorhandenen Akten nur selten vollständig sind. Viele Informationen über das jüdische Leben konnten aus Gemeindeakten nicht entnommen werden; sie müssen in verschiedenen Regierungsakten in ganz Deutschland aufgesucht werden. Gelegentlich kommen unerwartete Quellenfunde ans Licht, oder die Findigkeit von Historikern verwandelt scheinbar nutzlose Papiere in faszinierendes Quellenmaterial. So gelang es z. B. DIETZ BERING in seiner Studie, 1987 unter dem Titel „Der Name als Stigma" [306] veröffentlicht, durch die Auswertung vergessener Behördenunterlagen, die Anträge auf Namensänderung in Preußen betreffen, eine neuartige Geschichte des Antisemitismus zu schreiben. Auch weitere Dokumente, zu Problemen der Migration, des Wohlfahrtssystems u. a., wurden neuerlich zusammengefügt und lieferten bereits einige interessante Ergebnisse [191: A. BORNSTEIN; 187: A. BARKAI, Jewish Migration]. Quellen der jüdischen Geschichte

Eine hervorragende Quelle für jüdisches Leben sind Zeitschriften, Zeitungen und Lokalblätter. Viele finden sich heute in der Nationalbibliothek in Jerusalem; eine gute Sammlung hat auch die Bibliothek der Germania Judaica in Köln. Zahlreiche Bücher, die Zeitschriften als Quellen von Juden oder über jüdische Themen geschrieben wurden, sind allerdings nirgendwo zusammengefaßt gesammelt oder nur vollständig verzeichnet. Besonders instruktiv ist für Historiker die Memoirenliteratur. Die deutschen Juden scheinen eine tiefe Neigung zur Selbstreflexion gehabt zu haben. Neben vielen gedruckten Autobiographien enthält das Leo Baeck Institut in New York eine Sammlung von jetzt fast eintausend Memoiren oder Familienchroniken in Manuskriptform – ein wahrer Schatz für den Historiker. MONIKA RICHARZ veröffentlichte eine exzellente Auswahl aus diesem Material [57: Jüdisches Leben in Deutschland], inzwischen kam jedoch eine Menge hinzu, und aus diesen privaten Quellen kann noch vieles gewonnen werden.

Memoiren-Literatur

4. Zur Definition von „deutsch" und „jüdisch"

An dieser Stelle sind einige Worte zur Definition grundlegender Begriffe angebracht. Zunächst bedarf der Gebrauch von „Deutschland" und „deutsch" einer Klärung. Das ist zwar kein spezifisches Problem der deutsch-*jüdischen* Geschichte, es taucht aber auch in diesem Zusammenhang auf. Einige Zeit nach dem Zweiten Weltkrieg folgten viele historische Monographien über Deutschland der preußisch-protestantischen Tradition, nach der die Grenzen von 1871 so behandelt wurden, als hätten sie bereits vor diesem Datum eine Bedeutung gehabt. Auch in der deutsch-jüdischen Geschichte werden meist die geographischen Grenzen des Bismarck-Reiches verwendet. Für eine spezifisch jüdische Geographie sprach sich zuerst JACOB KATZ in „Tradition and Crisis" [98] aus. Er postulierte – zumindest bis zur Aufklärung – eine relativ einheitliche jüdische Region zwischen Polen-Litauen im Osten und dem Elsaß im Westen, die in ihrem Bereich Ungarn, Böhmen und Mähren mit einschloß. Für diese Region versuchte Katz das typische aschkenasische Milieu zu skizzieren, das vom 16. bis zum 18. Jahrhundert blühte; er schilderte eine relativ einheitliche „Gemeinde", die von der Richtung und Art der damaligen jüdischen Migration bestimmt war sowie von der Existenz innerer Wirtschaftsbeziehungen, vom Gebrauch einer gemeinsamen jiddischen Sprache, von Heiratsbeziehungen und von der anerkannten Autorität einiger herausragender Gelehrter. Dieses Milieu wurde, so Katz, durch ein eigenes System von Normen und Verhaltensmustern zusammengehalten, ebenso von einer besonderen religiösen Tradition und intellektuellen Kultur [ebd.].

Geographie des Judentums

A. Geschichte der Geschichtsschreibung

Katz' Geographie wurde nur in wenigen Detailfragen angegriffen. Man argumentierte, daß man den Bereich des aschkenasischen Judentums zumindest auf einige Gemeinden in Holland und England ausdehnen könne oder daß Zeichen seines Entstehens schon vor dem 16. Jahrhundert zu beobachten wären [70: S. ETTINGER in: BEN-SASSON, Geschichte des jüdischen Volkes]. Eine neue Geschichte der europäischen Juden zwischen 1550 und 1750 sprach sich kürzlich überzeugend für diesen größeren Kontext aus [86: J. ISRAEL, European Jewry in the Age of Mercantilism]. Konsens besteht jedoch besonders für die neuere Zeit über die Unterscheidung zwischen einem mitteleuropäischen und einem osteuropäischen Judentum, trotz der Existenz „gemischter" Gebiete in einigen preußischen und österreichischen Landesteilen. Ein eigenes deutsches Milieu, das z. B. vom ungarischen oder polnischen abweicht, unterscheidet AZRIEL SHOHET bereits für die Mitte des 17. Jahrhunderts. Andere Historiker datieren die Entstehung eines eigenen deutschen Judentums erst auf die Zeit Mendelssohns [z. B. 151: M. ELIAV, Jüdische Erziehung; J. KATZ], obwohl eine strenge Festsetzung von Daten oder Grenzen – wie eingangs dargestellt – in diesem Feld wenig Sinn ergibt.

Aus der engeren Perspektive der deutsch-jüdischen Geschichte ist die Formulierung des Leo Baeck Instituts typisch, das sich mit Deutschland und „anderen deutschsprachigen Gebieten" seit der Aufklärung befaßt. In der Praxis begrenzten viele Historiker ihre Studien auf den einen oder anderen der größeren deutschen Einzelstaaten in diesem Raum. So behandeln SELMA STERNS umfangreiche Bände [143] nur die preußischen Juden, während STEFI WENZELS spätere Untersuchung jüdischer Stadtverordneter und Stadträte sogar auf Berlin und die preußischen Ostprovinzen Schlesien und Posen begrenzt ist. REINHARD RÜRUPS sehr detaillierte Analyse der Emanzipation gründet sich hauptsächlich auf Forschungen in badischen Archiven; AVRAHAM BARKAIS Arbeit über Juden und die Industrialisierung behandelt das „westdeutsche Ansiedlungsgebiet". Die Versuche, allgemeinere Darstellungen zu bieten, konzentrieren sich üblicherweise auf die Gebiete des Kaiserreichs und schließen Österreich ebenso aus wie Böhmen oder Mähren, vom dicht besiedelten jüdischen Galizien ganz zu schweigen.

Verallgemeinernd kann man sagen, daß Arbeiten, die als Beitrag zur *jüdischen* Geschichte gedacht sind, die geographischen Grenzen oft so ziehen, daß sie zumindest Teile der deutschsprachigen Welt einschließen, während jene, die sich als *deutsche* Ge-

Der Bereich der aschkenasischen Juden

Das deutsche Milieu

II. Grundprobleme und Tendenzen der Forschung

Jüdische Geschichte in den Grenzen des deutschen Kaiserreiches

schichte begreifen, die Grenzen des späteren Kaiserreichs bevorzugen. Dies ist offensichtlich bei den Arbeiten aus der Zeit der Weimarer Republik der Fall. Aber selbst MONIKA RICHARZ' hervorragende Zusammenfassung der jüdischen Geschichte von 1780 bis 1871, die als Einführung zum ersten Band ihres Werkes „Jüdisches Leben in Deutschland" [57] erschien, schließt Daten zu Österreich explizit aus, und JACOB TOURYS Untersuchungen, die nicht über 1871 hinausreichen, behandeln nur das „Gebiet des nachmaligen Deutschen Reiches" [167: Eintritt, 139].

Obwohl dieses Verfahren für die Sozial- und Wirtschaftsgeschichte gerechtfertigt werden kann, ist es gerade für die Kultur- oder Geistesgeschichte unangebracht. Erörterungen des jüdischen Beitrags zu diesen Bereichen schließen daher Österreich immer mit

Der „deutsche Kulturbereich"

ein. Dazu gehören sowohl jene wie SIGMUND KAZNELSONS Sammelwerk [264: Juden im deutschen Kulturbereich] aus den frühen 30er Jahren als auch die neueren Aufsätze von PETER GAY [257], welche die Blütezeit des Kaiserreichs behandeln. Solche Arbeiten sind ja ohne die Einbeziehung Wiens und Prags praktisch undenkbar.

Definitionsprobleme entstehen jedoch nicht nur aus der Unklarheit über „Deutschland" in der Geschichte des 19. Jahrhunderts, sondern auch aus der möglichen Verwirrung über den Begriff „Juden". Jahrhundertelang blieben die Grenzen der jüdischen Existenz unverändert. Sie definierten eindeutig jene, die dazugehörten, und ließen keinen Zweifel über jene aufkommen, die ausgeschlossen waren. Am Ende des 18. Jahrhunderts, als das alte soziale und politi-

Fragen der Definition: welche Juden gehören dazu?

sche System nach und nach verfiel und es in den jüdischen Gemeinwesen selbst innere Wandlungen gab, verloren die Unterscheidungsmerkmale viel von ihrer Eindeutigkeit. Die Reformbewegung erkannte verschiedene Stufen der Befolgung des jüdischen Gesetzes an, und die jüdischen Lebensweisen differenzierten sich zunehmend. Auch die relative Offenheit der Umgebung trug dazu bei, daß sich eine Schicht von Juden bildete, deren Zugehörigkeit, zumindest nach den alten Kriterien, zweifelhaft war. Antijüdische Gesinnungen und die späteren Rassenlehren komplizierten die Angelegenheit noch weiter. Sollte man die reichen jüdischen Familien im Deutschland des 19. Jahrhunderts, die praktisch nichts mehr mit ihren jeweiligen Gemeinden verband, noch als Teil der Gruppe betrachten? Sollten die vollständig akkulturierten Juden, die ihrem angeblichen Jüdischsein keine Bedeutung mehr zumaßen und nichts mit ihr zu tun haben wollten, dennoch in die deutsch-jüdische Geschichte einbezogen werden? Sollte man die Meinung der Antisemiten völlig

A. Geschichte der Geschichtsschreibung

ignorieren – selbst für Zeiten, in denen *ihre* Definitionen und *ihre* Einstellungen den Ton angaben? Und die Getauften, von denen sich einige am Ende weder hier noch dort wiederfanden – sollen wir sie einschließen oder ausschließen?

Das Problem wird noch deutlicher, wenn wir uns mit dem jüdischen Beitrag zur deutschen Kunst und Wissenschaft beschäftigen, oder wenn wir die jüdische ökonomische Elite und die im öffentlichen und politischen Leben aktiven Juden behandeln. In Erörterungen über die jüdischen politischen Aktivisten in der Revolution von 1848 versäumen es ADOLF KOBER [174: Jews in the Revolution] und ERNEST HAMBURGER [194: Juden im öffentlichen Leben] völlig, zwischen Getauften und Ungetauften zu unterscheiden; TOURY [147: Die politischen Orientierungen] behandelt beide Gruppen, aber er unterscheidet sie immer sehr deutlich; RÜRUP zieht es vor, die Getauften ganz auszuschließen [179: The European Revolution]. WERNER MOSSE spricht sich in der Analyse der deutsch-jüdischen ökonomischen Elite [133: Jews in the German Economy] für eine „ethnische Definition" des Judentums aus, während AVRAHAM BARKAI eine Art „Bewußtseins-Test" vorschlägt [188: A. BARKAI, Jüdische Minderheit].

<small>Getaufte und Ungetaufte</small>

<small>„Ethnische Definition" oder „Bewußtseins-Test"</small>

In der Tat läßt sich hier, ebenso wie im Falle der geographischen Grenzen, keine feste Regel anwenden. Man muß den Kontext stets sorgfältig berücksichtigen, für jede Periode und für jedes Individuum gesondert. Wenn wir uns dem Ende des 19. Jahrhunderts nähern, begegnen wir immer mehr Männern und Frauen, deren Identität als Juden sowohl für sie als auch für ihre Umgebung immer weniger Bedeutung hatte. Unter bestimmten inneren und äußeren Umständen konnte ihr schwindendes jüdisches Selbstverständnis jedoch neue Bedeutung erlangen. Konfrontiert mit dem Antisemitismus, fanden Juden es oft nicht mehr angebracht, ihre Herkunft zu verleugnen. Durch die zunehmende Dominanz von Rassenkategorien unter dem Nationalsozialismus wurden schließlich viele zwangsweise zurück in den Schoß der Gemeinde gebracht. Es gibt für diese Fragen also keine Faustregel. Der Historiker muß jeden Fall neu beurteilen, je nach seiner Gesamteinschätzung der besonderen Situation und seinem Gefühl für historische Genauigkeit und Gerechtigkeit.

B. Akkulturation, Integration, religiöse Differenzierung

1. Frühe Akkulturation und die Herausforderung des Zusammenlebens

Moses Mendelssohn

Die Geschichte des modernen Judentums in Deutschland beginnt üblicherweise mit der herausragenden Figur Moses Mendelssohns. Diese Tradition geht auf HEINRICH GRAETZ zurück, der Mendelssohn sehr eloquent die Heldentat zuschrieb, das jüdische Volk aus Jahrhunderten eines intellektuellen Dämmerschlafes erweckt und die spektakuläre „Verjüngung oder Wiedergeburt" seiner „Genossenschaft" erreicht zu haben [82: Geschichte der Juden VI, 142]. Mendelssohns Persönlichkeit und die Geschichte seines Lebens und seines Werkes behielten seither in der jüdischen Geschichtsschreibung ihre zentrale Bedeutung. MICHAEL MEYER plaziert Mendelssohn in seiner Geistesgeschichte vom Aufstieg des modernen Judentums eindeutig am Beginn dieses Prozesses, obwohl er an anderer Stelle einen anderen Ausgangspunkt bevorzugt, der vielleicht irgendwo im 17. Jahrhundert liegt [106: The Modern Period, 336–37]. Auch Sozialhistoriker sprechen Mendelssohn oft eine zentrale Position zu. JACOB KATZ z. B. sah im Erfolg von „Mendelssohn und seinem Kreis" [123: Aus dem Ghetto, 52], in ihrer Fähigkeit, sich mit der christlichen Gesellschaft zu vermischen, und dem allgemeinen Interesse, das ihre beispiellosen Leistungen weckten, einen neuen Anfang in der jüdischen Geschichte.

Dieser offenbare Konsens wurde aus zahlreichen Gründen kritisiert, wenn auch manchmal nur implizit. Simon Dubnow, „Osteuropas bedeutendster jüdischer Historiker" [106: M. MEYER, The Modern Period, 331], widersprach der Zentralität Deutschlands, die die Einordnung Mendelssohns an den Beginn der neuen Ära impliziert. Als „Autonomist", der sich für die Errichtung separater jüdischer Zentren in Europa aussprach, lehnte er Graetz' Ideale der Akkulturation ab und weigerte sich, seine kulturell-historischen Helden zu übernehmen. Jüdische Modernität ging nach Dubnow auf die frühen Bemühungen um rechtliche Emanzipation zurück. Auch

B. Akkulturation, Integration, religiöse Differenzierung 87

andere national orientierte Historiker suchten für die Periodisierung der jüdischen Geschichte entsprechende symbolische Ausgangspunkte. CHAIM BEN-SASSON, der die allgegenwärtige Offenheit und das Interesse des Judentums am allgemeinen Denken und den weltlichen Angelegenheiten schon im Mittelalter heraushob, lehnte den revolutionären Charakter von Mendelssohns Leistungen überhaupt ab [70: Geschichte des jüdischen Volkes, Bd. 2]. Ebenso relativierten andere Kultur- und Geisteshistoriker seine Bedeutung, indem sie frühere, innerjüdische Entwicklungen herausstellten. Als Gershom Scholem die Bedeutung des Mystizismus und der Kabbala-Tradition rekonstruierte, datierte er den entscheidenden Wendepunkt in der jüdischen Geschichte auf den Untergang des Sabbatianismus, einer pseudo-messianischen Bewegung, die seiner Meinung nach „die Welt des traditionellen Judentums" so total „erschütterte", daß sie die Entstehung der jüdischen Modernität ermöglichte [106: M. MEYER, The Modern Period, 333]. In dem synthetischen, viel benutzten Werk von Moshe Graupe „Die Entstehung des modernen Judentums" [258] bezeichnet Mendelssohn erst das dritte Stadium der Modernisierung, nach den Anfängen Mitte des 17. Jahrhunderts, wo Graupe eine „Auflockerung der Tradition" verbunden mit „symptomatischen Wandlungen" diagnostiziert, und nach der stürmischen Mitte des 18. Jahrhunderts, die von der Persönlichkeit und den Polemiken des scharfen Anti-Sabbatianers Jakob Emden charakterisiert werden.

Probleme der Periodisierung

An der Grenze zwischen Geistes- und Sozialgeschichte hat auch AZRIEL SHOHET in seiner hebräisch geschriebenen Dissertation von 1960 die konventionelle Periodisierung grundsätzlich angefochten. Shohet versuchte zu zeigen, daß die europäische Aufklärung schon zu Beginn des 18. Jahrhunderts in das Leben der jüdischen Gemeinden in Deutschland eingedrungen sei, und lieferte reichhaltige Belege für nicht-traditionelles Verhalten und unorthodoxes Denken unter den damaligen Juden [140: A. SHOHET, Beginnings of the Haskalah, 7 und passim]. Auch andere Studien, wie JULIUS CARLEBACHS Aufsatz über Erziehung [248: Der Säkularisierungsprozeß] oder DAVID SORKINS prägnante Zusammenfassung der Argumente hinsichtlich der „orthodoxen *Haskalah*" (Aufklärung) im 17. Jahrhundert, unterstreichen die spirituelle Dynamik des voremanzipatorischen Judentums – besonders des deutschen – und tendieren dazu, Mendelssohns Rolle herunterzuspielen [159: The Transformation, Kap. 2].

Die frühe Aufklärung als Zäsur

Andere Historiker sahen den Anstoß zum Wandel eher in äußeren Einflüssen als in inneren Veränderungen. Dies zeigte sich zuerst

Äußere Einflüsse als Anstoß zum Wandel

in JOSTS Geschichte aus den 1820er Jahren [91] und wurde mehr als ein Jahrhundert später von SELMA STERN [143: Der Preußische Staat] wieder aufgenommen. Beide begriffen den Bruch in der alten jüdischen Gemeindestruktur und in ihrer Position im Staat als eine Folge verstärkter staatlicher Intervention, diktiert von der zentralistischen Politik des Absolutismus [ebd. II/1, 123–149]. Einen späteren Wendepunkt machte HANNAH ARENDT aus, die im Aufkommen des modernen Nationalstaates den Grund für die radikale Veränderung der Position der Juden in der europäischen Gesellschaft sah [302: Elemente und Ursprünge]. Und schließlich stellen auch ETTINGER und KATZ – beide sicherlich keine Anhänger von Sterns oder Arendts Geschichtsschreibung oder von deren jeweiligen Ideologien – die Rolle des äußeren, politischen und ideologischen Druckes für den Wandel des jüdischen Lebens in der voremanzipatorischen Zeit heraus [311: S. ETTINGER, Antisemitismus in der Neuzeit; 123: J. KATZ, Aus dem Ghetto].

Sozialgeschichtliche Zäsuren

Auch aus sozialgeschichtlicher Perspektive wurde die starke Hervorhebung der Figur Moses Mendelssohns kritisiert. Eine solche Kritik wird in JACOB TOURYS Werk angedeutet, dessen Arbeit über den „Eintritt der Juden ins deutsche Bürgertum" nicht mit der Geschichte von prominenten Einzelpersonen, sondern mit einer detaillierten Analyse der sich wandelnden ökonomischen und kulturellen Umstände des deutschen Judentums insgesamt beginnt [167: J. TOURY, Eintritt, Kap. 2,3]. Auch für andere bestimmten nicht immer die Leistungen einzelner Männer und Frauen den Gang der Ereignisse, sondern der generelle Wandel im geistigen Milieu der Juden, ihr wachsendes Interesse an Allgemeinbildung, ihre schnelle Übernahme eines neuen Bildungsideals, vielleicht auch ihre Akzeptanz der neuen bürgerlichen Sittlichkeit [274: G. MOSSE, German Jews].

Mendelssohns Bedeutung sollte jedoch nicht unterschätzt werden. Für sehr viele deutsche Juden im 19. und weit in das 20. Jahrhundert hinein verkörperte Mendelssohn nicht nur den „ersten modernen Juden" [242: A. ALTMANN, The Archetypical German Jew, 17], sondern für kommende Generationen auch ein Modell des modernen Judentums überhaupt. Die unterschiedlichsten Menschen bewunderten ihn: Moses Hess rechnete ihm als Hauptverdienst an, allen, die es sehen wollten, gezeigt zu haben, wie ein moderner Intellektueller trotz allem Jude bleiben konnte [ebd. 18]; Martin Buber bezeichnete seinen Kontakt zu Lessing als „das früheste Stadium der Symbiose zwischen deutschem und jüdischem Geiste" [zitiert nach 161: S. STERN-TÄUBLER, The First Generation, 40].

B. Akkulturation, Integration, religiöse Differenzierung 89

Manche Historiker neigten auch dazu, der Person Moses Mendelssohn symbolische Bedeutung zuzusprechen. SELMA STERN sah in ihm einen Mann, der „den Übergang aus dem Ghetto zur europäischen Kultur ohne sichtbaren psychologischen Konflikt vollbrachte" [ebd. 11]; MOSHE GRAUPE nannte ihn „den ersten modernen Juden, der nicht nur als Zaungast an der Umweltkultur teilnahm, sondern tätiger Mitträger und Mitgestalter dieser Kultur war" [258: Die Entstehung, Kap. 7]. „Er war in jeder Hinsicht", schrieb Mendelssohns moderner Biograph ALEXANDER ALTMANN, „der Schutzheilige des deutschen Judentums" [242: The Archetypical German Jew, 18]. Kontroversen um Mendelssohn

Diesen Ehrenplatz erhielt Mendelssohn, obwohl seine Gedanken über das Judentum und seine tatsächliche Rolle in dessen Entwicklung oft Gegenstand einer heftigen Debatte waren. Die Taufe von vier seiner Kinder und einigen seiner engsten Schüler machte ihn in den Augen der Orthodoxie suspekt, und trotz einer großen intellektuellen Nähe und eines hohen Maßes an Respekt trat auch S. R. HIRSCH, der später der Führer der Neo-Orthodoxie werden sollte, gegen ihn auf [19: Neunzehn Briefe; 59: N. ROSENBLOOM, Tradition, 134–137]. Ebenso ambivalent war die Haltung der Reformer: Während Jost in Mendelssohn immer noch einen frühen Reformator sah und Heine ihn sogar als jüdischen Luther bezeichnete, griffen ihn andere, so z. B. Saul Ascher und später Salomon Ludwig Steinheim, wegen seiner formalen, gesetzestreuen Interpretation des Judentums und seinem Beharren auf dessen Unveränderlichkeit an. Spätere Kommentatoren betrachteten Mendelssohn meist nicht als Reformer [278: M. PELLI, Haskalah, 120–132], und der moderne Historiker des Reformjudentums, MICHAEL MEYER, sieht in ihm sogar den Vorläufer der modernen Orthodoxie [105: Response to Modernity, 14]. Mit der Entwicklung des Zionismus symbolisierte die Bibelübersetzung von Buber und Rosenzweig schließlich am klarsten die Bemühungen, die politischen und religiösen Muster, wie Mendelssohn sie vorgeschlagen hatte, vollständig zu revidieren [36: A. ALTMANN, Moses Mendelssohn, 30; 247: A. FUNKENSTEIN, The Political Theory]. Vermutlich waren es seine allgemeinkulturellen Tendenzen, die die zionistischen Historiker befremdeten.

In der jüdischen Historiographie war aber nicht nur die Person Moses Mendelssohn umstritten. Über den Charakter, die Rolle und die Leistungen der frühen jüdischen *Akkulturation* insgesamt schwanken die Meinungen. Den Begriff selbst entnahmen die modernen Historiker dem anthropologischen Vokabular. Die Zeit- Der Begriff „Akkulturation" genossen gebrauchten eine Reihe anderer Wörter, um den Prozeß zu benennen, in dessen Verlauf Juden allmählich die Kultur ihrer Gastgeber-Gesellschaft annahmen. Im Zusammenhang mit dem Wandlungsprozeß benutzten sie Begriffe wie *Annäherung, Anpassung, Anbürgerung*. Auch stärkere Begriffe wie Identifizierung, Eingliederung oder sogar Verschmelzung wurden verwendet, bevor *Assimilation* der am beständigsten gebrauchte Begriff wurde [114: J. TOURY, Emanzipation und Assimilation, 170]. Dies wurde bald zum ideologiebeladenen Wort und nahm negative Konnotationen an – gerade in den Augen der national-orientierten Juden und ganz besonders der Zionisten. Keiner der zeitgenössischen Begriffe bezeichnet jedoch explizit den damaligen Prozeß: die Übernahme der Kulturgüter der Umgebung, ihrer Sprache und Sitten, der Welt der Kunst, der Geistes- und Naturwissenschaften. „Akkulturation" umfaßt sowohl die Hochkultur als auch die Alltagskultur, die Totalität der Verhaltensmuster, Normen und Werte und hat sich für die Behandlung dieser komplexen Fragen als analytisch nützlich erwiesen [199: M. KAPLAN, Tradition and Transition]. Der Begriff wird in diesem Kontext wohl weiter benutzt werden.

Eine Möglichkeit, die ausschließliche Konzentration auf Berühmtheiten zu vermeiden, besteht darin, die Gruppe der aufgeklärten Juden, die die Akkulturation vorantrieben, zu erweitern. In letzter Zeit wurde auf einige weniger bekannte hebräische *Maskilim* und auf zusätzliche größere Gruppen stark akkulturierter, mehr oder weniger bekannter Juden Licht geworfen. Zu diesen zählten zweifellos auch die Damen der Berliner Salons der Jahrhundertwende. Diese beflügelten wiederholt die Phantasie der Historiker und erhielten deshalb eine etwas übertriebene Aufmerksamkeit. Die einzigartige Natur ihrer Salons – Treffpunkt für intellektuelle Männer und Frauen, Christen und Juden – machte sie besonders attraktiv. Eine Zusammenfassung der dazu relevanten Geschichtsschreibung findet sich jetzt in dem Buch von DEBORAH HERTZ „Die jüdischen Salons im alten Berlin" [154], das die Ambivalenz der meisten Historiker gegenüber den Salons sehr treffend herausstellt: „Der Stolz der jüdischen Historiker auf die gesellschaftlichen Errungenschaften der Salonnières im Kampf um Emanzipation wurde somit durch ihre Bestürzung über die Neigung der Frauen, aus dem Judentum auszutreten, beeinträchtigt" [ebd. 21].

Manche Historiker waren jedoch wohlwollender. ADOLF LESCHNITZER sah in den Salons den ersten Fall, in dem „ein ganzer jüdischer Sektor ernsthafte Bande mit der deutschen Gesellschaft

Die Geschichte der Berliner Salons

B. Akkulturation, Integration, religiöse Differenzierung

geknüpft hat" [319: The Magic Background, 16]. HANNAH ARENDTS Biographie der Rahel Varnhagen-Levin, gedacht als Fallstudie für das „sich-Assimilieren" [37: Vorwort, 12, 19], ist ein bewegendes Dokument, mit viel Einfühlsamkeit geschrieben. HERTZ' eigene Position ist ebenfalls offene Sympathie, wenngleich nicht immer aus denselben Gründen. „So boten die Berliner Salons", argumentiert sie, „die Erfüllung des Traums von der Assimilation im kleinen" [154: Die jüdischen Salons, 13], aber sie waren tragischerweise im typischen Paradox der Assimilation gefangen. Ihr Erfolg habe nur eine neue Art von anti-assimilatorischem Antisemitismus provoziert, der sie letztendlich unterminierte [ebd. 22]. Ihr Niedergang war schließlich ein bedeutsamer Verlust, so *Hertz,* „nicht nur für die Frauen, denen die Salons Popularität bescherten, sondern auch für weitere Kreise der preußischen Gesellschaft" [ebd. 311]. Da *Hertz* ihr Buch als Beitrag nicht nur zur jüdischen Geschichte, sondern auch zur Frauengeschichte versteht, legt sie Wert darauf, den Mißerfolg der Salonnières auch in feministischer Beziehung zu werten. Diese zusätzliche Perspektive, wenngleich manchmal leicht gezwungen, hilft, uns die Komplexität des Kampfes dieser Frauen vor Augen zu führen, und trägt zu unserem Verständnis von dieser Episode bei.

<small>Feministische Sicht der Salons</small>

Nichtsdestotrotz blieb dies eine Episode, und wenn man in Betracht zieht, wie wenig repräsentativ diese kleine Gruppe von Jüdinnen gewesen ist, erscheint die zentrale Rolle, die ihre Salons in der Geschichtsschreibung spielen, eher übertrieben. Das große Interesse an ihrer Geschichte läßt sich, wie so vieles in der deutsch-jüdischen Historiographie, nur im symbolischen Sinne erklären. Das relativ hohe soziale Prestige der Salondamen auf der einen und die Häufigkeit der Taufe unter ihnen auf der anderen Seite ließen sie immerhin für alle Beteiligten als ein besonders fesselndes Beispiel erscheinen. Für manche stellten sie die neuen, vielversprechenden Möglichkeiten zur Schau, die Juden selbst in diesem frühen Stadium der Akkulturation offenstanden; für andere dienten sie als Mahnung an die allgegenwärtige Gefahr der Selbstverleugnung, als logische Folge eben dieser Akkulturation sowie als Warnung vor einem übertriebenen Eifer bei der Verinnerlichung nichtjüdischer Werte und Verhaltensmuster. JACOB TOURY hat sicher recht, daß weniger schillernde und exzentrische Institutionen wie z. B. die Kaffeehäuser oder einige der gemischten Schulen und Theater, die Lesegesellschaften, die örtliche Börse und Handelskammer am Ende für die jüdische Integration insgesamt weitaus bedeutender waren als die

<small>Förderung der Akkulturation durch „gemischte" Institutionen</small>

Berliner Salons [167: Eintritt; auch 234: H. WASSERMANN, Jews, ‚Bürgertum'].

Aber trotz dieser vielversprechenden Anfänge blieben Juden bis zum Vormärz aus den normalen bürgerlichen Vereinen und Klubs gewöhnlich ausgeschlossen. Die Salons auf ihrem Höhepunkt waren nur die Ausnahme, die die Regel bestätigt. In „Jews and Freemasons in Europe, 1723-1939" [124] untersuchte JACOB KATZ die Schwierigkeiten, auf die Juden stießen, wenn sie den Logen beitreten wollten – entgegen deren erklärter Toleranz. Mendelssohn, Mitglied in einigen gebildeten Gesellschaften Berlins Mitte des 18. Jahrhunderts, wurde in die örtliche Loge nicht aufgenommen, während seine christlichen Freunde Lessing, Nicolai und Dohm alle darin aktiv waren [123: J. KATZ, Aus dem Ghetto, 55]. Nachdem Mendelssohn 1771 in die königliche Akademie gewählt worden war, legte dann König Friedrich II. zweimal dagegen sein Veto ein [36: A. ALTMANN, Moses Mendelssohn, 264-5]. Allerdings bewegten sich die meisten Juden ohnehin nie in solch angesehenen Kreisen. Sie reagierten auf den Ausschluß mit der Gründung ihres eigenen Netzes von Klubs und Vereinen, getrennt von und parallel zu den allgemeinen Institutionen.

Jüdische Vereine unterschieden sich natürlich von den christlichen bürgerlichen Gruppen, aber auch von den älteren jüdischen Gemeindeinstitutionen [234: H. WASSERMANN, Jews, ‚Bürgertum', Kap. 2,3; 159: D. SORKIN, The Transformation, 108-123; S. VOLKOV, Die Verbürgerlichung der Juden in Deutschland als Paradigma, in: 149: Dies., Jüdisches Leben, 111-130]. So war die Berliner „Gesellschaft der Freunde", 1795 gegründet, die Umwandlung eines früheren Bestattungs- und Hilfsvereins, sie entwickelte sich aber mit der Zeit zu etwas ganz anderem. Wenngleich nicht die erste ihrer Art, so gewann sie doch bald ungewöhnlichen Einfluß. Sie wurde ein Zentrum für junge *Maskilim*, wollte „die Aufklärung der Juden befördern" [159: D. SORKIN, The Transformation, 117] und einige traditionellere Gemeindeorganisationen durch modernere gesellschaftliche Institutionen ersetzen. Auch andere Vereine halfen, den Weg zu einer „negativen Integration" zu öffnen, durch die Juden der nichtjüdischen Gesellschaft näherkommen [S. VOLKOV] und gleichzeitig die alten Gemeindestrukturen und die Autorität ihrer traditionellen Führung untergraben konnten.

Schnell wurde es möglich, „völlig wie Nichtjuden, aber nur unter Juden zu leben" [234: H. WASSERMANN, 79]. Die Intensität des jüdischen Vereinslebens war in der Tat verblüffend. Es spiegelte

B. Akkulturation, Integration, religiöse Differenzierung 93

sowohl das Vereinsleben der christlichen Umwelt als auch die Vitalität der innerjüdischen Bindungen wider und die gemeinsame praktische Notwendigkeit, diese Gruppensolidarität zu bekräftigen und für die Armen und Schwachen zu sorgen. Seine Effektivität hing zu einem gewissen Grad auch davon ab, wieweit die nichtjüdischen Organisationen für Juden geöffnet wurden. Die relativ offene Atmosphäre der Revolutionsperiode, die bis in die Jahre der antifranzösischen Kampagne nach 1810 andauerte, wurde in den 1820er und 30er Jahren bald von einer stärkeren Tendenz zur Exklusivität abgelöst, die die Juden aus den verschiedenen patriotischen Gesellschaften ausschloß und sie oft sogar aus angeblich so liberalen Gruppierungen wie den Burschenschaften oder dem populären Turnerbund vertrieb. Auch die 1840er Jahre waren in dieser Hinsicht Jahre der erneuten Hoffnung. Der Prediger und Redakteur Ludwig Philippson berichtete aus Marburg über die verschiedenen gemeinsamen Unternehmungen zwischen Christen und Juden und erfreute sich an dem besonderen Respekt, den man ihm, trotzdem oder vielleicht weil er Jude war, innerhalb einer entstehenden gemischten Gesellschaft entgegenbrachte [55: J. PHILIPPSON]. Die Zeit unmittelbar nach der Revolution von 1848 war eine Phase der politischen wie gesellschaftlichen Reaktion. Zu dieser Zeit zeichneten sich die sozialen Konturen des Bürgertums – sowohl des Besitz- als auch des Bildungsbürgertums – immer deutlicher ab, und der Zugang zu bürgerlichen Vereinen wurde zunehmend restriktiver. Die „Gesellschaft offen für Talente" hatte schließlich eine weitere „Blütezeit" in den 1860er Jahren, als Juden als Teilnehmer am politischen Leben willkommen waren [205: S. NA'AMAN, Nationalverein; 227: J. TOURY, Soziale und Politische Geschichte], bevor die Gesellschaft mit dem Wiederaufleben des Antisemitismus von den späten 1870er Jahren an zunehmend feindlich wurde.

<small>Periodisierung der gesellschaftlichen Integration</small>

Die Juden entwickelten ihr separates Vereinsnetz allmählich weiter, waren seit etwa 1880 weniger abhängig von den wechselnden Stimmungen der Nichtjuden, selbstsicherer und herausfordernd. Dieses stabile und differenzierte Vereinswesen ging bewundernswert auf ihre sozialen Bedürfnisse ein. Eine umfassende Arbeit darüber gibt es bisher nicht. Da die Quellen verstreut und unvollständig sind, wäre es zwar äußerst schwierig, aber keineswegs unmöglich, das jüdische Vereinswesen darzustellen. Einige der späteren, zentralisierten Vereine mit ausgesprochen politischem Charakter wurden schon ausführlich untersucht [z. B. der Central-Verein: 206: A. PAUCKER, Jüdische Abwehrstrategie, oder 215: J. REINHARZ,

<small>Forschungen zum Vereinswesen</small>

Fatherland or Promised Land; aber auch die Zionistische Vereinigung: 193: Y. ELONI, Zionismus]. Manche Arbeiten behandeln andere jüdische Organisationen – so z. B. MARION KAPLANS Studie über den Jüdischen Frauenbund [196: Die jüdische Frauenbewegung] und AHRON BORNSTEIN das deutsch-jüdische Netz an Wohlfahrtsorganisationen [191: Die Betteljuden].

2. Reform und religiöse Differenzierung

Die Suche nach neuen Formen jüdischen Lebens, ja, neuen Formen des Judentums, war sicher ein zentrales Phänomen in der Geschichte der deutschen Juden während der ersten Hälfte des 19. Jahrhunderts. Wieder einmal beeinflußte die Stellung, die die jeweiligen Historiker in der innerjüdischen Diskussion und den laufenden ideologischen Kontroversen einnahm, deutlich ihre historiographischen Ansätze und die Auswahl der Schwerpunkte ihrer Darstellungen. So widmete GRAETZ, trotz seines gelegentlich nationalen Tones ein glühender Verfechter der Akkulturation, den größten Teil seines letzten Bandes diesen inneren Veränderungen von Mendelssohn bis in seine eigenen Tage [82]. DUBNOW hingegen, mit seinem „autonomistischen" Standpunkt, ging über dieses Thema eher flüchtig hinweg [74]. Noch extremer ist die Position der neueren zionistischen Historiker, die dem Thema Reform erstaunlich wenig Aufmerksamkeit schenken und es oft nur als eine Episode betrachten. Für KATZ, einen strenggläubigen Menschen, spielt die Reform nur im frühen Zeitalter der Emanzipation eine wichtige Rolle, und in seinem Buch „Aus dem Ghetto in die bürgerliche Gesellschaft" [123] werden die intellektuellen und organisatorischen Bemühungen von Männern wie Abraham Geiger, Samuel Holdheim oder Samson Raphael Hirsch kaum erwähnt. Deshalb wohl behandelt er das zweite Drittel des 19. Jahrhunderts nur sehr schematisch. Nach Mendelssohn, den man in Religionsfragen noch als orthodoxen und sicherlich als selbstbewußten Juden ansehen kann, wird die innerjüdische Diskussion seit Mitte des 19. Jahrhunderts allzuoft zu einem eher unwichtigen Anhängsel der deutsch-jüdischen Vorgänge von Anpassung, Assimilation und „Wiedererweckung".

TOURYS „Soziale und Politische Geschichte der Juden in Deutschland" konzentriert sich gerade auf diese vernachlässigten Jahre. Doch auch er überläßt die Behandlung der innerjüdischen, geistigen Fragen anderen, „berufeneren" Historikern, wie er es aus-

B. Akkulturation, Integration, religiöse Differenzierung

drückt [227: 7]. In einer späteren „Neubewertung des Reformjudentums" [297: The Revolution that Did Not Happen] gab TOURY aber einen triftigeren Grund für die Vernachlässigung dieses Themas an. Schließlich bedürfe gerade die Erforschung der innerjüdischen Konflikte jener Zeit und der Entstehung des Reform- oder liberalen Judentums neuer historischer Methoden, welche über die Geistesgeschichte hinausgehen und die Entwicklung in einem solideren sozialen Kontext verankern. Aber „bald nach seinen stürmischen Anfängen", behauptet TOURY, „reformierte sich das Reformjudentum – und machte kurz vor einer echten Revolution halt" [ebd. 197]. Die Reformbewegung war intellektuell zu abstrakt und hochfliegend, um die skeptische Öffentlichkeit anziehen zu können, und dabei politisch, gesellschaftlich und didaktisch zu zaghaft. Genau *die* Schichten der Gesellschaft, in denen die Reform Anklang hätte finden können, so Toury weiter, durchliefen zu dieser Zeit eine gründliche Säkularisierung und zogen es vor, ihre Energien in Aktivitäten außerhalb der jüdischen Gemeinden zu investieren. In der zweiten Hälfte des 19. Jahrhunderts wurde die Reform dann zu „einem seichten Konfessionalismus gesetzestreuer Staatsbürger in ihren jeweiligen Vaterländern". Eine solche Bewegung verdient verständlicherweise kaum eine ausführliche Kommentierung.

MICHAEL MEYER, ein neuerer Historiker der Reform, sieht die Dinge anders. Auch er konzentriert sich auf die frühen, kreativen Jahre der Bewegung und begreift die zwei Jahrzehnte nach 1848 als „keine günstige Zeit für religiösen Liberalismus". Dennoch betont MEYER die anhaltende Verbreitung der „moderaten Reform" von einer Gemeinde zur anderen, den Bau neuer Synagogen, die Einführung neuer Gebetbücher, die Gründung der Hochschule für die Wissenschaft des Judentums in Berlin (1872), die Ausdehnung der Reform nach Osten und die geistigen Leistungen von Männern wie Moritz Lazarus, Hermann Cohen und Leo Baeck [105: M. MEYER, Response to Modernity, 200–212]. *Neuere Literatur über die Reform*

Die Unterschiede zwischen TOURY und MEYER sind, obwohl meist implizit, doch sehr groß. Die Einstellung der zionistischen Historiker zur Reform ist größtenteils eine Reaktion auf die konsequente Negierung der ununterbrochenen Existenz der Juden als Nation durch die Reformer. Man hielt Abraham Geiger seine Reserviertheit gegenüber der Mühsal der „Juden des Nahen Ostens" zur Zeit der Damaskus-Affäre 1840 wiederholt vor. Sie wird oft zusammen mit späteren Aussagen zitiert, wie z.B. der Charakterisierung Jerusalems als lediglich eine „ehrwürdige Erinnerung aus der *Der Streitpunkt: Juden als Nation*

Vergangenheit" [A. GEIGER, „Unser Gottesdienst", in 10: A. GEIGER, Nachgelassene Schriften, 18], und TOURY merkt etwas sarkastisch an, daß es dem Reformjudentum schließlich gelungen sei, nur einen einzigen Grundsatz aufrechtzuerhalten: daß die modernen Juden „nicht länger im ‚Exil' lebten *(Galuth),* sondern behaupteten, in einer freiwilligen ‚Diaspora' *(Tefutzoth)* zu leben, in der sie sich frei einrichten konnten, indem sie sich in die Kultur ihrer Aufenthaltsländer integrierten" [297: The Revolution that Did Not Happen, 203]. Während die zionistischen Historiker die Konfessionalisierung und Entnationalisierung des Judentums durch die Reformer betonen und beides beanstanden, heben moderne amerikanische Reformer ihre Rolle in der Historisierung und Relativierung der religiösen jüdischen Texte hervor sowie das Talent ihrer Vertreter, das gesamte jüdische religiöse Leben den Erfordernissen der modernen Zeit anzupassen.

Hier scheint kein Kompromiß möglich. Auch *Meyer* fühlt sich dem älteren Geiger, dem Historiker von „Das Judentum und seine Geschichte" (1864–1871), näher als dem jungen Geiger oder den radikaleren Reformern seiner Zeit. Aus einer heutigen Perspektive sollte man diesen moderaten Gelehrten und Gemeinderabbiner als ehrenvollen Gründungsvater der jüdischen Reformbewegung betrachten. Zionisten zeigen sich davon üblicherweise nicht überzeugt. Die umfassendste Kritik an der Reform, vor allem in bezug auf ihren wissenschaftlichen Aspekt, stammt aus der Feder von GERSHOM SCHOLEM. In seinem Aufsatz „Wissenschaft des Judentums einst und jetzt" [286] griff Scholem das ganze Unternehmen an und wählte Geiger für eine besonders scharfe Attacke. Salman Shazars (Rubaschov) Einleitung zur Ausgabe von Eduard Gans' „Reden" von 1918 folgend, sieht auch er in diesem Kreis so große innere Widersprüche, daß seine Anhänger zu reinen „Weisen der Vernichtung" werden. Diese Männer wollten das Judentum wiederbeleben, um es dann zunichte zu machen, behauptet er. Das endgültige Ziel von Zunz und Steinschneider, aber besonders von Abraham Geiger, sei es demnach gewesen, sich selbst als Juden loszuwerden, mit der jüdischen Vergangenheit und Tradition aufzuräumen, um sie letztlich zu begraben. Diese inneren Widersprüche gaben schließlich, so schließt Scholem, dem Projekt seine Mittelmäßigkeit, seine theologische Armut, die fruchtlose Sentimentalität, ja sogar die Tendenz zur historischen Verfälschung, die es gelegentlich verfolge [ebd.].

Heutige Historiker, selbst die überzeugtesten Zionisten, würden sich der Frage mit größerer Vorsicht nähern. Vor etwa zwei Jahr-

Abraham Geiger unterschiedlich bewertet

zehnten führte URIEL TAL in Israel einen weitaus respektvolleren Ton in das Studium der deutsch-jüdischen intellektuellen Errungenschaften ein [294; 295; 296]. Die Geschichtsschreibung ist heute auf jeden Fall wesentlich differenzierter und folgt in solch komplexen Themen nicht länger einer einheitlichen Meinung. Darüber hinaus ist die Bewertung der verschiedenen Stränge der Reform heute auch unter nicht-zionistischen Historikern umstritten. So bestimmen ideologische Debatten auch in den Vereinigten Staaten die Argumentationen. Für MEYER [105; 106] repräsentieren sowohl Abraham Geiger als auch Zacharias Frankel einen modernen historischen Ansatz zum Judentum, wenn auch Geigers Linie ihm erfolgreicher scheint. Für ISMAR SCHORSCH [292] ist jedoch Frankel, der geistige Begründer des „Konservativen Judentums", dessen weniger radikaler Anti-Talmudismus und stärkere Zurückhaltung in rituellen und liturgischen Fragen ihm näher stehen, von größerer Bedeutung. Reform und das „konservative Judentum"

Diese Variationen haben weitreichende historiographische Auswirkungen. So teilen z. B. Zionisten und Reformer das Judentum im 19. Jahrhundert gleichermaßen in zwei Lager: Orthodoxe und Liberale. Aber im Gegensatz dazu führt SCHORSCHS Ansatz [287–291] zu einer Dreiteilung in die Orthodoxie und mindestens zwei Arten der Reform. Die Dreiteilung scheinen in letzter Zeit auch einige israelische Historiker übernommen zu haben [123: J. KATZ, Aus dem Ghetto, 202–206], während andere aufgrund der angeblich gemeinsamen nationalen Konzeption der Orthodoxie, des positiv-historischen Ansatzes Frankels und des Zionismus diese drei Richtungen einander näherbringen wollten. Ihre These scheint jedoch – als geistesgeschichtliche Konstruktion – von immanenter historischer Schwäche zu sein, aber sie bezeichnet zugleich das Unbehagen mit alten und die Suche nach neueren Interpretationen in diesem Bereich. Historiographische Auswirkung der Kontroverse über die Reform

3. Die Grenzen der Geistesgeschichte und der Biographie

Eine strenge Geistesgeschichte zeichnet in der Tat die meisten Arbeiten über die Entwicklung der religiösen Reform und den allgemeinen Differenzierungsprozeß im deutschen Judentum des 19. Jahrhunderts aus. Selbst MEYERS letztes Werk, das eine endgültige Geschichte der Reform darstellen will [105: Response to Modernity], liest sich oft wie eine Reihe kleiner Monographien über ausgewählte Personen. Auch ISMAR SCHORSCHS Aufsätze bleiben meist innerhalb dieses Rahmens, obwohl gerade sie das, was diese Art der Geistesgeschichte im besten Falle leisten kann, paradigmatisch veranschaulichen.

Sozialgeschichte der Orthodoxie

Überraschenderweise wurde in letzter Zeit besonders die deutsch-jüdische Orthodoxie sozialgeschichtlich behandelt. Schon 1950 erschien ein kurzer englischer Überblick über die deutsche Orthodoxie [112: H. SCHWAB, Orthodox Jewry in Germany]. Kürzlich verfolgten aber ROBERT LIBERLES' Buch „Religious Conflict in Social Context" [363] und MORDECHAI BREUERS „Jüdische Orthodoxie im Deutschen Reich 1871–1918" [192] diese Aufgabe in stark erweiterter und vertiefter Form. Ihr Schwerpunkt liegt auf dem eigenständigen sozialen Milieu der Orthodoxie und deren Umgang mit der Modernität. Ausführlich behandeln sie Themen wie die orthodoxe Mädchenerziehung oder die innere Gemeindeorganisation. Trotz der jeweiligen Titel betrachten aber beide in erster Linie die

Die Neo-Orthodoxie

Neo-Orthodoxie und nicht das orthodoxe Judentum alten Stils. Die von beiden beschriebene Neo-Orthodoxie kristallisierte sich sowohl durch Abgrenzung gegen die Reform heraus als auch durch Abrücken von der sogenannten Altorthodoxie. Sie wurde ganz besonders von den Gegebenheiten der Zeit und des Ortes definiert und war, wie Breuer überzeugend feststellt, ein Phänomen der zweiten Hälfte des Jahrhunderts, in Aufbau und Orientierung typischerweise dem Mittelstand zugehörig, mit einer starken Betonung von Form und Anstand [ebd., Epilog]. Daher kann sie nur in diesem speziellen Kontext erklärt werden. Sozialgeschichte stellt bei solchen Untersuchungen nicht nur eine Methode unter anderen dar, sondern eine unabdingbare.

MEYERS Buch „Response to Modernity" [105] ist, wie schon erwähnt, vor allem eine Geschichte der Ideen, besonders hinsichtlich der Reformbewegung im deutschen Kulturbereich. Ein weniger parteilicher Zugang, mit dem Schwerpunkt auf der sozialen Funktion des rituellen Wandels und der neuen religiösen Ideologie, war seit MAX WIENERS Buch „Jüdische Religion im Zeitalter der Emanzipa-

Sozialgeschichtliche Neuansätze in der Reform-Historiographie

tion" [301] nicht mehr versucht worden. STEVEN LOWENSTEIN machte einen interessanten Anfang mit seinem Aufsatz „The 1840s and the Creation of the German-Jewish Reform Movement" [in 177: Revolution and Evolution, 255–297]. Nachdem er an anderer Stelle beklagt hatte, daß die Historiographie sich übermäßig mit den Eliten befasse, „statt die Verbreitung der Bewegung unter den gewöhnlichen deutschen Juden zu analysieren" [127: Pace of Moderniza-

B. Akkulturation, Integration, religiöse Differenzierung

tion, 41], unterscheidet LOWENSTEIN ausdrücklich zwischen zwei Phasen in der frühen Entwicklung der Reform: eine von 1810 bis 1823, in der vorwiegend „das Erscheinungsbild und die Form des jüdischen Gottesdienstes verbessert wurden", und eine in den 1840er Jahren, die in ihrem Charakter weitreichender und grundlegender war. Nach einem Intermezzo, in dem „landesweite religiöse Kontroversen" hauptsächlich „auf speziellen lokalen Themen basierten" (wie in Hamburg, Breslau oder Frankfurt), entstand schließlich eine einheitliche Bewegung mit eigenständiger Führung und Ideologie. Diese Reformbewegung der 1840er Jahre hatte „ebensoviel Anfangserfolg in Klein- und Mittelstädten wie in den großen städtischen Zentren" [ebd. 257] und verbreitete sich langsam von West- und Süddeutschland aus, wo inzwischen „ein allgemeiner orthodoxer Gegenangriff" erkennbar war [ebd. 269], in die östlichen Provinzen wie Posen und Schlesien. LOWENSTEINS Neuansatz ist zwar sehr hilfreich, kann aber nur einen bescheidenen Anfang darstellen. Weitere Arbeiten in diese und ähnliche Richtungen sind ohne Zweifel wünschenswert.

Der Überarbeitung bedürfen auch die meisten Biographien prominenter Vertreter des Judentums seit dem 18. Jahrhundert. Wir besitzen eine erstklassige Biographie Moses Mendelssohns von ALEXANDER ALTMANN [36], die auch viele Informationen über weniger bedeutende Personen der frühen jüdischen Aufklärung und über den Berliner Kreis um Lessing, Nicolai und Dohm enthält. Unter den Protagonisten der späteren religiösen Entwicklungen zog aber nur Samson Raphael Hirsch das Interesse der Wissenschaftler auf sich. Den Teilstudien über sein Leben und sein Werk [z. B. ROSENBLÜTH in 94: Das Judentum in der deutschen Umwelt] folgte NOAH ROSENBLOOMS umfassende, wenn auch manchmal zu detaillierte und nicht immer überzeugende Arbeit „Tradition in an Age of Reform" [59]. Im Zusammenhang mit der von ihm so bezeichneten „Ideologie der Emanzipation" widmete DAVID SORKIN S. R. Hirsch ein interessantes Kapitel [in: 159], und große Teile der Bücher von LIBERLES [363] und BREUER [192] beschäftigen sich mit seiner Persönlichkeit und seiner Lehre. Über traditionelle orthodoxe Rabbiner existiert nur JUDITH BLEICHS Dissertation über Jacob Ettlinger [41], die allerdings von einer Reihe interessanter Aufsätze von DAVID ELLENSON über Berlins führenden orthodoxen Rabbiner Esriel Hildesheimer ergänzt wird [252].

Biographien prominenter Juden

Die Führung des liberalen Judentums wurde noch weniger systematisch behandelt. Wir besitzen eine elegante Biographie über

Eduard Gans, die das Milieu der Berliner jüdischen Elite im Vormärz nachzeichnet [56: H. G. REISSNER]. L. WALLACH hat den Versuch gemacht, Leopold Zunz' gesamtes Werk zu behandeln [66: Liberty and Letters], und über Zunz besitzen wir auch das Buch von NAHUM GLATZER [48] mit einem besonders nützlichen Literaturverzeichnis. Über Leben und Werk Zacharias Frankels existiert bis heute keine befriedigende Studie, wenn auch die Aufsätze von ISMAR SCHORSCH [292] und MICHAEL MEYER [270] diese Lücke teilweise füllen. Abraham Geigers Leben und Werk wurde nur von seinem Sohn in einer Biographie von 1910 umfassend behandelt [47]; ein modernerer Zugang läßt sich wieder nur aus einer Anzahl verstreuter Aufsätze zusammensetzen. Dem radikalen Reformer Samuel Holdheim widmete man zuletzt 1865 eine vollständige Biographie, und über Salomon Ludwig Steinheim oder Salomon Formstecher gibt es nur Skizzen. Einige davon schrieben Hans Joachim Schoeps, Max Wiener oder Julius Guttmann schon in den 1930er Jahren [283: H. SCHOEPS, Jüdische Religionsphilosophie; 301: M. WIENER, Jüdische Religion; 260: J. GUTTMANN, Die Philosophie des Judentums], andere finden sich in den relativ neuen Büchern von Rotenstreich oder Graupe [279: N. ROTENSTREICH, Jewish Philosophy; 258: H. M. GRAUPE, Die Entstehung] sowie in den Aufsätzen von HANS LIEBESCHÜTZ und PINCHAS ROSENBLÜTH [in 94: Das Judentum in der deutschen Umwelt].

Den politischen Vertretern des liberalen deutschen Judentums erging es nicht besser. Symptomatisch ist hier der Fall von Gabriel Riesser: Obwohl er von den deutschen Juden seiner und auch der späteren Zeit viel bewundert wurde, muß man immer noch M. ISLERS Arbeit, die unmittelbar nach seinem Tod erschienen ist [31: G. Riesser, Gesammelte Schriften], oder die Biographie von F. FRIEDLÄNDER von 1926 heranziehen. Auch hier gibt es eine Vielzahl von Skizzen in Aufsatzlänge – oft zu übertrieben lobend oder aber zu kritisch. Einen distanzierteren Ansatz bringt MOSHE RINOTT, der den angeblich dialektischen Effekt von Riessers Persönlichkeit auf die deutschen Juden, seine Betonung der jüdischen Solidarität und seine unerschöpfliche Hingabe an die Sache der Emanzipation darzustellen versucht [58: Gabriel Riesser]. MOSHE ZIMMERMANN bietet in seinem Buch über die Hamburger Juden eine weitere Interpretation, indem er den Einfluß von Riessers örtlicher Umgebung auf seine Ansichten und Handlungen herausstellt [379: Hamburger Patriotismus]. Riesser wird darüber hinaus in Arbeiten behandelt, die sich mit den politischen Orientierungen der deutschen Juden befassen, so z. B. in JACOB TOURYS umfassendem politischen Gruppen-Portrait „Die politischen Orientierungen" [147] oder ERNEST HAMBURGERS enzyklopädischem Werk „Juden im öffentlichen Leben Deutschlands" [194]. All diese Studien können aber eine moderne, geistige und politische Biographie Riessers nicht ersetzen, und eine solche steht noch aus.

C. Emanzipation

1. Die langwierige Debatte

Der Begriff „Emanzipation"

Den Prozeß, in dessen Verlauf Juden in den verschiedenen europäischen Ländern in die bürgerliche Gesellschaft eintraten und politische Rechte erhielten, nennt man üblicherweise „Emanzipation". Der Begriff selbst wurde erst in den 1820er Jahren zu einem politischen Schlagwort, wenngleich er schon etwas früher auf die Juden in England angewandt worden und sporadisch auch in Deutschland aufgetaucht war [83: K. GRASS/R. KOSELLECK, Emanzipation; 123: J. KATZ, Aus dem Ghetto, 211–241; 114: J. TOURY, Emanzipation und Assimilation]. Ursprünglich konzentrierte sich die Diskussion auf die „bürgerliche Verbesserung" der Juden, ein Ausdruck, den C. W. Dohm seit 1781 populär gemacht hatte. Im 19. Jahrhundert hingegen kam „Emanzipation" in der Diskussion der Judenfrage zunehmend in Gebrauch. Das Rotteck-Welckersche Staatslexikon führte in seiner Ausgabe von 1837 „die Emanzipation" als eigenen Eintrag ein, und etwa zur gleichen Zeit erschien der Begriff in den Schriften von Moses Hess, Bruno Bauer, Karl Marx und anderen.

Heinrich Graetz benutzte den Begriff in erster Linie für den rechtlichen Prozeß, durch den die Juden im revolutionären Frankreich die Gleichberechtigung erhielten; andere Historiker bezogen „Emanzipation" aber bald auf die staats- und bürgerrechtlichen sowie auf die wirtschaftlich-gesellschaftlichen Vorgänge in ganz Europa. Simon Dubnow sprach in seiner allgemeinen jüdischen Geschichte von „der ersten Periode der Emanzipation" zwischen 1789 und 1815 und „der zweiten" von 1848 bis 1881. In Deutschland aber betrachtet man den gesamten Zeitraum vom Beginn der Debatte über die sich wandelnde Stellung der Juden bis zur Dekretierung der vollen gesetzlichen Gleichheit als ein einziges „Zeitalter der Emanzipation". Außerdem umfaßte der Begriff jetzt nicht mehr nur den Kampf für gleiche Rechte, sondern den gesamten Prozeß der sozialen, wirtschaftlichen und kulturellen Transformation des Judentums im 19. Jahrhundert.

Der Begriff nahm also allmählich eine sehr vage Bedeutung an. „Der Gang der jüdischen Emanzipation", schrieb GEORGE MOSSE, „nahm alle Aspekte des Lebens in sich auf" [275: Between Bildung and Respectability, 1]. Vor kurzem wurde sogar von der „Ideologie der Emanzipation" [SORKIN] oder dem „Judentum der Emanzipation" [123: J. KATZ, Aus dem Ghetto, 211-241] gesprochen. REINHARD RÜRUP versuchte, den Begriff konsequent nur für die rechtliche „Gleichstellung der Juden" zu verwenden, und so setzte er für das „Zeitalter der Judenemanzipation" den ganzen Zeitabschnitt von 1780 bis 1870 ein [136: Emanzipation und Antisemitismus, 80]. TOURY benutzt „Integration" oder „Akkulturation" und „Assimilation", um den sozialen Wandel in der Stellung der Juden zu beschreiben, „Eindeutschung" für die erzieherischen und kulturellen Aspekte dieses Wandels und „Emanzipation" nur für die rechtliche Seite desselben Prozesses [227: Soziale und Politische Geschichte]. Eine terminologische Differenzierung ist für die vielfältige Historiographie der deutschen Juden von heute unerläßlich, aber offensichtlich sehr schwer durchzusetzen.

_{Versuche einer genaueren Definition}

Jenseits der begrifflichen Verwirrung ist aber die Diskussion über die Inhalte der Emanzipation von größerer Bedeutung. Abgesehen von einer anfänglichen Opposition mancher jüdischer Kreise gegen die Gewährung der individuellen rechtlichen Gleichheit – bis in die Mitte des Jahrhunderts zwar sporadisch, aber klar erkennbar – wurde die Emanzipation von Juden im allgemeinen als positives Ziel betrachtet; ein Ziel, auf dem man bestehen und für das man kämpfen sollte. Innerhalb der jüdischen Geschichtsschreibung führten die Zionisten als erste einen kritischeren Ton ein, sie äußerten Zweifel bezüglich ihrer Realisierbarkeit und wiesen auf ihre begrenzte und täuschende Natur hin. Ihr Gegenschlagwort war „Auto-Emanzipation". Eigentlich geriet nicht die rechtliche Gleichheit unter Beschuß, sondern die „Assimilation", die sie angeblich unvermeidlich begleitete. Die Vermischung beider Phänomene überall in Europa wurde von Historikern zionistischer Prägung schon seit dem späten 19. Jahrhundert immer wieder unterstrichen.

Auto-Emanzipation

Gegen diese verallgemeinernden Sichtweisen erhob REINHARD RÜRUP sehr überzeugende Einwände [136: Emanzipation und Antisemitismus]. Er zog eine vergleichende Untersuchung vor und betonte die Unterschiede zwischen dem revolutionären Prozeß der jüdischen Emanzipation in Frankreich und der langwierigen Diskussion über dieses Thema in Deutschland. Für ihn erschwerte vor allem anderen das Konzept der schrittweisen Emanzipation in Deutschland die Position der deutschen Juden und machte sie immer unsicherer. Der „Erziehungscharakter" der verschiedenen rechtlichen Maßnahmen und die endlose Kontroverse über deren Erfolg oder Mißerfolg führten zur Entfremdung zwischen Nichtjuden und Juden und rechtfertigten die bereits tiefsitzende Feindseligkeit gegen die Juden. „Der Politik der allmählichen Gleichstellung aber war es in erster Linie zu verdanken, daß es in Deutschland fast ein Jahrhundert lang eine ‚Judenfrage' gab, und zwar nicht nur in der Phantasie von Judenfeinden, sondern in der Wirklichkeit der Politik und Gesetzgebung der deutschen Staaten" [ebd. 32]. Schließlich hatte man, so Rürup, keine andere Wahl, als auf den französischen Ansatz zurückzugreifen und eine radikale Gesetzgebung durchzuführen. Man konnte sich weder auf irgendein weiteres „Judengesetz" einigen noch auf die Frage, ob und wann die Juden endlich, dem deutschen Ansatz entsprechend, „reif" für die Emanzipation seien.

Rürups Unterscheidung zwischen einem französischen und einem deutschen Weg zur Emanzipation ist sehr aufschlußreich. Mit dieser konkurrierten jedoch, manchmal indirekt, mehrere andere Unterscheidungen. In einem früheren Aufsatz sah TOURY den Unterschied zwischen dem kontinentalen Typus der Emanzipation, der gleiche individuelle Rechte gewährte, und dem anglo-amerikanischen Typus, der einen kulturellen Pluralismus der Gruppen gestattete, als entscheidender an als die französisch-deutsche Dichotomie [114: Emanzipation und Assimilation]. Die letztere war für ihn nur eine Frage der Taktik. Man erwartete in Deutschland tatsächlich einen intensiven Assimilationsprozeß, der der Gleichberechtigung vorausgehen sollte, aber auch in Frankreich hielt man einen solchen Prozeß für erforderlich. Er wurde dort als Folge der Emanzipation betrachtet, als Antwort auf die Großzügigkeit der *Grande Nation*, statt als Vorbedingung für diese Art von Großzügigkeit. Aber in beiden Fällen wurde von den Juden erwartet, daß sie mit der Zeit ihre Besonderheiten ablegen und bestrebt sein würden, sich ihren nichtjüdischen Nachbarn anzugleichen. Eine separate jüdische Gemeinschaft, eine Hüterin jüdischer Besonderheit, hatte in keinem dieser kontinentalen Nationalstaaten ein Existenzrecht. Nach dieser Analyse verläuft die wichtige Trennungslinie nicht zwischen Frankreich und Deutschland, sondern zwischen dem kontinentalen Emanzipationsmodell auf der einen Seite und dem anglo-amerikanischen auf der anderen.

Während Rürup dazu neigt, die Bedingungen in Frankreich zu idealisieren, scheint Toury die britischen und besonders die ameri-

Die Verbindung von Emanzipation und Assimilation

kanischen leicht zu verklären. Theoretisch versprachen und versprechen die bürgerlichen Gesellschaften in diesen beiden Ländern eine größere Freiheit für kulturelle Pluralität als die kontinentalen Nationalstaaten. In der Praxis hingegen schufen die konkreten Regeln der bürgerlichen Gesellschaft und das Ideal des „melting pot" ebenfalls einen starken Anpassungsdruck. Die Forderung, daß eine Minderheit alle besonderen Eigenschaften ablegt, konnte man sowohl jenseits des Kanals als auch jenseits des Atlantiks laut und deutlich vernehmen. Zweifellos war auf dem Weg zur vollen bürgerlichen Gleichberechtigung überall ein gewisser Grad von Assimilation unbedingt notwendig.

Dies war aber nicht überall allen Betroffenen klar. JACOB KATZ hat deshalb für die Frage der Emanzipation eine andere Art der Differenzierung angeboten. Er behauptet, daß der Prozeß von einer Art *Breakdown* der Kommunikation zwischen Juden und Nichtjuden charakterisiert wurde [in 23: Aus dem Ghetto, 211–241]. Auf seiten der Christen hofften selbst so eindeutige Fürsprecher der Emanzipation wie Wilhelm von Humboldt auf die allmähliche Konversion der Juden zum Christentum. Spätere deutsche Liberale betrachteten die Emanzipation ohnehin als einen Vorgang, in dessen Verlauf die Juden alles Jüdische ablegen und möglichst schnell „wie unsereins" [Th. Mommsen, in 307: W. BOEHLICH, Antisemitismusstreit] werden würden. Juden teilten diesen Ansatz aber nur selten, wie Katz festgestellt hat. Sie waren bereit, weltliche Normen und Gebräuche zu übernehmen und sich den Wertmaßstäben ihrer Gastgeber-Gesellschaften anzupassen, aber sie waren nicht bereit, einen Weg zu ihrer Selbstzerstörung einzuschlagen. Sie mochten uneins sein über das wünschenswerte Maß an Integration, aber nur eine kleine Minderheit sah die völlige Preisgabe des Judentums als ein erstrebenswertes Ziel an.

Jüdische und nichtjüdische Hoffnungen auf die Emanzipation

Aus dieser Sicht kann es hilfreich sein, daran zu erinnern, daß der Begriff „Emanzipation" in Deutschland nicht nur im Kontext der jüdischen Frage benutzt wurde. Im Zusammenhang mit der preußischen Diskussion über die mögliche „Verbesserung" der Juden begegnen uns die frühesten Reformvorschläge bezüglich der Stellung der Frauen, des Status der Bauern und der „Verbesserung" anderer unterprivilegierter Gruppen. Die Verbindung zwischen Juden- und Frauenemanzipation hat JULIUS CARLEBACH in „The Forgotten Connection: Women and Jews in the Conflict between Enlightenment and Romanticism" [247] analysiert. Er unterstreicht die traditionell abhängige Rolle sowohl von Frauen als auch von Juden und die parallelen Kontroversen über ihr „Wesen" und ihre „Erziehbarkeit". Er erwähnt den inneren Widerstand unter Juden wie unter Frauen gegen die Emanzipation und weist auf die schwierigen Fragen von Identität und gesellschaftlicher Funktion hin, die in beiden Fällen mit der Emanzipation verbunden waren.

Die jüdische Emanzipation im Kontext der allgemeinen Emanzipation

Die Emanzipation der Juden war Teil eines größeren Prozesses und sollte im Kontext der gesamten Emanzipation untersucht werden [RÜRUP]. Schließlich war ja die Frage unter dem Einfluß der Aufklärung und als Bestandteil eines allgemeinen Reformprogrammes der aufgeklärten absolutistischen Bürokratie aufgeworfen worden. Sie wurde zu einem integralen Bestandteil des allgemeinen bürgerlichen Kampfes um die eigene Emanzipation und kann oft als Gradmesser für dessen Leistungen und Mißerfolge dienen [88: S. JERSCH-WENZEL, Die Lage von Minderheiten]. Die Verbindung zwischen der sozialen und politischen Entwicklung und dem Gang des Kampfes für und gegen die Judenemanzipation läßt sich sogar auf konkreteren, örtlichen Ebenen zeigen. Dies taten ARNO HERZIG für Westfalen [355: Judentum und Emanzipation] und MOSHE ZIMMERMANN für Hamburg [379]. Die volle rechtliche Gleichstellung fiel schließlich in eine Zeit der allgemeinen Liberalisierung als unvermeidlicher Schritt auf dem Weg in einen modernen Rechtsstaat.

Emanzipation als rechtsstaatliches Prinzip

„Die Judenemanzipation", schreibt RÜRUP, „... war in ihren Problemstellungen, ihrem Tempo und ihren Resultaten abhängig vom Entwicklungsgang der bürgerlichen Gesellschaft ... Solange sich die bürgerliche Bewegung im Aufstieg, in der historischen Offensive befand, solange war die ‚Judenfrage' Emanzipationsfrage" [136: Emanzipation und Antisemitismus, 81]. Erst später, mit der Schwächung des allgemeinen emanzipatorischen Impulses, sei sie zu einem eindeutigen Problem des Antisemitismus geworden.

Liberalismus und Judenemanzipation

Die Emanzipation der Juden wurde zwar von Beginn an in der bürgerlichen Gesellschaft und von ihren verschiedenen Vertretern als Teil eines Ganzen diskutiert; sie war aber auch immer etwas Einzigartiges. Vor allem der stets wachsende Nationalismus der liberalen Bewegung verstärkte diese Einzigartigkeit. Er gab der Feindseligkeit, der unterschwelligen Ambivalenz, die viele gegenüber den Juden verspürten, eine neue Legitimation. Er machte aus der Frage der jüdischen Emanzipation – selbst für ausgewiesene Liberale – ein äußerst verwickeltes Problem. Das deutsche Bürgertum wurde sogar in seiner Blütezeit von wiederholten antisemitischen Ausbrüchen heimgesucht. Innerhalb der bürgerlichen Gesellschaft blieb die jüdische Emanzipation lange unvollendet, und auf dieser Grundlage konnte ein neuer Antisemitismus entstehen.

2. Die Revolution von 1848

Wie vielfältig der Emanzipationsprozeß verlief, kommt am besten am Beispiel der Revolution von 1848 zum Ausdruck. Die Revolution spiegelte die inneren Konflikte der deutschen national-liberalen Bewegung wider, die Ambivalenz in der Frage der Judenemanzipation mit eingeschlossen. Sie gab den Anstoß zur weiteren Emanzipationsgesetzgebung und öffnete neue Möglichkeiten der politischen Zusammenarbeit zwischen Juden und Nicht-Juden im liberalen Lager. Gleichzeitig brachte sie tiefe antijüdische Gefühle in der Bevölkerung ans Tageslicht und zwang in dieser Hinsicht auch viele Liberale zur Suche nach Kompromißlösungen. Die Revolution stellte einen Höhepunkt in der Entwicklung des politischen Bewußtseins auch unter Juden dar, und die Beziehungen zwischen den verschiedenen Lagern innerhalb des Judentums waren infolge der Ereignisse ebenfalls grundlegenden Veränderungen unterworfen.

Die Revolution: pro- und antijüdische Aspekte

Dennoch kommen jüdische Angelegenheiten in den meisten Überblicksdarstellungen zur Revolution kaum zur Sprache [179: R. RÜRUP, The European Revolution]. In der älteren Literatur behandelt nur VEIT VALENTIN [Geschichte der deutschen Revolution. Berlin 1930/31] diesen Aspekt, allerdings auch nur sporadisch und beiläufig. RUDOLF STADELMANNS inzwischen klassische Sozialstudie der Revolution [Soziale und politische Geschichte der Revolution von 1848. München 1948] erwähnt die ländlichen Angriffe gegen Juden 1848 nicht, ja nicht einmal die Frage ihrer rechtlichen Gleichstellung. Auch die neuere Literatur behandelt dieses Thema nur selten. WOLFRAM SIEMANN in seinem Buch „Die deutsche Revolution von 1848/1849" [Frankfurt am Main 1985] behandelt es auf einer Seite (190f.). Er scheint sich kaum der Bedeutung bewußt zu sein, die die Frage der Jüdischen Emanzipation für die gesamte liberale Bewegung der Zeit, oder die antijüdische ländliche Krawalle und städtische Petitionswelle für die Geschichte des Antisemitismus hatten. Nur in der Literatur über den Antisemitismus, wie z.B. HELMUT BERDINGS Buch „Moderner Antisemitismus in Deutschland" [305], findet man unter den relevanten Ereignissen von 1848 auch eine mehr oder weniger detaillierte Beschreibung der „Judenhetze, Krawalle und Ausschreitungen".

Jüdische Geschichte im Rahmen von Gesamtdarstellungen

Die Schwierigkeit, die Geschichte der jüdischen Emanzipation in den Kontext der allgemeinen deutschen Geschichte einzuordnen, wird anhand der Geschichtsschreibung zum „Tollen Jahr" 1848/49 besonders deutlich. Es ist schwer zu glauben, daß STADELMANN und

TOLRY [180: Die Revolution als Wendepunkt] dieselbe Periode zum Thema haben und in ihren jeweiligen Büchern dieselben Ereignisse behandeln. Zu dieser strengen Trennung der Interessen gibt es nur wenige Ausnahmen. MONIKA RICHARZ' Aufsatz über „German Jews in the Rural Economy" [135: Emancipation and Continuity] deutet einen integrativen Ansatz an, der zu einem besseren Verständnis der antijüdischen Ausschreitungen von 1848, besonders in Süd- und Südwestdeutschland, führen könnte. STEFI JERSCH-WENZEL berücksichtigt in ihrer Untersuchung der Juden in den ostpreußischen Provinzen vor und nach der Revolution [Kommentar zu 135: M. RICHARZ, Emancipation and Continuity] konsequent die jüdische Rolle in der Wirtschaft und die Haltung der Umwelt innerhalb des spezifischen sozio-ökonomischen, regionalen Kontextes dieser Gegend. Auch RAINER WIRTZ integriert in seiner Studie über die sozialen Bewegungen in Baden von 1815 bis 1848 [182: ‚Widersetzlichkeiten'] die antijüdischen Krawalle erfolgreich in eine Geschichte der gesamten Periode. WOLFGANG HÄUSLER hingegen, dessen Aufsätze [172: Konfessionelle Probleme; 173: Demokratie und Emanzipation] unser Wissen über Rolle und Position der Juden in der 48er Revolution in Österreich entscheidend erweitert haben, behandelt in seinem ausführlicheren Buch über soziale Aspekte der Revolution in Wien [Von der Massenarmut zur Arbeiterbewegung. München 1979] den „kleinbürgerlichen" Antisemitismus nur skizzenhaft.

Unter den neueren Publikationen zur allgemeinen modernen deutschen Geschichte behandeln weder HANS-ULRICH WEHLER [Deutsche Gesellschaftsgeschichte, Bd. 2. München 1987] noch THOMAS NIPPERDEY [Deutsche Geschichte 1800–1866. München 1983] die jüdischen Aspekte der Revolution von 1848 vollständig. Obwohl Nipperdey dem Problem der Juden als Minderheit im Vormärz ein besonderes Kapitel widmet [ebd. 248–255] und kurz die Tatsache erwähnt, daß im März 1848 Bauern „kreditgebende Juden" attackierten [ebd. 601], gibt auch er dem Kampf für die Emanzipation und den antijüdischen Aspekten der Volksbewegung dieser Zeit nicht die ihnen zukommende Bedeutung. Der Konflikt zwischen dem liberalen Vorstoß für die Gleichberechtigung und den weitverbreiteten antijüdischen Gefühlen, die die Revolutionswelle erregte, verkörpert das Dilemma der revolutionären Kräfte und könnte deswegen zu Recht in jeder Darstellung der Revolution ausführlich behandelt werden. Aus heutiger Perspektive verdient das Thema, glaube ich, sogar noch größere Beachtung.

C. Emanzipation

Eine parallele Kritik kann man gegen die jüdischen Historiker vorbringen. Josts allgemeine Geschichte der „Israeliten" schließt mit dem Jahr 1848, aber GRAETZ, der unmittelbar nach diesen Ereignissen schrieb, brachte nur wenige schwungvolle Absätze zustande. Ihn begeisterte, daß überall „die gestern noch verachteten Juden in den Bund der ‚Freiheit, Gleichheit und Brüderlichkeit' eingeschlossen" wurden [82: Geschichte der Juden VI, 322], doch die weniger positiven Signale der Zeit übergeht er elegant. Auch DUBNOW konzentriert sich auf den Prozeß der Emanzipation und vernachlässigt andere Aspekte der Revolution. Er schenkt den Ansichten zeitgenössischer jüdischer Berühmtheiten wie Gabriel Riesser große Beachtung, ignoriert aber die populären Aspekte der Revolution, sogar die Ausschreitungen gegen die Juden, sowie die jüdischen Reaktionen darauf [74: Weltgeschichte 9, 201–206]. Martin Philippson und Ismar Elbogen, nach Graetz die hervorragendsten Generalisten unter den deutsch-jüdischen Historikern, behandeln die Revolution auch nur beiläufig [76: I. ELBOGEN/E. STERLING, Die Geschichte der Juden, 235–237; 108: M. PHILIPPSON, Neueste Geschichte], und auch moderne Historiker scheinen das Thema lieber zu übergehen. KATZ z. B. behandelt die Revolution in „Aus dem Ghetto" [123: 192–193] kurz in ihrer europäischen Dimension, vernachlässigt sie aber völlig in seiner Geschichte des Antisemitismus [318: Vom Vorurteil].

Es gibt zwei längere Aufsätze über allgemeine jüdische Gesichtspunkte während der europäischen Revolution von 1848 [170: S. BARON, The Impact of the Revolution; 179: R. RÜRUP, The European Revolution]. Für Deutschland wurde von den Historikern die besondere Rolle der Juden als Revolutionäre und revolutionäre Politiker am umfassendsten behandelt. KOBERS Aufsatz [174: Jews in the Revolution] und HAMBURGERS Überblick über die Juden in der Politik [194: Juden im öffentlichen Leben] liefern hierzu reichlich biographische Einzelheiten. Eine Fülle weiteren Materials findet sich auf den Seiten des „Jahrbuchs des Instituts für deutsche Geschichte" und in seinen Beiheften. Wieder einmal war es aber JACOB TOURY, der als erster eine umfassende Behandlung der jüdischen Politik 1848 lieferte [147: Die politischen Orientierungen, 47–99] und diese dann mit seinem unentbehrlichen, aber noch immer nicht übersetzten Buch „Turmoil and Confusion in the Revolution of 1848" [181] ergänzte.

Im Mittelpunkt stehen hier die Aktionen des antijüdischen Mobs während der Revolution, die Reaktionen der Juden und Nichtjuden und das, was TOURY „die erste antisemitische Bewe-

Juden als Revolutionäre

Die „erste antisemitische Bewegung"

gung" nennt. Sein wichtigstes historiographisches Anliegen scheint eine Umkehrung von SALO BARONS früherer, eher zuversichtlicher Interpretation zu sein. In zwei ausführlichen Aufsätzen [169: Aspects of the Jewish Crisis, und 170: The Impact] hatte BARON die Revolution von 1848 als einen wirklichen Wendepunkt, als das Jahr eines neuen Anfangs beschrieben. Er begrüßte die seiner Meinung nach neuen Möglichkeiten, die volle Emanzipation und eine gewisse jüdische Autonomie zu vereinigen, den tatkräftigen Eintritt der Juden in die Politik ihrer jeweiligen Länder und schließlich die Belebung des jüdischen Gemeindewesens, die aus der gemeinsamen Erfahrung in der Revolution und vielleicht sogar der Entstehung eines neuen jüdischen Nationalbewußtseins resultierte. TOURY lehnt diese Ansichten energisch, wenn auch immer nur implizit, ab. Er stimmt zu, daß 1848 in der Tat für die jüdische Geschichte von großer Bedeutung war. Allerdings nicht wegen irgendwelcher bemerkenswerter revolutionärer Errungenschaften, sondern aufgrund des neuen tiefen Zugehörigkeitsgefühls der Juden zu Deutschland und des gleichzeitigen Auftretens einer neuen Form des Antisemitismus. Entfremdung von ihren Glaubensgenossen und vom Judentum, verbunden mit einer totalen Hingabe an den revolutionären Universalismus und die Bestrebungen der deutschen national-liberalen Bewegung, dies charakterisierte laut TOURY das jüdische Leben seit 1848. In dieser Zeit wurde, so glaubt er, die Saat der Indifferenz, des Kollapses des jahrhundertelangen jüdischen „Zusammengehörigkeitsgefühls" und des Zusammenbruchs ihrer gewachsenen Gruppensolidarität gesät.

Auf den ersten Blick lassen sich diese konkurrierenden Interpretationen durch die Tatsache erklären, daß BARON 1848 in einem Kontext behandelt, der auch England und die Vereinigten Staaten umfaßt, während TOURY sich auf Mitteleuropa und besonders Deutschland konzentriert. Klarer wird der Unterschied zwischen ihnen aber durch ihre gegensätzlichen Überzeugungen. BARON interpretiert die jüdische Geschichte vom Standpunkt des Diaspora-Judentums aus, er betont die erfolgreiche Emanzipation und fortschreitende Integration. TOURY hingegen als Zionist hebt den Antisemitismus und die illusionäre Natur der Assimilation hervor. „Gesamtjüdische Bande, die sich bereits seit der Aufklärung und seit Beginn des Verbürgerlichungsprozesses gelockert und als rein religiöse Verpflichtung fortbestanden hatten", merkt er kritisch an, „erscheinen nunmehr nur noch als spirituelles Band eines individuellen mosaischen Konfessionalismus" [180: Die Revolution als Wendepunkt, 369].

C. Emanzipation

WERNER MOSSES Position zu 1848 erhellt diese grundlegende Kontroverse noch weiter. Für ihn war die Revolution von 1848 für die jüdische Geschichte ein „Nicht-Ereignis". Sie spielte für die wirtschaftliche Mobilität oder die gesellschaftliche Integration der Juden keine Rolle. Sie war für den Prozeß ihrer Akkulturation irrelevant und hatte auf ihre politische Emanzipation wenig Einfluß. Ihr größtes Verdienst liegt, so argumentiert er, genau dort, wo TOURY ihren größten Nachteil sieht: in der endgültigen Transformation des Judentums in eine reine Konfession und der Auflösung der innerjüdischen Bindungen, die schließlich zur Erlangung der Emanzipation in den 1860er Jahren führten und die Voraussetzungen für die zukünftige erfolgreiche Integration schufen [180: Die Revolution als Wendepunkt, 399]. Der wahre Hintergrund ist klar. Die Argumente sind Teil einer anhaltenden und offensichtlich noch nicht ausgeschöpften ideologischen Kontroverse. Eine ausgewogene Beurteilung von 1848 im Kontext der jüdischen Geschichte steht deshalb noch aus.

Die Revolution als „Nicht-Ereignis"

Festzuhalten ist: Das Jahr 1848/49 scheint kein Wendepunkt in der deutsch-jüdischen Geschichte gewesen zu sein, weniger noch als in der deutschen Geschichte. Es brachte vor allem einige ältere Probleme in den Vordergrund, deren Lösung jedoch späteren Jahren vorbehalten blieb. Die Hinwendung der Juden zum Liberalismus wurde gestärkt, die Juden waren jedoch nun, wie andere deutsche Liberale auch, nüchterner. Das Drama von 1848 bestärkte jedes Lager in seiner eigenen Position: Jene, die zuvor den Eintritt in die deutsche Gesellschaft und eine festere Integration gesucht hatten, setzten ihre Bemühungen fort. Traditionalisten konnten nun genügend Gründe finden, sich in alte Lebensformen und Organisationen zurückzuziehen. Die Neo-Orthodoxie, die jetzt sowohl Integration als auch Tradition neu definieren sollte, blühte in der nachrevolutionären Ära auf.

Die Revolution als Wendepunkt?

Für Juden wie für Nichtjuden konnte das Scheitern der Revolution den Vormarsch der Ideale, für die man gekämpft hatte, nicht lange aufhalten. Ebenso wie der allgemeine deutsche Prozeß der nationalen Einigung und des Parlamentarismus war auch der Prozeß der jüdischen Emanzipation und ihrer weiteren sozialen Integration von der Erfahrung des Jahres 1848/49 geprägt. Von nun an bestimmten einerseits die wiederholten Wogen des Antisemitismus und andererseits die Versuche, die gesetzliche Emanzipation und soziale Integration zu verankern und zu festigen, das jüdische Leben.

Die rechtliche Gleichstellung

Die rechtliche Gleichstellung wurde schließlich in den 1860er Jahren von einzelnen deutschen Ländern eingeführt, 1869 vom Norddeutschen Bund gewährt und in der Folge auf das neue deutsche Reich übertragen. Den politischen Kontext arbeitete SHLOMO NA'AMAN in seiner Studie über den Deutschen Nationalverein [205: Jüdische Aspekte des Nationalvereins] heraus, in der er die konkreten Beweggründe der Mitglieder für den letzten Schritt zur Emanzipation darlegt. Am Ende akzeptierte man das, was in der Vergangenheit soviel Aufregung verursacht hatte, in allen deutschen Parlamenten ohne große Debatten. Dies stützt REINHARD RÜRUPS These, daß die Emanzipation inzwischen ein unvermeidbarer Schritt war, in dem sich die liberalen Tendenzen des neuen Rechtsstaates manifestierten. Der einzige Absatz des Gesetzes vom 3. Juli 1869 war sehr allgemein gehalten; er schrieb das Prinzip der Trennung von Staat und Kirche fest, das im neuen, wenn auch flüchtigen Zeitgeist selbstverständlich war.

D. Sozialer Wandel, Antisemitismus, ideologische Differenzierung

1. Mobilität und Modernisierung

Nachdem die volle rechtliche Emanzipation erreicht worden war, schienen die Juden vorrangig mit ihrer sozialen und kulturellen Integration und mit ihrem anhaltenden gesellschaftlichen Aufstieg beschäftigt zu sein. WERNER MOSSE unterschätzte vielleicht die Bedeutung des Kampfes für rechtliche Gleichstellung zu diesem Zeitpunkt, zu Recht streicht er aber die Bedeutung des wirtschaftlichen Erfolgs und dessen soziale Auswirkungen in der zweiten Hälfte des 19. Jahrhunderts heraus. Seine eigenen zahlreichen Aufsätze und zuletzt seine Bücher über „Jews in the German Economy" [132; 133] liefern umfangreiche konkrete Beispiele für die bemerkenswerten Leistungen der „deutsch-jüdischen ökonomischen Elite", wie er sie nennt. Andere Arbeiten, die sich mit einzelnen Bankiers und Unternehmern beschäftigen, wie z. B. LAMAR CECILS Buch über Albert Ballin [42], FRITZ STERNS Biographie über Gerson Bleichröder [64: Gold und Eisen] oder ERNST SCHULINS Arbeit über die Rathenaus [Die Rathenaus, in 92: Juden im wilhelminischen Deutschland, 115–142; auch 61: Walther Rathenau] – um nur einige zu erwähnen –, beschreiben die Lebensgeschichte dieser Gruppe noch eingehender. Eine wirtschaftliche Elite

MOSSES Arbeit deckt aber nur bestimmte Aspekte der zeitgenössischen ökonomischen Entwicklungen auf. Sie behandelt eine kleine Minderheit von Männern, die oft nur rein formale Verbindungen zum Judentum oder zur jüdischen Gemeinde hatten. Er wurde dafür v. a. von AVRAHAM BARKAI scharf kritisiert [188: Jüdische Minderheit, 1–4; und: BARKAI, Zur Wirtschaftsgeschichte der Juden, in 142: Sozialgeschichte]. Auch JACOB TOURYS Arbeiten lassen sich als Kritik daran deuten, daß man den Nachdruck auf Einzelpersonen legt und die weniger erfolgreichen oder weniger profilierten Schichten vernachlässigt. Statt dessen konzentrieren sich BARKAI und TOURY auf die wirtschaftliche Position der Juden als Gruppe und versuchen, ihre besondere soziale Stellung, ihre ökonomischen Die Juden als wirtschaftliche Gruppe

Merkmale und beruflichen Präferenzen zu analysieren. Beide stützen sich auf statistische Materialien, unterscheiden sich aber sehr in deren Gebrauch. TOURY sucht zumeist lokale, verstreute Daten, die er zusammenstellt, um ein mehr oder weniger allgemeines Bild zu erhalten. BARKAI läßt solche Zahlen nicht völlig beiseite, konzentriert sich aber darauf, umfassende Datenreihen, möglichst systematisch und vollständig, zu erstellen. Seine Schlußfolgerungen sind präzise und begründet, wenn auch nicht immer zur Verallgemeinerung geeignet.

Sowohl TOURY als auch BARKAI benutzen die zugänglichen offiziellen Statistiken, die von den verschiedenen deutschen Staaten zusammengestellt und veröffentlicht wurden. Sie stützen sich auch auf Arbeiten früherer Historiker auf diesem Gebiet, obwohl diese in der damaligen Atmosphäre oft Gefahr liefen, von Antisemiten als Waffe benutzt oder als reine Apologetik betrachtet zu werden [208: A. PRINZ, Juden im Wirtschaftsleben, 1–4]. Die Veröffentlichung von WERNER SOMBARTS Buch „Die Juden und das Wirtschaftsleben" 1911 [141] komplizierte die Angelegenheit in besonderer Weise. BARKAI bemerkt zu Recht, daß man heute den ungewöhnlichen Beifall, mit dem das Buch damals aufgenommen wurde, unmöglich verstehen kann [ebd. 2–3]. Das Buch „hätte sofort als pseudowissenschaftlicher Streich zurückgewiesen werden sollen", schreibt DAVID LANDES [203: The Jewish Merchant, 22]. Seine Popularität läßt sich heute nur mit dem Renommee des Autors und der Kompatibilität des Buches mit den verschiedenen rassisch-biologischen Theorien jener Zeit erklären. Auf jeden Fall bestärkte es nur die Neigung jüdischer Autoren, das „Verdienst" der Juden für den wirtschaftlichen Wohlstand Deutschlands herauszustellen und sie gegen antikapitalistische Angriffe zu verteidigen.

In nationaljüdischen Kreisen, die Sombarts These oft mit Beifall begrüßten, wurden in Verbindung mit dem 1905 gegründeten Büro für Statistik der Juden und seiner Zeitschrift schon früher Anfänge wissenschaftlicher Demographie und Statistik unternommen und eine Reihe von Untersuchungen angeregt. Schon 1911 veröffentlichte ARTHUR RUPPIN sein Buch „Die Juden der Gegenwart", das später in erweiterter Form mehrere Auflagen erleben sollte, und 1912 erschien JAKOB SEGALLS engeres, aber unentbehrliches Werk „Die beruflichen und sozialen Verhältnisse der Juden in Deutschland" [220]. Beides waren Pionierleistungen, bemerkenswerte Versuche, in einer Atmosphäre des ständigen öffentlichen Streits eine streng wissenschaftliche Sachlichkeit aufrechtzuerhalten. Ein späte-

D. Sozialer Wandel, Antisemitismus, ideologische Differenzierung

rer Beitrag zu dieser Thematik ist das Buch von JAKOB LESTSCHINSKY „Das wirtschaftliche Schicksal des deutschen Judentums" [126], das umfassender ist, als der Titel es vermuten läßt, und Informationen über mehr als nur rein wirtschaftliche Fragen liefert.

Zu dieser Zeit genossen allerdings polemischere Arbeiten größere Aufmerksamkeit. Daher muß man z.B. THEILHABERS Buch „Der Untergang der deutschen Juden" (1912), das in einer der umstrittensten Fragen der Zeit einen radikalen Standpunkt einnahm, sowie ALFRED MARCUS' oder STEFAN BEHRS Untersuchungen, die sich mit der demographischen bzw. der ökonomischen „Krise" der damaligen deutschen Judenheit beschäftigen (1931 bzw. 1932), heute mit Vorsicht benützen [119; 130]. Schließlich edierte und vervollständigte AVRAHAM BARKAI 1984 eine weitere Arbeit auf diesem Gebiet: ARTHUR PRINZ' „Juden im deutschen Wirtschaftsleben" [208], das – in den späten 1960er und frühen 1970er Jahren zusammengestellt – frei von früheren Diskussionen und Apologien blieb. Obwohl Barkais eigene Beiträge im wirtschaftsgeschichtlichen Bereich bahnbrechend sind, muß eine umfassende moderne Sozial- und Wirtschaftsgeschichte der deutschen Juden während der gesamten Epoche erst noch geschrieben werden.

Die Auswertung der zugänglichen Daten stützt soweit Barkais und Tourys These, daß die Hauptperiode des wirtschaftlichen Aufstiegs der Juden in Deutschland mit dem frühen Stadium der Industrialisierung zusammenfällt. Juden hatten während dieser Entwicklungsstufe offenbar einen gewissen beruflichen Vorteil, und keine „Produktivierungs"-Ideologie, die die Juden in die Agrarwirtschaft oder in das Handwerk hinzudrängen versuchte, konnte sie dazu bringen, diesen aufzugeben. Der scheinbare Erfolg der „Produktivierung", den frühere soziale und wirtschaftliche Beobachter festgestellt hatten, wird von den meisten modernen Historikern als Illusion betrachtet. Selbst TOURY, dessen Zahlen für die erste Hälfte des 19. Jahrhunderts die älteren Annahmen zu bestätigen scheinen, rückte in seinen späteren Arbeiten von dieser Position ab [vgl. 167: Eintritt und 227: Soziale und Politische Geschichte].

Abkehr von der „Produktivierungs"-These

Das Festhalten an alten Gewohnheiten hatte, so wurde in letzter Zeit behauptet, in den späteren Stadien der Industrialisierung für die Juden eher unerwünschte Folgen. In „Jüdische Minderheit und Industrialisierung" [188] will BARKAI sogar einen rückläufigen Trend des jüdischen Wohlstands im späten 19. und frühen 20. Jahrhundert festgestellt haben und plädiert dafür, die Rolle der Juden im Prozeß der deutschen Wirtschaftsentwicklung zu dieser Zeit geringer einzuschätzen. Wegen seiner begrenzt regionalen Betrachtungsweise aber kann man sein Argument wohl nicht ohne weiteres verallgemeinern, und es bleibt Raum für weitere Arbeiten auf diesem Gebiet.

Auch andere Aspekte der jüdischen Mobilität bedürfen weiterer Untersuchung. Es war wieder BARKAI [187], der die Notwendigkeit aufzeigte, die internationale jüdische Migration und Auswanderung zu untersuchen. Neben seinen eigenen Versuchen in letzter Zeit ist auf diesem Gebiet jedoch wenig geschehen. Zahlen über geographische Mobilität sind zugegebenermaßen schwierig zu sammeln und noch schwieriger auszuwerten, es wäre jedoch viel ungenutztes Material – z. B. in den bayerischen Archiven – vorhanden, das moderne Historiker sicherlich bearbeiten könnten. Etwas besser untersucht ist die verwandte Frage der jüdischen Urbanisierung. Auch hier halfen neuere Arbeiten, den Schwerpunkt zu verlagern und die frühere Konzentration auf die großstädtischen Juden zu überwinden. STEVEN LOWENSTEIN korrigierte die Chronologie der Urbanisierung und brachte die jüdische mit der allgemeinen deutschen Entwicklung in Einklang [127: The Pace of Modernization, 51–52]. Einige zusätzliche Arbeiten – am erfolgreichsten UTZ JEGGLES „Judendörfer in Württemberg" [356] – versuchten, das verlorene kulturelle Milieu der deutschen Landjuden im 19. Jahrhundert wiederaufleben zu lassen. STEFI JERSCH-WENZEL konzentriert sich darauf, die wirtschaftliche Rolle der Juden in verschiedenen ländlichen Regionen zu studieren [358: Die Juden als Bestandteil], und MONIKA RICHARZ bestätigt die Bedeutung der Landjuden im 19. Jahrhundert; sie arbeitet ihren besonderen Charakter und regionale Unterschiede heraus [135: Emancipation and Continuity].

Der Akzent, der auf die Landjuden gelegt wird, relativiert auch die Bedeutung und Geschwindigkeit der jüdischen Modernisierung insgesamt. „Wir können das Endergebnis des Prozesses viel exakter beschreiben als den Prozeß selbst", kommentierte STEVEN LOWENSTEIN [127: The Pace of Modernization, 47]. Er sprach sich dafür aus, eher die Langsamkeit als die Schnelligkeit der jüdischen Modernisierung zu erörtern, und betonte die Zähigkeit traditioneller religiöser Sitten oder den anhaltenden Gebrauch des Jiddischen. Eine Konzentration auf die jüdische „intime Kultur" stellt allerdings wieder die Intensität und Bedeutung der jüdischen Modernisierung heraus (S. VOLKOV, Assimilation und Eigenart, in 149: Jüdisches Leben, 131–146]. Der Rückgang in der ehelichen Fruchtbarkeit oder der Kindersterblichkeit, der Wandel in der Empfängnisverhütung, die Aufgeschlossenheit in medizinischen Fragen, die Förderung der Mädchenerziehung oder überhaupt die sich ändernde Rolle der Frauen – dies alles bedarf der weiteren Untersuchung. Ingesamt begann der moderne soziale Wandel unter Juden vielleicht später als ursprünglich angenommen und war weniger reibungslos und vollständig, dennoch scheint er unter Juden früher eingesetzt zu haben als unter Nichtjuden und ist schneller und intensiver vorangeschritten. Dieser Prozeß, der zunächst dazu beitrug, die Unterschiede zwischen Juden und Nichtjuden zu verwischen, öffnete am Ende eine neue Kluft zwischen ihnen [ebd.]. Die moderne Historiographie ist noch weit davon entfernt, seine Komplexität und seine Gegensätze zu verstehen.

2. Der moderne Antisemitismus

Ob eine besondere soziale oder berufliche Zusammensetzung und vielleicht eine bestimmte Einstellung zur Modernität für die Erhaltung des Selbstgefühls der deutschen Juden von Bedeutung gewesen ist oder nicht – entscheidend war für diesen Prozeß zweifellos der Aufstieg des modernen Antisemitismus. Es wird allgemein anerkannt, daß die Feindschaft der Außenwelt mehr als alles andere die Juden in Zeiten der Bedrängnis zusammenbrachte. Die Literatur über Antisemitismus ist ja sehr umfangreich, aber ihre Beurteilung gehört eigentlich nicht in den Rahmen dieses historischen Überblicks. Juden fühlten die Auswirkungen des Antisemitismus ohne Zweifel überall, er formte unaufhörlich ihr Leben und ihr Schicksal. Trotzdem ist Judenhaß in erster Linie ein Thema der gastgebenden Gesellschaft. Eine Analyse der deutschen Geschichte wäre für das Studium des Antisemitismus gewinnbringender als ein Überblick der deutsch-jüdischen Geschichte. Daher muß hier eine kurze Zusammenfassung genügen. Judenhaß – ein Problem der gastgebenden Gesellschaft

Von wenigen Ausnahmen abgesehen, wurde der Antisemitismus, besonders im 19. Jahrhundert, in der allgemeinen deutschen Historiographie nur kurz und oft beiläufig behandelt. Zwar enthält das wichtigste historische Nachschlagewerk von heute, „Geschichtliche Grundbegriffe", einen ausführlichen und nachdenklichen Artikel von THOMAS NIPPERDEY und REINHARD RÜRUP über Antisemitismus [326], die wichtigsten historischen Arbeiten über modernen deutschen Antisemitismus wurden jedoch von Juden verfaßt, besonders von deutschen Juden und sehr oft von deutschen Juden, Jüdische Historiker über den Antisemitismus die außerhalb Deutschlands lebten. Die wegweisenden Arbeiten von ARENDT [302], REICHMANN [330] und MASSING [322] wurden schon erwähnt. PETER PULZERS [329] etwas spätere Arbeit gehört in dieselbe Kategorie. LÉON POLIAKOVS monumentale „Histoire de l'antisémitism" [327] wurde zwischen 1977 und 1987 übersetzt und in Deutschland veröffentlicht. Während einige der einschlägigen hebräischen Veröffentlichungen, darunter vor allem SHMUEL ETTINGERS gesammelte Aufsätze [311], nicht übersetzt sind, erschien jetzt auch JACOB KATZ' Buch „Vom Vorurteil bis zur Vernichtung" [318] auf deutsch, nachdem es zuerst 1979 auf hebräisch und 1980 auf englisch veröffentlicht worden war.

Neue deutsche Beiträge

Im letzten Jahrzehnt hat das Zentrum für Antisemitismusforschung in Berlin neue Forschungen auf diesem Gebiet angeregt. Zwei seiner Mitarbeiter gaben jetzt einen Überblick über die Opposition gegen die jüdische Emanzipation von 1780 bis 1860 heraus [310: R. ERB/W. BERGMANN, Die Nachtseite der Judenemanzipation]. Seine neue Reihe „Antisemitismus und jüdische Geschichte" scheint jedoch diese beiden Gebiete wieder ganz selbstverständlich vereinen zu wollen. Inzwischen kommen auch andere Ansätze zum Vorschein. HERMANN GREIVES Buch „Geschichte des modernen Antisemitismus" [312] wird seit 1983 als allgemeines Standardwerk benutzt, und kürzlich erschien auch HELMUT BERDINGS zusammenfassende Arbeit „Moderner Antisemitismus in Deutschland" [305] als Band der Neuen Historischen Bibliothek, einer allgemeinen, wenn auch nicht richtig populären historischen Reihe, herausgegeben von HANS-ULRICH WEHLER. Dies könnte ein Anzeichen dafür sein, daß man sich der Notwendigkeit, den Antisemitismus in seinem realen historischen Kontext zu behandeln, zunehmend bewußt wird.

Periodisierung der Geschichte des Antisemitismus

Die übliche Periodisierung der Geschichte des Antisemitismus hätte immer schon eine solche Einordnung ermöglicht. Die meisten Arbeiten über den Antisemitismus in Deutschland betrachten die späten 1870er Jahre, ein entscheidender Wendepunkt in der Geschichte des Bismarck-Reiches, als den Beginn des sogenannten *modernen Antisemitismus*. Das Entstehen antisemitischer politischer Parteien einerseits und die neuen rassischen Argumente gegen die Juden andererseits werden als Kennzeichen einer neuen Phase gesehen. Die Arbeiten von MASSING und PULZER, die sich beide auf diese neuen politischen Parteien konzentrieren, betrachten diese als Übergang zum Nationalsozialismus und die ganze Bewegung als „Generalprobe für die Vernichtung" [MASSING]. Israelische Historiker bevorzugen üblicherweise noch frühere Ursprünge. JACOB TAL-

D. Sozialer Wandel, Antisemitismus, ideologische Differenzierung

MON [112a] und SHMUEL ETTINGER [311] betonen beide die Kontinuitätsmomente in der Geschichte des Antisemitismus, und JACOB KATZ legt den Schwerpunkt auf den Übergang „vom religiösen Haß zur rassischen Ablehnung" [318: Vom Vorurteil]. Die Verbindungen werden meist als eine Frage der Ideologie betrachtet und die damit zusammenhängenden politischen und sozialen Veränderungen oft vernachlässigt.

Keine dieser zwei Versionen der „Kontinuitätsthese" wird allgemein akzeptiert. Die Parteien-Version, die den Beginn bei Stoekkers Christlich-Sozialer Partei ansetzt, wird sowohl von TOURYS Darlegung der antisemitischen politischen Bewegung in der Revolution von 1848 als auch von RICHARD S. LEVYS Betonung des „Niederganges der antisemitischen politischen Parteien" in den späteren Jahren des Kaiserreichs modifiziert [321: The Downfall]. Die Argumente für die Vorherrschaft einer neuen Rassenideologie, die etwa zur selben Zeit beginnt und alten antijüdischen Einstellungen einen modernen Anstrich gibt, müssen auch überprüft werden. Rassische oder zumindest ethnische, nationalistische Untertöne lassen sich bereits lange vor 1870 im ideologischen Arsenal der antijüdischen Polemik entdecken. Der angeblich neue Antisemitismus dieser Zeit war darüber hinaus nie ganz frei von religiösen Untertönen. In einer Untersuchung der geistigen Beziehungen zwischen Christen und Juden im „Zweiten Reich" [294: Christians and Jews] unterscheidet URIEL TAL zwischen zwei Grundtypen des Antisemitismus: einem „christlichen" und einem „anti-christlichen". Beide waren eng mit der zeitgenössischen theologischen Diskussion über das „Wesen" von Christentum und Judentum verwoben, und keiner war vom „religiösen Haß" völlig frei. Die antisemitische Bewegung im Kaiserreich schreckte vor keinem Argument zurück. Der radikale, völkische Rassismus war zu dieser Zeit vielleicht besonders laut vernehmlich. Der altmodische, religiöse Antisemitismus kam aber deshalb nie ganz zum Verstummen. „Christlicher" und „antichristlicher" Antisemitismus

Es wurden auch andere Kriterien für die Periodisierung vorgeschlagen, die auf allgemeineren Aspekten der jüdischen wie der deutschen Geschichte beruhen. REINHARD RÜRUP [136: Emanzipation und Antisemitismus, 87–94], um ein Beispiel zu nennen, unterscheidet zwischen vor- und nachemanzipatorischem Antisemitismus. Für ihn gewann der Antisemitismus nach der Durchsetzung der rechtlichen Emanzipation unter dem Zwang, in einem veränderten sozio-rechtlichen Kontext zu agieren, eine neue Bedeutung und Intensitätssteigerung, die parallel lief mit dem schnellen Machtver- Vor- und nachemanzipatorischer Antisemitismus lust des bürgerlichen Liberalismus im Kaiserreich. Die Neuheit des Antisemitismus im späten 19. Jahrhundert läßt sich auch in seiner veränderten sozialen, politischen und kulturellen Funktion sehen [S. VOLKOV, Das geschriebene und das gesprochene Wort, in 149: Jüdisches Leben, 54–75]. Antisemitismus mag sich als unabhängiger politischer Machtfaktor innerhalb der Grenzen des deutschen Rechtsstaates als schwach erwiesen haben, in der Zwischenzeit wurde er jedoch zu einem entscheidenden Verbindungsglied in der allgemeinen Ideologie der Rechten jener Zeit. Er kann sogar als ein „kultureller Code" [S. VOLKOV, Antisemitismus als kultureller Code, in 149: Jüdisches Leben, 13–36] einer rechtsbürgerlichen Subkultur gesehen werden, als Kürzel für ein ganzes Syndrom, das die wahren kulturellen Fronten des Kaiserreichs definieren half.

Antisemitismus als „kultureller Code"

Die konkrete Ausbreitung des Antisemitismus in der deutschen Gesellschaft seit den 1870er Jahren untersuchte am besten WERNER JOCHMANN in zwei ausführlichen Aufsätzen, die ursprünglich für die Sammelbände des Leo Baeck Instituts geschrieben wurden, jetzt aber in seinem Buch „Gesellschaftskrise und Judenfeindschaft in Deutschland 1870–1945" [315] leichter zugänglich sind. Jochmann erforschte systematisch die Einstellungen gegenüber den Juden und der „jüdischen Frage" in verschiedenen sozialen Schichten, politischen Parteien und Interessengruppen des Kaiserreichs. Einige Monographien liefern zusätzliche Informationen. Besonders aufschlußreich sind HANS-JÜRGEN PUHLES Studie über den Bund der Landwirte [328: Agrarische Interessenpolitik] und IRIS HAMELS Arbeit über den Deutschen Handlungsgehilfenverband [313: Völkischer Verband]. R. CHICKERINGS „kulturelle Studie des Alldeutschen Verbandes" [We Men Who Feel Most German. Boston 1984], welche ältere Arbeiten über diesen Verband ersetzen soll, spielt die Rolle des Antisemitismus in dieser Organisation, besonders an der Basis, eher herunter, unterstreicht aber zu Recht die Verbindung zu anderen Aspekten des „mobilisierten Patriotismus" der deutschen Bildungsbürger und ihrer „nationalen Symbolik" [ebd. 230–45 und 299–304].

Antisemitismus in Interessengruppen und Verbänden

Nicht weniger wichtig für das Verständnis der deutschen Positionen gegenüber den Juden im späten 19. Jahrhundert sind Arbeiten über nicht-antisemitische Vereine. Die Einstellungen von Liberalen und Linksliberalen zu Juden und Antisemiten muß aus der existierenden Literatur zusammengesetzt werden. NA'AMANS Arbeit über den Nationalverein liefert ein vollständiges Bild der liberalen Einstellungen zur Zeit der Emanzipationsgesetzgebung in den 1860er Jahren [205: Jüdische Aspekte des Nationalvereins]. Den

Die liberale Position

D. Sozialer Wandel, Antisemitismus, ideologische Differenzierung 121

Verein zur Abwehr des Antisemitismus untersuchen zwei Artikel von BARBARA SUCHY im Leo Baeck Institute Yearbook [336]. Die engen, aber gelegentlich gespannten Kontakte zwischen den „Freisinnigen" und den örtlichen und zentralen jüdischen Organisationen behandeln auch Marjory Lamberti, Jehuda Reinharz und Arnold Paucker in ihren Arbeiten über den Central-Verein [201: M. LAMBERTI, Jewish Activism; 213: J. REINHARZ, Deutschtum und Judentum; 206: A. PAUCKER, Jüdische Abwehrstrategie]. Eine umfassende Darstellung dieser Beziehungen steht aber noch aus.

Die Sozialdemokratie wurde in dieser Hinsicht etwas ausführlicher untersucht. Auf antijüdische Äußerungen von sozialistischen Denkern und Parteiführern wird in der Literatur oft hingewiesen [293: E. SILBERNER, Sozialisten zur Judenfrage]. In seiner Behandlung des ganzen Komplexes der Beziehungen zwischen Sozialisten, Antisemiten und Juden geht ROBERT WISTRICH thematisch über die Geistesgeschichte hinaus und schließt geographisch auch die Lage in der österreichischen Monarchie mit ein [238: Socialism and the Jews]. Er weist darauf hin, daß die Sozialdemokraten sich gezwungen fühlten, im Kampf gegen Liberalismus und Kapitalismus mit dem radikalen Antisemitismus zu konkurrieren, und daß sie unfähig waren, für irgendeine Art von jüdischem Nationalismus Verständnis aufzubringen – und dies nicht einmal im Zusammenhang des ethnisch ganz gemischten österreichisch-ungarischen Reiches. Wenn früher behauptet wurde, die Sozialdemokraten und die organisierte Arbeiterbewegung in Deutschland hätten eine erklärt anti-antisemitische Haltung gehabt [314: A. HERZIG, The Role of Antisemitism; 332: R. RÜRUP, Sozialismus und ‚Judenfrage'; 338: S. VOLKOV, The Immunization], so muß dies nach den Arbeiten von R. LEUSCHEN-SEPPEL [320: Sozialdemokratie und Antisemitismus] und WERNER JOCHMANN [315: Gesellschaftskrise] wahrscheinlich relativiert werden. Letztere Untersuchungen zeigen, daß die Sozialdemokratie – obwohl in den Vorkriegsjahren „die einzige Kraft, die die antisemitischen Demagogen fürchteten" – antijüdische Gefühle an der Basis und „unterschwellig" sogar bei einigen führenden Persönlichkeiten nicht überwinden konnte [ebd. 458].

Die Haltung der Sozialdemokraten

3. Jüdische Reaktionen: Die Geschichte des Central-Vereins und des Zionismus

Die deutsch-jüdische Geschichte während der und nach den antisemitischen Wellen des späten 19. Jahrhunderts wird oft als eine Frage von Herausforderung und Antwort („challenge and response") beschrieben. Während aber die Reaktionen der osteuropäischen Juden auf die Pogrome der 1880er Jahre von einem aktiven Drang zur Emigration und einer erhitzten Debatte über die Chancen und Gefahren der Emanzipation gekennzeichnet waren, reagierten die deutschen Juden auf die neue Herausforderung zögernder und vorsichtiger. Ihr anfängliches Gefühl von Verunsicherung, Enttäuschung und manchmal sogar von Verzweiflung machte einer nüchterneren Stimmung Platz, in der die Juden neue Organisationsformen ausprobierten, frühere Prämissen revidierten und neue zu formulieren versuchten [219: I. SCHORSCH, Jewish Reactions; 209: S. RAGINS, Jewish Responses].

"challenge and response"

So entstand auch, zuerst in Osteuropa, eine neue Historiographie, die die Position der Juden in den verschiedenen europäischen Ländern aufgrund der Erfahrung des Antisemitismus neu beurteilte. Dort vor allem waren die jüdischen Intellektuellen über das Ausmaß des Antisemitismus im nach-emanzipatorischen Deutschland so tief betroffen, daß hiervon auch ein Anstoß zu einer neuen Art der nationalen, mit der Zeit zionistischen Geschichtsschreibung ausging [S. VOLKOV, Antisemitismus als Problem jüdisch-nationalen Denkens und jüdischer Geschichtsschreibung, in 149: Jüdisches Leben, 88–110]. In Deutschland selbst pflegten die Juden den neuen Antisemitismus zunächst als schmerzlichen, aber vorübergehenden Rückschlag zu betrachten, der keinen radikalen Wandel in ihrer allgemeinen Ideologie oder ihrer Geschichtsauffassung zu erfordern schien.

Antisemitismus aus zeitgenössisch-jüdischer Sicht

Erst später, mit dem wachsenden Interesse an allem Jüdischen seit den frühen 1890er Jahren und mit der öffentlichen Debatte über „das Wesen des Judentums" um die Jahrhundertwende, fühlte man auch in Deutschland die Notwendigkeit einer Korrektur. Eine Analyse dieser Entwicklung geben die Arbeiten von URIEL TAL [294: Christians and Jews und 295: German-Jewish Social Thought]. Während frühere Beiträge nur die bekannten Werke Leo Baecks [u. a. 45: A. FRIEDLÄNDER, Leo Baeck] oder Hermann Cohens [282:

Zur Debatte über das „Wesen des Judentums"

N. ROTENSTREICH, Jewish Philosophy; 256: A. FUNKENSTEIN, Hermann Cohen] behandeln, bezog TAL die Werke von Personen wie Moritz Lazarus, Moritz Güdemann (Wien) und Joseph Eschelbacher in die Untersuchung ein und ging weiter über die traditionelle Geistesgeschichte hinaus, indem er die beherrschende Sinnsuche der deutschen Juden in den frühen Jahren des 20. Jahrhunderts zu rekonstruieren versuchte.

Auch hier bleibt jedoch noch viel zu tun. Das Denken der zweiten und dritten Generation der Wissenschaft des Judentums ist uns noch weniger vertraut als das der ersten. Erstaunlicherweise fehlen in einer Historiographie, deren Akzent stets auf der Geistesgeschichte lag, noch immer vollständige Editionen der Werke selbst der gefeiertsten jüdischen Intellektuellen des Kaiserreiches, sogar Hermann Cohens oder Leo Baecks. Abgesehen von einer faszinierenden Edition der Korrespondenz zwischen Moritz Lazarus und Heymann Steinthal [23: Hrsg. v. I. BELKE] wurden andere bedeutende Persönlichkeiten bisher nur beiläufig behandelt. Verständlicher ist vielleicht die Tatsache, daß die Verbindung zwischen dem Werk dieser verschiedenen Denker und ihrer spirituellen Sinnsuche, die für eine ganze Generation von jüdischen Studenten und Akademikern so charakteristisch war, sowie ihren sozialen und kulturellen Lebensumständen noch fast gar nicht bearbeitet wurde. Eine moderne, umfassende Geistesgeschichte dieser Epoche, die mit einer ausreichenden ideologischen Distanz geschrieben ist, moderne Zugänge zu den Texten und neue Fragestellungen verwendet, wäre sehr zu begrüßen.

Ein anderes Diskussionsthema unter den Juden der Zeit vor 1918 ergab sich aus dem Ringen zwischen den sogenannten „Assimilationisten" und den jüdischen Nationalisten, vor allem den Zionisten. Diese Kontroverse war an sich weniger theoretisch und führte schließlich in ihren direkteren politischen Auswirkungen zum Entstehen eines neuen Konzepts vom Judentum und einer nationalorientierten Historiographie. Jedenfalls zog in diesem Zusammenhang meist die organisatorische Auseinandersetzung die Aufmerksamkeit der Historiker auf sich. Tiefere ideologische, ja weltanschauliche Unterschiede werden daher hauptsächlich durch das Prisma der Konflikte zwischen dem „Central-Verein deutscher Staatsbürger jüdischen Glaubens" und der „Zionistischen Vereinigung für Deutschland" betrachtet. Am deutlichsten wird dies bei JEHUDA REINHARZ in „Fatherland or Promised Land: The Dilemma of the German Jew, 1893–1914" [215]; er verankert den Konflikt in

Assimilationisten gegen Zionisten

der jeweiligen Geschichte der beiden Organisationen, stellt die dynamische Beziehung zwischen ihnen vor, ihren Kampf um die Kontrolle der Gemeindeinstitutionen und über Geist und Seele des archetypischen, angeblich innerlich gespaltenen deutschen Juden.

Autobiographien Einige der autobiographischen Arbeiten, die aus diesem Zeitraum erhältlich sind, offenbaren etwas von eben diesem Konflikt. Unter den Zionisten sind die Memoiren von führenden Persönlichkeiten wie Richard Lichtheim, Franz Oppenheimer oder dem herausragenden Intellektuellen Gershom Scholem am aufschlußreichsten [50: R. LICHTHEIM, Rückkehr; 54: F. OPPENHEIMER, Erlebtes; 60: G. SCHOLEM, Von Berlin nach Jerusalem]. Von den Mitgliedern des Central-Vereins lesen sich Paul Riegers Memoiren noch immer „wie eine gute Abwehrbroschüre" [206: A. PAUCKER, Jüdische Abwehrstrategie, 480, Anm. 7], wohingegen eine Sammlung von Aufsätzen und Vorträgen von EUGEN FUCHS – dem Vorsitzenden des Central-Vereins von 1917 bis 1919 – mit dem unvermeidlichen Titel „Um Deutschtum und Judentum" [9] einen lebhaften Eindruck von der unter CV-Mitgliedern vorherrschenden Stimmung mit ihren sich wandelnden Einstellungen etwa von 1893 bis zum Niedergang des Kaiserreichs vermitteln. Daneben existiert noch eine Vielzahl polemischer Schriften, die damals hauptsächlich durch den Central-Verein gedruckt und verbreitet wurden. Während das entsprechende Material aus den Jahren 1924 bis 1933 in einer Dissertation behandelt wurde – wenngleich in erster Linie zu soziologischen Zwecken [REINER BERNSTEIN, Diss. phil. Berlin 1969] –, tauchen frühere Schriften nur sporadisch in einigen allgemeineren Arbeiten auf.

Zur Geschichte des Es gibt bis heute keine moderne Geschichte des Central-Ver-
Central-Vereins eins. Unmittelbar nach dem Zweiten Weltkrieg kritisierten sowohl Zionisten als auch Sozialisten die Strategie des Vereins und seinen Standpunkt aufs schärfste; die „größte Organisation, die das deutsche Judentum sich geschaffen hatte", wurde, wie ARNOLD PAUCKER in seiner kurzen Darstellung des C.V. schrieb, „als ‚abgewirtschaftet' abgetan und verschwand zunächst einmal als Gegenstand der Forschung" [206: Jüdische Abwehrstrategie, 480]. Diese Tatsache ist deshalb besonders bemerkenswert, weil so viele Historiker des deutschen Judentums ihr Leben lang Mitglieder dieses Vereins waren. ISMAR FREUND, Autor des noch immer umfassendsten Werkes über die rechtliche Emanzipation der Juden in Preußen [121], war langjähriges Vorstandsmitglied des Central-Vereins; aktiv nahmen an der Vereinsarbeit auch SELMA STERN [143: Der preußische Staat], EVA REICHMANN [330: Die Flucht in den Haß], E. G. LÖWENTHAL

D. Sozialer Wandel, Antisemitismus, ideologische Differenzierung 125

[364: In the Shadow of Doom] und andere teil. Schon früher hatten sich LUDWIG GEIGER, der Historiker der Berliner jüdischen Gemeinde, und MARTIN PHILIPPSON, dessen dreibändige „Neueste Geschichte des jüdischen Volkes" 1910/11 erschien [108], hervorgetan. Beide waren Söhne prominenter Führer der Reform und des liberalen Judentums, geistige Vorläufer des Central-Vereins. Keiner von ihnen trug jedoch mehr als nur gelegentlich zur Vereinsgeschichte bei. Offensichtlich hatte keiner die nötige Distanz dazu. Normalerweise schrecken solche Unzulänglichkeiten Historiker nicht davon ab, die Geschichte von Organisationen darzustellen, denen sie sich verbunden fühlen, und zumindest einen Anfang für ihre Nachfolger damit zu schaffen. In diesem Fall war das jedoch anders.

Moderne Arbeiten, die sich mit dem Central-Verein befassen, schrieben schließlich jüngere amerikanische Historiker [219: I. SCHORSCH, Jewish Reactions; 209: S. RAGINS, Jewish Responses; 213: J. REINHARZ, Deutschtum und Judentum; 201: M. LAMBERTI, Jewish Activism]. Mit dem Schicksal des amerikanischen Judentums beschäftigt, einer relativ neuen, florierenden jüdischen Diaspora-Gemeinde, sahen sie sich vergleichbaren Problemen der Selbstverteidigung und des Selbstbewußtseins gegenüber und lieferten deshalb auch grundsätzlich positive Würdigungen des Vereins: Lamberti am stärksten, Schorsch kritischer und zurückhaltender, Reinharz nicht ganz so enthusiastisch. Ein noch deutlicherer, leidenschaftlicherer Aufruf zu einer wohlwollenden Sicht des Central-Vereins, die die Komplexität seiner Aufgaben und das Engagement seiner Führung berücksichtigte, kam schließlich von ARNOLD PAUKKER [s. o., 206]. Und mit der Zeit wurde der Verein auch von Israelis etwas milder beurteilt [225: J. TOURY, Organizational Problems, und 226: Jüdische Führungsschichten; A. MARGALIOTS Arbeit (Hebr.) über den C.V. während des Nationalsozialismus]. Insgesamt haben zionistische Historiker das Thema aber nur selten behandelt. Sie konzentrierten sich lieber auf ihre eigenen „Wurzeln" – auf die Geschichte des Zionismus. *Die amerikanische Perspektive*

Auch die Geschichte dieser Bewegung blieb jedoch, besonders für ihren deutschen Zweig, unsystematisch und unvollständig. Hier versuchten manche Aktivisten noch sehr früh, die Geschichte ihrer Bewegung darzustellen – der bekannteste unter ihnen war Nahum Sokolow, der dies schon 1919 tat –, sie gingen aber kaum über persönliche Erinnerungen hinaus, und der heutige Wert dieser Arbeiten ist eher begrenzt. Typischerweise legen solche frühen Geschichten des Zionismus den Schwerpunkt auf die intellektuelle Herkunft *Geschichte des Zionismus* der Bewegung und ihre geistigen Wurzeln. Manche betonten die Neuheit des Zionismus und seinen entschieden postemanzipatorischen Charakter [190: A. BÖHM, Die zionistische Bewegung], andere erklärten sein Entstehen mit der messianischen Tradition im Judentum und unterstrichen seine älteren Ursprünge [222: O. THON, Essays zur Zionistischen Ideologie]. Das Aufspüren von Vorläufern des Zionismus ist allerdings äußerst schwierig; die Analogie zum früheren, religiösen Messianismus – recht zweifelhaft. Die Verbindung der Rabbiner Jehuda Alkalai und Zwi Hirsch Kalischer, Männer von unerschütterlicher Religiosität und umfassender jüdischer Gelehrsamkeit, mit Persönlichkeiten wie Moses Hess, dem sozialistischen Intellektuellen und preußischen Nationalisten [52: S. NA'AMAN, Emanzipation und Messianismus], muß problematisch bleiben. Die Analyse anderer, nichtjüdischer geistiger europäischer Einflüsse auf diese im Grunde späte Nationalbewegung könnte vielleicht fruchtbarer sein [251: J. DORON, Rassenbewußtsein].

Aber auch über die Frage nach dem Ursprung hinaus erweist sich die immer wiederkehrende Diskussion der Ideologie in der Geschichtsschreibung des Zionismus als zentral. Ältere Arbeiten über die „zionistische Idee" oder die „Idee des jüdischen Staates" [ARTHUR HERTZBERG, The Zionist Idea. A Historical Analysis and Reader. New York 1959; BEN HALPERN, The Idea of the Jewish State. Cambridge (Mass.) 1961] entsprachen offensichtlich einer eindeutigen Nachfrage. Der neueste Überblick über diese Bewegung, geschrieben von dem israelischen Politikwissenschaftler DAVID VITAL [229: The Origins], ist gleichfalls vor allem ein Beitrag zur Ideologie-Geschichte des Zionismus; Fragen der sozialen Zusammensetzung, der öffentlichen Anziehungskraft usw. behandelt er nur am Rande.

Diese Einseitigkeit wurde noch durch die Tendenz verstärkt, die zionistische Bewegung als Ganzes zu behandeln und die vielen wichtigen örtlichen Variationen beiseite zu lassen. Lediglich die Geschichte der zionistischen Besiedlung Palästinas wurde eigens und in einiger Ausführlichkeit behandelt. Die Zionistische Vereinigung für Deutschland selbst begann man erst in letzter Zeit zu untersuchen. Selbst deutschsprachige Autoren – ältere [190: A. BÖHM, Die zionistische Bewegung] wie neuere [z. B. W. LAQUEUR, A History of Zionism. London 1972] – behandeln die Besonderheiten des deutschen Zweiges nur kurz. Der erste Ansatz zu einer Darstellung seiner einzigartigen Geschichte stammte aus der Feder einer seiner führenden Persönlichkeiten: RICHARD LICHTHEIM, dessen Buch,

D. Sozialer Wandel, Antisemitismus, ideologische Differenzierung 127

1951 auf hebräisch und 1954 auf deutsch erschienen, noch immer unentbehrlich ist [50: Rückkehr]. Auch hier ist das erste Kapitel der „Ideengeschichte des Zionismus" gewidmet; dabei wird bei der Suche nach den Vorläufern zwischen der „Welt des jüdischen Mythos" und der europäischen Aufklärung unterschieden. Besondere Aufmerksamkeit schenkt Lichtheim dem „Anteil Deutschlands und der deutschen Juden an diesem Reifeprozeß" [ebd. 36]; seine deutsche Perspektive ist am auffälligsten in der Analyse des Zionismus als Phänomen der „Nach-Emanzipation".

In den letzten fünfzehn Jahren scheint nun endlich eine neue Historiographie des deutschen Zionismus entstanden zu sein. Vielleicht war es der Verlust der Archive der Zionistischen Vereinigung – 1938 von der Gestapo konfisziert und später vernichtet –, der ihre Entwicklung so lange behinderte. Aber die beträchtliche Memoirenliteratur, persönliche Nachlässe und eine umfangreiche einschlägige Dokumentation in den Central Zionist Archives in Jerusalem erlauben heute doch eine einigermaßen vollständige Darstellung. Als erstes erschien 1976 STEVEN M. POPPELS Buch „Zionism in Germany" [207], das die „Ausformung einer jüdischen Identität" in den Mittelpunkt stellt und die Leistungen der Bewegung sowie ihren Einfluß auf die deutschen Juden vorsichtig kritisch beurteilt. JEHUDA ELONIS Buch, entstanden aus einer Dissertation an der Universität Tel Aviv [193: Zionismus in Deutschland], ist weitaus detaillierter, schließt die ideologischen ebenso wie die politischen Diskussionen mit ein und behandelt zusätzlich drei vernachlässigte Themen: den neoorthodoxen zionistischen Zweig *[Mizrachi]*, die jüdische nationale Studenten- und Jugendbewegung und die Gemeindepolitik der Zionisten vor 1914. Der Einfluß des deutschen Zionismus auf die internationale Bewegung wurde kürzlich von HAGIT LAVSKI in ihrer Dissertation an der Hebrew University analysiert, und eine willkommene Ergänzung ist JEHUDA REINHARZ' Sammlung „Dokumente zur Geschichte des deutschen Zionismus, 1882–1933" [214].

Auch in diesem Bereich schneidet die Biographie im allgemeinen ziemlich schlecht ab. Literatur über Herzl ist im Überfluß vorhanden. Die brauchbarste Biographie ist jedoch nach wie vor die erste: ALEX BEINS Buch „Theodor Herzl. Biographie" [40] bleibt noch immer unersetzlich. Die verschiedenen Sammlungen von HERZLS Schriften und seine Tagebücher sind Fundgruben der Information [13: Zionistische Schriften; 14: Tagebücher]; aber eine vollständige, wissenschaftliche Edition seiner Arbeiten ist bis heute nicht vollendet. Andere zionistische Berühmtheiten wurden noch weniger syste-

Biographien zionistischer Wortführer

matisch behandelt. Eine Biographie von David Wolffsohn, Herzls Nachfolger an der Spitze der zionistischen Bewegung, ist jetzt erhältlich [44: M. ELIAV, David Wolffsohn], aber bisher nur auf hebräisch. Selbst ein Mann wie Max Nordau, eine europäische Berühmtheit schon lange bevor er sich dem Zionismus anschloß, hat noch keinen modernen Biographen gefunden. Wir müssen also weiterhin auf eine Skizze zurückgreifen, die seine Frau und seine Tochter 1943 veröffentlichten; sonst liegen nur verschiedene Teilstudien vor.

Oft gewinnt man indirekt, wie z. B. durch Veröffentlichungen über Leben und Werk Chaim Weizmanns, einen interessanten Einblick in die Rolle der deutschen Juden in der zionistischen Bewegung vor dem Ersten Weltkrieg. Untersuchungen über die deutschen Juden in Palästina konzentrieren sich natürlich auf die Jahre nach 1933 und liefern nur beiläufige Hinweise auf vorangegangene Entwicklungen. Zweifellos kann man die deutschen Zionisten erfolgreich nur im Kontext der allgemeinen Geschichte der Juden in Deutschland studieren. Obwohl sie zahlenmäßig nur eine kleine Minderheit bildeten, war ihr Einfluß auf das Leben der Gemeinschaft unmittelbar vor dem Krieg von entscheidender Bedeutung. Ihre radikalen Lösungen für das Problem einer modernen jüdischen Identität standen wiederholt im Mittelpunkt der Debatte. Sie erweiterten die Grenzen des zeitgenössischen Diskurses über alle jüdischen Fragen ganz beträchtlich, und in vieler Hinsicht definierten sie seinen Rahmen.

Fast alle Historiker stimmen heute überein, daß die deutschen Juden sich am Vorabend des Ersten Weltkrieges in einer Bewußtseinskrise und einem Identitätskonflikt befanden. EVA REICHMANN, einstige Aktivistin im Central-Verein und lebenslange Vertreterin des liberalen Integrationskonzeptes, die den jüdischen „Bewußtseinswandel" in einem ausführlichen Aufsatz analysierte [212: Der Bewußtseinswandel], stellte besonders den Einfluß der eigentlichen Kriegsjahre heraus. Infolge der allgemeinen Euphorie zu Beginn des Krieges vergrößerten sich abermals die jüdischen Hoffnungen auf Integration. Der Schmerz über die erneuerte Feindschaft, dem die Soldaten an der Front ebenso begegneten wie jene, die zu Hause blieben, war daraufhin um so quälender. Eva Reichmann hat die Kümmernis ergreifend beschrieben [212], und diese wurde auch zu einem Hauptthema in der Aufsatzsammlung des Leo-Baeck-Institutes über die Jahre 1916 bis 1923 [72]. ROBERT WELTSCHS „Schlußwort" dazu, das seine Sichtweise als zionistischer Veteran darlegt,

Bewußtseinswandel unter den Juden

unterscheidet sich im Ton kaum. Reichmann und er scheinen nach einem halben Jahrhundert die Enttäuschung und Frustration der Zeitgenossen noch zu spüren und vermitteln das Pathos und die Tragik ihrer gemeinsamen Situation.

4. Die Vielfalt jüdischen Lebens

Das veränderte Selbstbewußtsein der deutschen Juden im Krieg wird oft auch mit der direkten Konfrontation der jüdischen Soldaten mit der Wirklichkeit jüdischen Lebens im Osten sowie mit den Folgen der jüdischen Masseneinwanderung nach Deutschland in den späten Kriegsjahren und unmittelbar danach erklärt. Die Auswirkungen früherer Immigrationswellen auf die soziale und kulturelle Struktur der deutschen Juden waren jedoch nicht weniger bedeutend, obgleich man diesem Problem lange auswich und seine Bedeutung oft unterschätzte. Wenn überhaupt, so wurde es als Frage der Sozialfürsorge, der Wohltätigkeit oder der Erziehung behandelt. Viele betrachteten die osteuropäischen Juden als Störfaktor, als eine arme, unkultivierte Minderheit, die nur die Aufmerksamkeit der Antisemiten auf sich ziehen mußte, da sie dem deutschen Judentum fortwährend ein nicht-integriertes, fremdes Element zuführte. Vielleicht wurde durch diese Haltung eine gründliche historische Untersuchung dieses Phänomens so lange verhindert.

Es ist symptomatisch, daß die erste umfassende Studie über die „Ostjuden" von SHALOM ADLER-RUDEL geschrieben wurde, dem Direktor des Berliner Büros des Arbeitsfürsorgeamtes der jüdischen Organisationen Deutschlands in der Weimarer Republik [183: Ostjuden in Deutschland]. Später wurde das Thema, wie so oft in der deutsch-jüdischen Historiographie, in einer Reihe amerikanischer Dissertationen abgehandelt. JACK WERTHEIMER vollendete seine Dissertation an der Columbia Universität 1978 und lieferte das nötige statistische Material, eine Analyse des rechtlichen Rahmens sowie eine vollständige Beschreibung der Institutionen und der sozialen Zusammensetzung der ostjüdischen Einwanderer [235: Unwelcome Strangers]. Während dieses Werk für die Veröffentlichung überarbeitet wurde, erschien 1982 eine weitere Dissertation von STEVEN ASCHHEIM, unter dem treffenden Titel „Brothers and Strangers", die hauptsächlich die innerjüdischen Reaktionen auf die Einwanderer aus dem Osten thematisierte [186]. Die beiden Arbeiten ergänzen einander und sind heute für das Studium des jüdischen Lebens in

„Ostjuden" in der Geschichte

Deutschland, besonders seit den 1880er Jahren, unentbehrlich. Kürzlich kam auch TRUDE MAURERS gründliche Studie der Ostjuden hinzu [Ostjuden in Deutschland 1918–1933. Hamburg 1986], welche aber ausschließlich die Zeit der Weimarer Republik behandelt.

Der Blick auf dieses Thema deckt schnell den allgemeinen Irrtum auf, demzufolge die Vielseitigkeit jüdischen Lebens in Deutschland ignoriert wird, um sich nur auf die artikulierten, berühmten und vieldiskutierten Gruppen zu konzentrieren. Um die Vielfalt der deutsch-jüdischen Erfahrungen würdigen zu können, sind all jene Arbeiten wichtig, die über die Behandlung der „mainstream"-Juden, der städtischen, wohlhabenden, männlichen Gesellschaft des mehr oder weniger assimilierten jüdischen Bürgertums, hinausgehen. Untersuchungen der alten und neuen Orthodoxie in Deutschland korrigieren die Überbetonung der Säkularisierung [192: M. BREUER, Jüdische Orthodoxie; 240: Y. ZUR, Deutsch-jüdische Orthodoxie]. Arbeiten über das Landjudentum können die gewöhnliche Überbetonung der großen Stadtgemeinden abschwächen. Die entstehende Geschichtsschreibung über deutsch-jüdische Frauen wird hoffentlich das Gleichgewicht herstellen, das durch den jahrhundertealten Schwerpunkt auf der männlichen jüdischen Gesellschaft verschoben wurde [198: M. KAPLAN, The Making of the Jewish Middle Class].

Landjudentum

Frauengeschichte

Die Geschichte der deutschen Juden, normalerweise eine konservative Disziplin, wird von den sich wandelnden Moden und Trends der Historiographie wohl nicht so schnell überrollt werden. Sie könnte jedoch von der Ausweitung ihrer Fragestellungen und dem Einschluß neuer Interessen – für die moderne Geschichtsschreibung typisch – nur gewinnen. Erheblich profitierte sie bereits von der Entwicklung der Sozialgeschichte oder solch neuer Felder wie der Frauengeschichte. Das Problem des Generationenkonflikts und der Jugendkultur, das für das deutsch-jüdische Milieu über den ganzen Zeitraum hinweg von entscheidender Bedeutung war und von der Historiographie praktisch unbehandelt blieb [216: C. SCHATZKER, Jüdische Jugend], steht jetzt zweifellos ebenso auf der Tagesordnung. Bevölkerungsgeschichte, anthropologische Ansätze, eine neue Form der Kulturgeschichte – all dies kann man auch auf diese Teildisziplin übertragen, und es wird so zu ihrer Bereicherung beitragen. Die Geschichte der Juden in Deutschland wird sich dann vielleicht eher sowohl in die allgemeine deutsche als auch in die allgemeine jüdische Historiographie integrieren lassen, um so den ihr zustehenden Platz als selbstverständlicher Bestandteil beider einzunehmen.

Desiderate

III. Quellen und Literatur

Die Abkürzungen für Zeitschriften entsprechen den Siglen der „Historischen Zeitschrift".

1. Gedruckte Quellen und Schriften der Zeitgenossen

1. Allgemeine Zeitung des Judentums. Berlin/Leipzig 1837–1919.
2. L. BAECK, Das Wesen des Judentums. 2. Aufl. Nachdruck, Wiesbaden 1981.
3. B. BAUER, Die Judenfrage. Braunschweig 1843.
4. L. BÖRNE, Gesammelte Schriften. 12 Bde. Hamburg/Frankfurt am Main 1862–1868.
5. M. BUBER, Drei Reden über das Judentum. Frankfurt am Main 1911.
6. H. COHEN, Jüdische Schriften. Mit einer Einleitung von FRANZ ROSENZWEIG. Hrsg. v. B. STRAUSS. 3 Bde. Berlin 1924.
7. C. DOHM, Über die bürgerliche Verbesserung der Juden. Berlin/Stettin 1781/83.
8. M. ELIAV, Rabbiner Esriel Hildesheimer – Briefe. Jerusalem 1965.
9. E. FUCHS, Um Deutschtum und Judentum. Gesammelte Reden und Aufsätze (1894–1919). Frankfurt am Main 1919.
10. A. GEIGER, Nachgelassene Schriften. Hrsg. v. L. GEIGER. 5 Bde. Berlin 1875–1878.
11. M. GÜDEMANN, Geschichte des Erziehungswesens und der Kultur der Juden in Frankreich und Deutschland, X.–XIV. Jahrhundert. Wien 1880.
12. H. HEINE, Sämtliche Werke. Kritisch durchgesehene und erläuterte Ausgabe. Hrsg. v. E. ELSTER. 7 Bde. Leipzig/Wien 1890.
13. T. HERZL, Zionistische Schriften. Berlin 1905.
14. T. HERZL, Tagebücher, 1894–1904. 3 Bde. Berlin 1922/23.
15. T. HERZL, Der Judenstaat. Versuch einer modernen Lösung der Judenfrage. Wien 1896.

16. M. Hess, Philosophische und sozialistische Schriften 1837–1850. Eine Auswahl. Hrsg. v. A. Cornu/W. Mönke. Berlin (DDR) 1961.
17. M. Hess, Rom und Jerusalem, die letzte Nationalitätsfrage. Leipzig 1862.
18. S. Hirsch, Gesammelte Schriften. 6 Bde. Frankfurt am Main 1906.
19. S. Hirsch, Igrot Tsafon. Neunzehn Briefe über Judentum (unter dem Pseud. Ben Usiel). Altona 1836.
20. F. Kobler (Hrsg.), Juden und Judentum in deutschen Briefen aus drei Jahrhunderten. Königstein/Ts. 1984.
21. M. Lazarus, Die Ethik des Judentums. Frankfurt am Main 1898.
22. M. Lazarus, Treu und Frei. Gesammelte Reden und Vorträge über Juden und Judentum. Leipzig 1887.
23. M. Lazarus und H. Steinthal. Die Begründer der Völkerpsychologie in ihren Briefen. Hrsg. v. I. Belke. 2 Bde. Tübingen 1974/1986.
24. K. Marx, Zur Judenfrage, in: ders. u. F. Engels, Werke. Bd. 1. Berlin 1964, 347–377.
25. M. Mendelssohn, Gesammelte Schriften. 7 Bde. Hrsg. v. G. B. Mendelssohn. Leipzig 1843/45.
26. R. Michael (Hrsg.), Heinrich Graetz – Tagebuch und Briefe. Tübingen 1977.
27. Monatsschrift für Geschichte und Wissenschaft des Judentums. Organ der Gesellschaft für Geschichte und Wissenschaft des Judentums. Breslau 1851–1939.
28. L. Philippson, Gesammelte Abhandlungen. 2 Bde. Leipzig 1911.
29. W. Rathenau, Impressionen. Gesammelte Aufsätze. Leipzig 1902.
30. W. Rathenau, Zur Kritik der Zeit. Berlin 1912.
31. G. Riesser, Gesammelte Schriften. Hrsg. v. M. Isler. 4 Bde. Frankfurt am Main 1867/68.
32. G. Riesser, Über die Stellung der Bekenner des mosaischen Glaubens in Deutschland. Altona 1831.
33. Zeitschrift für Demographie und Statistik der Juden. Berlin 1905–1938.
34. L. Zunz, Die gottesdienstlichen Vorträge der Juden, historisch entwickelt. Ein Beitrag zur Alterthumskunde und biblischen Kritik, zur Literatur- und Religionsgeschichte. Frankfurt am Main 1832.
35. L. Zunz, Gesammelte Schriften. Berlin 1875.

2. Autobiographisches und Biographisches

36. A. ALTMANN, Moses Mendelssohn. A Biographical Study. Alabama/London 1973.
37. H. ARENDT, Rahel Varnhagen. Lebensgeschichte einer deutschen Jüdin aus der Romantik. München 1959.
38. H. BACH, Jacob Bernays. Ein Beitrag zur Emanzipationsgeschichte der Juden und zur Geschichte des deutschen Geistes im neunzehnten Jahrhundert. Tübingen 1974.
39. H. BACH, Jüdische Memoiren aus drei Jahrhunderten. Berlin 1936.
40. A. BEIN, Theodor Herzl. Biographie. Wien 1934.
41. J. BLEICH, Jacob Ettlinger: His Life and Times. Diss. New York University 1974.
42. L. CECIL, Albert Ballin. Wirtschaft und Politik im deutschen Kaiserreich, 1888 bis 1918. Hamburg 1969.
43. Denkwürdigkeiten der Glückel von Hameln. Hrsg. v. A. FEILCHENFELD, Nachdruck. Darmstadt 1979.
44. M. ELIAV, David Wolffsohn – Der Mann und seine Zeit; Die Zionistische Bewegung 1905–1914 (hebräisch). Jerusalem 1977.
45. A. FRIEDLANDER, Leo Baeck: Teacher of Theresienstadt. New York 1968.
46. P. GAY, Freud; a Life for our Time. London/New York 1988.
47. L. GEIGER (Hrsg.), Abraham Geiger: Leben und Lebenswerk. Berlin 1910.
48. N. GLATZER, Leopold Zunz. Jude – Deutscher – Europäer. Tübingen 1964.
49. W. GRAB, Saul Ascher, ein jüdisch-deutscher Aufklärer zwischen Revolution und Restauration, in: [113], 6 (1977) 133–179.
50. R. LICHTHEIM, Rückkehr. Lebenserinnerungen aus der Frühzeit des deutschen Zionismus. Stuttgart 1970.
51. S. MAIMON, Salomon Maimons Lebensgeschichte. Von ihm selbst geschrieben. Hrsg. v. K. P. MORITZ. 2 Bde. Berlin 1792–93.
52. S. NA'AMAN, Emanzipation und Messianismus. Leben und Werk des Moses Heß. Frankfurt am Main 1982.
53. S. NA'AMAN, Lassalle. Hannover 1970.
54. F. OPPENHEIMER, Erlebtes, Erstrebtes, Erreichtes. Lebenserinnerungen. Berlin 1931.

55. J. Philippson, Ludwig Philippson und die Allgemeine Zeitung des Judentums, in: [94], 243–292.
56. H. Reissner, Eduard Gans. Ein Leben im Vormärz. Tübingen 1965.
57. M. Richarz (Hrsg.), Jüdisches Leben in Deutschland. Selbstzeugnisse zur Sozialgeschichte. 3 Bde. Stuttgart 1976–1982.
58. M. Rinott, Gabriel Riesser – Fighter for Jewish Emancipation, in: LBIYB 7 (1962) 11–38.
59. N. Rosenbloom, Tradition in an Age of Reform. The Religious Philosophy of Samson Raphael Hirsch. Philadelphia 1976.
60. G. Scholem, Von Berlin nach Jerusalem. Jugenderinnerungen. Frankfurt am Main 1978.
61. E. Schulin, Walther Rathenau: Repräsentant, Kritiker und Opfer seiner Zeit. Göttingen 1979.
62. E. Silberner, Johann Jacoby. Politiker und Mensch. Bonn 1976.
63. H. Spiel, Fanny von Arnstein oder die Emanzipation. Ein Frauenleben an der Zeitenwende 1758–1818. Frankfurt am Main 1962.
64. F. Stern, Gold und Eisen; Bismarck und sein Bankier Bleichröder. Frankfurt am Main 1981.
65. G. Tietz, Hermann Tietz. Geschichte einer Familie und ihrer Warenhäuser. Stuttgart 1965.
66. L. Wallach, Liberty and Letters. The Thought of Leopold Zunz. London 1959.
67. J. Wassermann, Mein Weg als Deutscher und Jude. Berlin 1921.

3. Allgemeine Darstellungen, Zeitschriften und Sammelbände

68. S. Baron, History and Jewish Historians. Philadelphia 1964.
69. S. Baron, World Dimensions of Jewish History. Leo Baeck Memorial Lecture 5. New York 1962.
70. H. Ben-Sasson (Hrsg.), Geschichte des jüdischen Volkes. 3 Bde. Bd. 2: Vom 7. bis 17. Jahrhundert, von H. Ben-Sasson. München 1979. Bd. 3: Vom 17. Jahrhundert bis zur Gegenwart, von S. Ettinger. München 1980.
71. Bulletin des Leo Baeck Instituts. Tel Aviv/Frankfurt am Main 1957 ff.

3. Allgemeine Darstellungen, Zeitschriften und Sammelbände

72. Deutsches Judentum in Krieg und Revolution 1916–1923. Ein Sammelband hrsg. v. W. MOSSE/A. PAUCKER. Tübingen 1971.
73. Deutsche Aufklärung und jüdische Emanzipation. Int. Symposium. Hrsg. v. W. GRAB. Tel Aviv 1979.
74. S. DUBNOW, Weltgeschichte des jüdischen Volkes. Von seinen Uranfängen bis zur Gegenwart. 10 Bde. Berlin 1925–29.
75. A. EDELHEIT/H. EDELHEIT, The Jewish World in Modern Times: a Selected, Annotated Bibliography. London/Boulder, Colo. 1988.
76. I. ELBOGEN/E. STERLING, Die Geschichte der Juden in Deutschland. Eine Einführung. Frankfurt am Main 1966.
77. T. ENDELMAN (Hrsg.), Jewish Apostasy in the Modern World. New York/London 1987.
78. S. ETTINGER (Hrsg.), Heinrich Graetz. Wege der jüdischen Geschichte (hebräisch). Jerusalem 1969.
79. Gegenseitige Einflüsse deutscher und jüdischer Kultur von der Epoche der Aufklärung bis zur Weimarer Republik. Internationales Symposium. Hrsg. v. W. GRAB. Tel Aviv 1982.
80. C. GOLDSCHEIDER/A. ZUCKERMANN, The Transformation of the Jews. Chicago/London 1984.
81. H. GOLDSCHMIDT, Das Vermächtnis des deutschen Judentums. Frankfurt am Main 1957.
82. H. GRAETZ, Geschichte der Juden von den ältesten Zeiten bis auf die Gegenwart. 11 Bde. 2. Aufl. Leipzig 1873–1900.
83. K. GRASS/R. KOSELLECK, Emanzipation, in: Geschichtliche Grundbegriffe. Bd. 2. Stuttgart 1975, 153–197.
84. A. HERZIG, Juden und Judentum in der sozialgeschichtlichen Forschung, in: Sozialgeschichte in Deutschland IV. Hrsg. v. W. SCHIEDER/V. SELLIN. Göttingen 1987, 108–132.
85. R. HEUER (Hrsg.), Bibliographia Judaica: Verzeichnis jüdischer Autoren deutscher Sprache. 3 Bde. München/Frankfurt am Main 1981–1988.
86. J. ISRAEL, European Jewry in the Age of Mercantilism, 1550–1750. Oxford 1985.
87. S. JERSCH-WENZEL, The Jews as a ‚Classic‘ Minority in Eighteenth and Nineteenth Century Prussia, in: LBIYB 27 (1982) 37–49.
88. S. JERSCH-WENZEL, Die Lage von Minderheiten als Indiz für den Stand der Emanzipation einer Gesellschaft, in: Sozialgeschichte heute. Hrsg. v. H.-U. WEHLER. Göttingen 1974, 365–287.

89. Jewish Social Studies. New York 1939 ff.
90. Jews and Germans from 1860 to 1933. The Problematic Symbiosis. Hrsg. v. D. BRONSEN, Heidelberg 1979.
91. I. JOST, Neuere Geschichte der Israeliten, in: Geschichte der Israeliten. Bd. 10. Berlin 1846.
92. Juden im Wilhelminischen Deutschland 1890–1914. Ein Sammelband. Hrsg. v. W. E. MOSSE/A. PAUCKER. Tübingen 1976.
93. Juden und jüdische Aspekte in der deutschen Arbeiterbewegung 1848–1918. Int. Symposium. Hrsg. v. W. GRAB. Tel Aviv 1977.
94. (Das) Judentum in der deutschen Umwelt 1800–1850; Studien zur Frühgeschichte der Emanzipation. Hrsg. v. H. LIEBESCHÜTZ/A. PAUCKER. Tübingen 1977.
95. Jüdische Integration und Identität in Deutschland und Österreich 1848–1918. Int. Symposium. Hrsg. v. W. GRAB. Tel Aviv 1984.
96. W. KAMPMANN, Deutsche und Juden. Die Geschichte der Juden in Deutschland vom Mittelalter bis zum Beginn des Ersten Weltkrieges. Heidelberg 1963. N.A.: Frankfurt am Main 1979.
97. J. KATZ, Exclusiveness and Tolerance. Studies in Jewish-Gentile Relations in Medieval and Modern Times. London 1961.
98. J. KATZ, Tradition and Crisis. Jewish Society at the End of the Middle Ages. New York 1971.
99. Leo Baeck Institute Yearbook (= LBIYB). London 1956 ff.
100. Lexikon des Judentums. Hrsg. v. J. F. OPPENHEIMER. 2. Aufl. Gütersloh 1971.
101. E. LÖWENTHAL, Juden in Preußen; biographisches Verzeichnis. Ein repräsentativer Querschnitt. Berlin 1981.
102. R. MAHLER, A History of Modern Jewry, 1780–1815. New York/London 1971.
103. B. MARTIN/E. SCHULIN (Hrsg.), Die Juden als Minderheit in der Geschichte. München 1981.
104. M. MEYER, Die Frage der Kontinuität in jüdischer Geschichte, in: Gesher (hebräisch), 96–97 (1979) 14–21.
105. M. MEYER, Response to Modernity. A History of the Reform Movement in Judaism. Oxford/New York 1988.
106. M. MEYER, Where does the Modern Period of Jewish History Begin?, in: Judaism 24 (1975) 329–338.
107. T. OELSNER, The Place of the Jews in Economic History as viewed by German Scholars. A Critical-Comparative Analysis, in: LBIYB 7 (1962) 183–212.

108. M. PHILIPPSON, Neueste Geschichte des jüdischen Volkes. 3 Bde. Bd. 1, 2. Aufl. Frankfurt am Main 1922, Bd. 2/3 Leipzig 1910/1911.
109. E. REICHMANN, Größe u. Verhängnis deutsch-jüdischer Existenz. Zeugnisse einer tragischen Begegnung. Heidelberg 1974.
110. H. SACHAR, The Course of Modern Jewish History. Cleveland 1958.
111. W. SCHOCHOW, Deutsch-jüdische Geschichtswissenschaft. Eine Geschichte ihrer Organisationsformen unter besonderer Berücksichtigung der Fachbibliographie. Diss. phil. Berlin 1969.
112. H. SCHWAB, The History of Orthodox Jewry in Germany. London 1950.
112a. Y. TALMON, The Unique and the Universal. Some Historical Reflections. London 1965.
113. Tel Aviver Jahrbuch für deutsche Geschichte (Früher: Jahrbuch des Instituts für deutsche Geschichte). Tel Aviv/Gerlingen 1972 ff.
114. J. TOURY, Emanzipation und Assimilation: Begriffe und Umstände, in: Yalkut Moresheth 2 (1964) 167–182 (hebräisch).
115. J. TOURY, Neue hebräische Veröffentlichungen zur Geschichte der Juden im deutschen Lebenskreis, in: [71], 13 (1961) 55–73.
116. J. TOURY, „The Jewish Question": A Semantic Approach, in: LBIYB 11 (1966) 85–106.
117. H. YERUSHALMI, Zachor: Erinnere Dich; jüdische Geschichte und jüdisches Gedächtnis. Berlin 1988.
118. Zeitschrift für die Geschichte der Juden in Deutschland. Braunschweig 1892–1897; N.F. Berlin 1929–1937.

4. Politische, Sozial- und Wirtschaftsgeschichte der Juden in Deutschland, 1780–1918

a) Allgemeine Darstellungen

119. S. BEHR, Der Bevölkerungsrückgang der deutschen Juden. Frankfurt am Main 1932.
120. D. BERMANN, Produktivierungsmythen und Antisemitismus. Assimilatorische und zionistische Berufsumschichtungsbestrebungen unter den Juden Deutschlands und Österreichs bis 1938. Eine historisch/soziologische Studie. Diss. phil. München 1971.

121. I. Freund, Die Emanzipation der Juden in Preußen unter besonderer Berücksichtigung des Gesetzes vom 11. März 1812. 2 Bde. Berlin 1912.
122. R. Glanz, Geschichte des niederen jüdischen Volkes in Deutschland. New York 1968.
123. J. Katz, Aus dem Ghetto in die bürgerliche Gesellschaft: jüdische Emanzipation 1770–1870. Frankfurt am Main 1986.
124. J. Katz, Jews and Freemasons in Europe, 1723–1939. Cambridge, Mass. 1970.
125. G. Kisch, Judentaufen. Eine historisch-biographisch-psychologisch-soziologische Studie besonders für Berlin und Königsberg. Berlin 1973.
126. J. Lestschinsky, Das wirtschaftliche Schicksal des deutschen Judentums. Berlin 1932.
127. S. Lowenstein, The Pace of Modernization of German Jewry in the Nineteenth Century, in: LBIYB 21 (1976) 41–56.
128. S. Lowenstein, The Rural Community and the Urbanization of German Jewry, in: Central European History 13 (1980) 218–236.
129. S. Lowenstein, Voluntary and Involuntary Limitation of Fertility in Nineteenth-Century Bavarian Jewry, in: Modern Jewish Fertility, hrsg. v. P. Ritterband. Leiden 1981, 94–111.
130. A. Marcus, Die wirtschaftliche Krise der deutschen Juden. Berlin 1931.
131. A. Michaelis, Die Rechtsverhältnisse der Juden in Preußen seit dem Beginn des 19. Jahrhunderts. Gesetze, Erlasse, Verordnungen, Entscheidungen. Berlin 1910.
132. W. E. Mosse, The German-Jewish Economic Élite 1820–1935: a Socio-Cultural Profile. Oxford 1989.
133. W. E. Mosse, Jews in the German Economy: The German-Jewish Economic Élite 1820–1935. Oxford 1987.
134. H. Rachel/J. Papritz/P. Wallich, Berliner Großkaufleute und Kapitalisten. 3 Bde. Neu hrsg. v. J. Schultze. Berlin 1967.
135. M. Richarz, Emancipation and Continuity. German Jews in the Rural Economy, in: [177], 95–115.
136. R. Rürup, Emanzipation und Antisemitismus, Studien zur ‚Judenfrage' der bürgerlichen Gesellschaft. Göttingen 1975.
137. R. Rürup, Emanzipation und Krise. Zur Geschichte der ‚Judenfrage' in Deutschland vor 1890, in: [92], 1–56.
138. R. Rürup, German Liberalism and the Emancipation of the Jews, in: LBIYB 20 (1975) 59–68.

139. R. RÜRUP, The Tortuous and Thorny Path to Legal Equality: ‚Jew Laws' and Emancipatory Legislation in Germany from the late Eighteenth Century, in: LBIYB 31 (1986) 3-33.
140. A. SHOHET, Beginnings of the Haskalah among German Jewry (hebräisch). Jerusalem 1960.
141. W. SOMBART, Die Juden und das Wirtschaftsleben. Leipzig 1911.
142. Sozialgeschichte der Juden in Deutschland. Festschrift zum 75. Geburtstag von JACOB TOURY. Hrsg. v. S. VOLKOV/F. STERN. Bd. 20, Tel Aviver Jahrbuch für deutsche Geschichte. Tel Aviv/Gerlingen 1991.
143. S. STERN, Der preußische Staat und die Juden. 7 Bde. Tübingen 1962-1971.
144. S. STERN-TÄUBLER, The Court Jew; a Contribution to the History of Absolutism in Europe. New Brunswick, N.J. 1984.
145. R. STRAUS, Die Juden in Wirtschaft und Gesellschaft. Untersuchungen zur Geschichte einer Minorität. Frankfurt am Main 1964.
146. J. TOURY, Jüdische Textilunternehmer in Baden-Württemberg 1683-1938. Unter Mitwirkung von E. TOURY und P. ZIMMERMANN. Tübingen 1984.
147. J. TOURY, Die politischen Orientierungen der Juden in Deutschland. Von Jena bis Weimar. Tübingen 1966.
148. J. TOURY, Types of Jewish Municipal Rights in German Townships. The Problem of Local Emancipation, in: LBIYB 22 (1977) 55-80.
149. S. VOLKOV, Jüdisches Leben und Antisemitismus im 19. und 20. Jahrhundert. München 1990.

b) 1780-1848

150. S. BARON, Die Judenfrage auf dem Wiener Kongreß. Wien 1920.
151. M. ELIAV, Jüdische Erziehung im Zeitalter der Aufklärung und der Emanzipation, in: [71], 11 (1959) 207-215.
152. H. FISCHER, Judentum, Staat und Heer in Preußen im frühen 19. Jahrhundert. Zur Geschichte der staatlichen Judenpolitik. Tübingen 1968.
153. W. GRAB, Deutscher Jakobinismus und jüdische Emanzipation, in: [73], 265-292.

154. D. HERTZ, Die jüdischen Salons im alten Berlin. Frankfurt am Main 1991.
155. S. JERSCH-WENZEL, Jüdische Bürger und kommunale Selbstverwaltung in preußischen Städten 1808–1848. Berlin 1967.
156. H. KAELBLE, Berliner Unternehmer während der frühen Industrialisierung. Herkunft, sozialer Status und politischer Einfluß. Berlin/New York 1972.
157. J. KARNIEL, Die Toleranzpolitik Kaiser Josephs II. Gerlingen 1986.
158. M. RICHARZ, Der Eintritt der Juden in die akademischen Berufe. Jüdische Studenten und Akademiker in Deutschland 1678–1848. Tübingen 1974.
159. D. SORKIN, The Transformation of German Jewry, 1780–1840. New York/Oxford 1987.
160. E. STERLING, Jewish Reaction to Jew-Hatred in the First Half of the 19th Century, in: LBIYB 3 (1958) 103–121.
161. S. STERN-TÄUBLER, The First Generation of Emancipated Jews, in: LBIYB 15 (1970) 3–40.
162. H. STRAUSS, Pre-Emancipation Prussian Policies Towards the Jews 1815–1847, in: LBIYB 11 (1966) 107–136.
163. H. STRAUSS, Die preußische Bürokratie und die antijüdischen Unruhen im Jahre 1834, in: ders. (Hrsg.), Gegenwart im Rückblick. Heidelberg 1970, 27–55.
164. J. TOURY, Die Anfänge des jüdischen Zeitungswesens in Deutschland, in: [71], 38–39 (1967) 93–123.
165. J. TOURY, Der Anteil der Juden an der städtischen Selbstverwaltung im vormärzlichen Deutschland, in: [71], 23 (1963) 265–286.
166. J. TOURY, Der Eintritt der Juden ins deutsche Bürgertum. Eine Dokumentation. Tel Aviv 1972.
167. J. TOURY, Der Eintritt der Juden ins deutsche Bürgertum, in: [94], 139–242.
168. J. TOURY, Emanzipation und Judenkolonien in der öffentlichen Meinung Deutschlands (1775–1819), in: [113], 11 (1982) 17–53.

c) 1848/49

169. S. BARON, Aspects of the Jewish Communal Crisis in 1848, in: Jewish Social Studies 14 (1952) 99–144.

4. Politische, Sozial- und Wirtschaftsgeschichte 141

170. S. BARON, The Impact of the Revolution of 1848 on Jewish Emancipation, in: Jewish Social Studies 11 (1949) 195–248.
171. W. GRAB/J. H. SCHOEPS (Hrsg.), Juden im Vormärz und in der Revolution von 1848. Stuttgart 1983.
172. W. HÄUSLER, Konfessionelle Probleme in der Wiener Revolution von 1848, in: Studia Judaica Austraica. Bd. 1: Das Judentum im Revolutionsjahr 1848. Wien 1974, 64–77.
173. W. HÄUSLER, Demokratie und Emanzipation 1848, in: [172], 92–111.
174. A. KOBER, Jews in the Revolution of 1848 in Germany, in: Jewish Social Studies 10 (1948) 135–164.
175. W. E. MOSSE, The Revolution of 1848 – Jewish Emancipation in Germany and its Limits, in: [177], 389–402.
176. M. PAZI, Die Juden in der ersten deutschen Nationalversammlung, 1848/49, in: [113], 5 (1976) 177–209.
177. Revolution and Evolution: 1848 in German-Jewish History. Hrsg. v. W. E. MOSSE/A. PAUCKER/R. RÜRUP. Tübingen 1981.
178. M. RIFF, The Anti-Jewish Aspect of the Revolutionary Unrest of 1848 in Baden and its Impact on Emancipation, in: LBIYB 22 (1976) 27–40.
179. R. RÜRUP, The European Revolution of 1848 and Jewish Emancipation, in: [177], 1–54.
180. J. TOURY, Die Revolution von 1848 als innerjüdischer Wendepunkt, in: [94], 359–376.
181. J. TOURY, Turmoil and Confusion in the Revolution of 1848. The Anti-Jewish Riots in the „Year of Freedom" and their Influence on Modern Antisemitism (hebräisch). Tel Aviv 1968.
182. R. WIRTZ, ‚Widersetzlichkeiten, Excesse, Crawalle, Thumulte und Skandale'. Soziale Bewegung und gewalthafter sozialer Protest in Baden, 1815–1848. Frankfurt am Main 1981.

d) 1849–1918

183. S. ADLER-RUDEL, Ostjuden in Deutschland 1880–1940. Zugleich eine Geschichte der Organisationen, die sie betreuten. Tübingen 1959.
184. W. ANGRESS, The German Army's ‚Judenzählung' of 1916. Genesis – Consequences – Significance, in: LBIYB 23 (1978) 117–137.
185. W. ANGRESS, Prussian Army and the Jewish Reserve Officer Controversy before World War I, in: LBIYB 17 (1972) 19–42.

186. S. ASCHHEIM, Brothers and Strangers. The East European Jew in German and German-Jewish Consciousness, 1800–1923. Madison, Wis. 1982.
187. A. BARKAI, German-Jewish Migrations in the Nineteenth Century, 1830–1910, in: LBIYB 30 (1985) 301–318.
188. A. BARKAI, Jüdische Minderheit und Industrialisierung. Demographie, Berufe und Einkommen der Juden in Westdeutschland 1850–1914. Tübingen 1988.
189. A. BARKAI, Sozialgeschichtliche Aspekte der deutschen Judenheit in der Zeit der Industrialisierung, in: [113], 11 (1982) 237–260.
190. A. BÖHM, Die zionistische Bewegung. Berlin 1935.
191. A. BORNSTEIN, Die Betteljuden. Aus der Geschichte der Juden in Deutschland (hebräisch). Jerusalem 1992.
192. M. BREUER, Jüdische Orthodoxie im Deutschen Reich 1871–1918. Sozialgeschichte einer religiösen Minderheit. Frankfurt am Main 1986.
193. Y. ELONI, Zionismus in Deutschland von den Anfängen bis 1914. Gerlingen 1987.
194. E. HAMBURGER, Juden im öffentlichen Leben Deutschlands. Regierungsmitglieder, Beamte und Parlamentarier in der monarchischen Zeit 1848–1918. Tübingen 1968.
195. P. HONIGMANN, Die Austritte aus der Jüdischen Gemeinde Berlin 1873–1941. Statistische Auswertung und historische Interpretation. Frankfurt am Main 1988.
196. M. KAPLAN, Die jüdische Frauenbewegung in Deutschland. Organisation und Ziele des Jüdischen Frauenbundes 1904–1938. Hamburg 1981.
197. M. KAPLAN, For Love or Money – The Marriage Strategies of Jews in Imperial Germany, in: LBIYB 28 (1983) 263–302.
198. M. KAPLAN, The Making of the Jewish Middle Class. Women and German-Jewish Identity in Imperial Germany. Oxford 1991.
199. M. KAPLAN, Tradition and Transition: the Acculturation, Assimilation and Integration of Jews in Imperial Germany; a Gender Analysis, in: LBIYB 27 (1982) 3–35.
200. H. KLINKENBERG, Zwischen Liberalismus und Nationalismus im zweiten Kaiserreich (1870–1914), in: Monumenta Judaica. 2000 Jahre Geschichte und Kultur der Juden am Rhein. Hrsg. v. K. SCHILLING. Köln 1963, 309–384.

201. M. LAMBERTI, Jewish Activism in Imperial Germany. The Struggle for Civil Equality. New Haven/London 1978.
202. M. LAMBERTI, The Jewish Struggle for the Legal Equality of Religions in Imperial Germany, in: LBIYB 23 (1978) 101–116.
203. D. LANDES, The Jewish Merchant – Typology and Stereotypology in Germany, in: LBIYB 19 (1974) 11–23.
204. W. E. MOSSE, Judaism, Jews and Capitalism. Weber, Sombart and Beyond, in: LBIYB 24 (1979) 3–15.
205. S. NA'AMAN, Jüdische Aspekte des deutschen Nationalvereins (1859–1867), in: [113], 15 (1986) 285–308.
206. A. PAUCKER, Zur Problematik einer jüdischen Abwehrstrategie in der deutschen Gesellschaft, in: [92], 479–548.
207. S. POPPEL, Zionism in Germany 1897–1933. The Shaping of a Jewish Identity. Philadelphia 1976.
208. A. PRINZ, Juden im deutschen Wirtschaftsleben; soziale und wirtschaftliche Struktur im Wandel 1850–1914. Hrsg. v. A. BARKAI. Tübingen 1984.
209. S. RAGINS, Jewish Responses to Antisemitism in Germany 1870–1914. Diss. phil. Brandeis Univ. Waltham, Mass./Ann Arbor, Mich. 1972.
210. T. RAHE, Frühzionismus und Judentum. Frankfurt am Main 1988.
211. T. RASEHORN, Der Untergang der deutschen linksbürgerlichen Kultur: beschrieben nach den Lebensläufen jüdischer Juristen. Baden-Baden 1988.
212. E. REICHMANN, Der Bewußtseinswandel der deutschen Juden, in: [72], 511–612.
213. J. REINHARZ, Deutschtum und Judentum in the Ideology of the Centralverein deutscher Staatsbürger jüdischen Glaubens 1893–1914, in: Jewish Social Studies 36 (1974) 19–39.
214. J. REINHARZ (Hrsg.), Dokumente zur Geschichte des deutschen Zionismus 1882–1933. Tübingen 1981.
215. J. REINHARZ, Fatherland or Promised Land: The Dilemma of the German Jew, 1893–1914. Ann Arbor, Mich. 1975.
216. C. SCHATZKER, Jüdische Jugend im Zweiten Kaiserreich. Sozialisations- und Erziehungsprozeß der jüdischen Jugend in Deutschland, 1870–1917. Frankfurt am Main 1988.
217. U. SCHMELZ, Die demographische Entwicklung der Juden in Deutschland von der Mitte des 19. Jahrhunderts bis 1933, in: Zeitschrift für Bevölkerungswissenschaften 8 (1982) 31–72.

218. G. SCHOLEM, Zur Sozialpsychologie der Juden in Deutschland 1900–1930, in: ders., Judaica 4. Frankfurt am Main 1984.
219. I. SCHORSCH, Jewish Reactions to German Anti-Semitism, 1870–1914. New York/London 1972.
220. J. SEGALL, Die beruflichen und sozialen Verhältnisse der Juden in Deutschland. Berlin 1912.
221. F. THEILHABER, Der Untergang der deutschen Juden; eine volkswirtschaftliche Studie. Berlin 1912.
222. J. THON, Die jüdischen Gemeinden und Vereine in Deutschland. Berlin 1906.
223. J. THON, Der Anteil der Juden am Unterrichtswesen in Preußen. Berlin 1905.
224. O. THON, Essays zur zionistischen Ideologie. Berlin 1930.
225. J. TOURY, Organizational Problems of German Jewry: Step towards the Establishment of a Central Organization (1893–1920), in: LBIYB 13 (1968) 57–90.
226. J. TOURY, Zur Problematik der jüdischen Führungsschichten im deutschsprachigen Raum 1880–1933, in: [113], 16 (1987) 251–281.
227. J. TOURY, Soziale und politische Geschichte der Juden in Deutschland 1847–1871. Zwischen Revolution, Reaktion und Emanzipation. Düsseldorf 1977.
228. J. TOURY, Ostjüdische Handarbeiter in Deutschland vor 1914, in: [71], 21 (1963) 81–91.
229. D. VITAL, The Origins of Zionism. Oxford 1975.
230. D. VITAL, Zionism: The Formative Years. Oxford 1982.
231. D. VITAL, Zionism: The Crucial Phase. Oxford 1987.
232. S. VOLKOV, Erfolgreiche Assimilation oder Erfolg und Assimilation. Die deutsch-jüdische Familie im Kaiserreich, in: Wissenschaftskolleg zu Berlin, Jahrbuch 1982/83. Berlin 1984, 374–387.
233. H. WASSERMANN, Jews and Judaism in the Gartenlaube, in: LBIYB 23 (1978) 47–60.
234. H. WASSERMANN, Jews, ‚Bürgertum‘ und ‚bürgerliche Gesellschaft‘ in a Liberal Era (1840–1880). Diss. phil. Jerusalem 1979.
235. J. WERTHEIMER, Unwelcome Strangers: East European Jews in Imperial Germany. Oxford/New York 1987.
236. J. WERTHEIMER, ‚The Unwanted Element‘. East European Jews in Imperial Germany, in: LBIYB 26 (1981) 23–46.

237. J. WERTHEIMER, The ‚Ausländerfrage' at Institutions of Higher Learning: a Controversy over Russian-Jewish Students in Imperial Germany, in: LBIYB 27 (1982) 187–215.
238. R. WISTRICH, Socialism and the Jews: The Dilemmas of Assimilation in Germany and Austria-Hungary. London 1982.
239. E. ZECHLIN, Die deutsche Politik und die Juden im Ersten Weltkrieg. Göttingen 1969.
240. Y. ZUR, Deutsch-Jüdische Orthodoxie und ihr Verhalten gegenüber internationalen Organisationen und Zionismus (1869–1911). Diss. Phil. (hebräisch). Tel Aviv 1982.

5. Kultur- und Geistesgeschichte

241. A. ALTMANN, Essays in Jewish Intellectual History. Hanover, N.H./London 1981.
242. A. ALTMANN, Moses Mendelssohn as the Archetypical German Jew, in: [263], 17–31.
243. A. ALTMANN, Studies in Jewish Religious and Intellectual History. Hrsg. v. S. STEIN/R. LOEWE. Alabama 1979.
244. A. ALTMANN, Studies in Nineteenth-Century Jewish Intellectual History. Cambridge, Mass. 1964.
245. S. AVINERI, Marx and Jewish Emancipation, in: JHIdeas 25 (1964) 445–450.
246. E. BRAMSTED, Aristocracy and the Middle-Classes in Germany. Social Types in German Literature 1830–1900. Chicago 1964.
247. J. CARLEBACH, The Forgotten Connection. Women and Jews in the Conflict between Enlightenment and Romanticism, in: LBIYB 24 (1979) 107–138.
248. J. CARLEBACH, Deutsche Juden und der Säkularisierungsprozeß in der Erziehung – Kritische Bemerkungen zu einem Problemkreis der jüdischen Emanzipation, in: [94], 55–93.
249. J. CARLEBACH, Karl Marx and the Radical Critique of Judaism. London 1978.
250. CONDITIO JUDAICA: Judentum, Antisemitismus und deutschsprachige Literatur vom 18. Jahrhundert bis zum Ersten Weltkrieg. Hrsg. v. H. O. HORCH und H. DENKLER. 2 Bde. Tübingen 1988/89.
251. J. DORON, Rassenbewußtsein und naturwissenschaftliches Denken im deutschen Zionismus während der wilhelminischen Ära, in: [113], 9 (1980) 389–427.

252. D. ELLENSON, A Response by Modern Orthodoxy to Jewish Religious Pluralism: The Case of Esriel Hildesheimer, in: Tradition 17 (1979) 74–89.
253. D. ELLENSON, The Role of Reform in Selected German-Jewish Orthodox Responsa: A Sociological Analysis, in: Hebrew Union College Annual 53 (1982) 357–380.
254. P. FREIMARK, Language Behaviour and Assimilation. The Situation of the Jews in Northern Germany in the First Half of the Nineteenth Century, in: LBIYB 24 (1979) 157–177.
255. A. FUNKENSTEIN, The Political Theory of Jewish Emancipation from Mendelssohn to Herzl, in: [73], 13–28.
256. A. FUNKENSTEIN, Hermann Cohen: Philosophie, Deutschtum und Judentum, in: [95], 355–364.
257. P. GAY, Freud, Juden und andere Deutsche; Herren und Opfer in der modernen Kultur. Hamburg 1986.
258. H. GRAUPE, Die Entstehung des modernen Judentums. Geistesgeschichte der deutschen Juden 1650–1942. Hamburg 1969.
259. F. GRUNFELD, Prophets without Honour. A Background to Freud, Kafka, Einstein and their World. New York 1979.
260. J. GUTTMANN, Die Philosophie des Judentums. München 1933.
261. H. O. HORCH, Auf der Suche nach der jüdischen Erzählliteratur. Die Literaturkritik der „Allgemeinen Zeitung des Judentums" (1837–1922). Frankfurt am Main 1985.
262. H. O. HORCH (Hrsg.), Judentum, Antisemitismus und europäische Kultur. Tübingen 1988.
263. (The) Jewish Response to German Culture: from the Enlightenment to the Second World War. Hrsg. v. J. REINHARZ/W. SCHATZBERG. Hanover, N.H./London 1985.
264. S. KAZNELSON (Hrsg.), Juden im deutschen Kulturbereich, 2. Ausgabe. Berlin 1959.
265. Kirche und Synagoge. Handbuch zur Geschichte von Christen und Juden. Darstellung mit Quellen. Hrsg. v. K. H. RENGSTORF und S. VON KORTZFLEISCH. 2 Bde. Stuttgart 1967.
266. S. LOWENSTEIN, The Yiddish Written Word in Nineteenth-Century Germany, in: LBIYB 24 (1979) 179–192.
267. H. LIEBESCHÜTZ, Von Georg Simmel zu Franz Rosenzweig. Studien zum jüdischen Denken im deutschen Kulturbereich. Tübingen 1970.
268. H. LIEBESCHÜTZ, Das Judentum im deutschen Geschichtsbild von Hegel bis Max Weber. Tübingen 1967.

269. P. MENDES-FLOHR, From Mysticism to Dialogue: Martin Buber's Transformation of German Social Thought. Detroit 1988.
270. M. MEYER, Jewish Religious Reform and Wissenschaft des Judentums. The Position of Zunz, Geiger and Frankel, in: LBIYB 16 (1971) 19–41.
271. M. MEYER, The Origins of the Modern Jew. Jewish Identity and European Culture in Germany, 1749–1824. Detroit 1975.
272. M. MEYER, The Religious Reform Controversy in the Berlin Jewish Community, 1814–1823, in: LBIYB 24 (1979) 139–155.
273. R. MICHAEL, I. M. Jost und sein Werk, in: [71], 3 (1960) 239–258.
274. G. L. MOSSE, German Jews beyond Judaism. Bloomington, Ind. 1985.
275. G. L. MOSSE, Jewish Emancipation: Between Bildung and Respectability, in: [263], 1–16.
276. G. L. MOSSE, The Image of the Jew in German Popular Culture: Felix Dahn and Gustav Freytag, in: LBIYB 2 (1957) 218–227.
277. R. PASCAL, The Jew as Alien and Bourgeois, in: ders., From Naturalismus to Expressionismus. German Literature and Society 1880–1918. London 1973, 67–84.
278. M. PELLI, The Age of Haskalah. Studies in Hebrew Literature of the Enlightenment in Germany. Leiden 1979.
279. N. ROTENSTREICH, Jewish Philosophy in Modern Times. New York 1968.
280. N. ROTENSTREICH, Tradition and Reality. The Impact of History on Modern Jewish Thought. New York 1972.
281. N. ROTENSTREICH, For and Against Emancipation: The Bruno Bauer Controversy, in: LBIYB 4 (1959) 3–36.
282. N. ROTENSTREICH, Jews and German Philosophy; the Polemics of Emancipation. New York 1984.
283. H. J. SCHOEPS, Geschichte der jüdischen Religionsphilosophie in der Neuzeit. Berlin 1935.
284. J. H. SCHOEPS (Hrsg.), Juden als Träger bürgerlicher Kultur in Deutschland. Stuttgart 1989.
285. G. SCHOLEM, Judaica. 4 Bde. Frankfurt am Main 1968–84.
286. G. SCHOLEM, Wissenschaft vom Judentum einst und jetzt, in: Bulletin des LBI 9 (1961) 10–20.
287. I. SCHORSCH, The Emergence of Historical Consciousness in Modern Judaism, in: LBIYB 23 (1983) 413–437.

288. I. SCHORSCH, The Ethos of Modern Jewish Scholarship, in: LBIYB 35 (1990) 55–71.
289. I. SCHORSCH, The Myth of the Sephardic Supremacy, in: LBIYB 34 (1989) 47–66.
290. I. SCHORSCH, The Religious Parameters of Wissenschaft: Jewish Academics at Prussian Universities, in: LBIYB 25 (1980) 3–19.
291. I. SCHORSCH, Scholarship in the Service of Reform, in: LBIYB 35 (1990) 73–101.
292. I. SCHORSCH, Zacharias Frankel and the European Origins of Conservative Judaism, in: Judaism 30 (1981) 344–354.
293. E. SILBERNER, Sozialisten zur Judenfrage. Ein Beitrag zur Geschichte des Sozialismus vom Anfang des 19. Jahrhunderts bis 1914. Berlin 1962.
294. U. TAL, Christians and Jews in Germany. Religion, Politics and Ideology in the Second Reich, 1870–1914. Ithaca, N.Y. 1974.
295. U. TAL, German-Jewish Social Thought in the Mid-Nineteenth Century, in: [177], 299–328.
296. U. TAL, Theologische Debatte um das „Wesen" des Judentums, in: [92], 599–632.
297. J. TOURY, The Revolution that Did Not Happen. A Reappraisal of Reform-Judaism, in: Zeitschrift für Religions- und Geistesgeschichte 36 (1984) 193–203.
298. S. UCKO, Geistesgeschichtliche Grundlagen der Wissenschaft des Judentums, in: Zeitschrift für die Geschichte der Juden in Deutschland 5 (1935) 1–34.
299. R. WELTSCH, An der Wende des modernen Judentums. Betrachtungen aus fünf Jahrzehnten. Tübingen 1972.
300. R. WELTSCH, Die deutsche Judenfrage; ein kritischer Rückblick. Königstein/Ts. 1981.
301. M. WIENER, Jüdische Religion im Zeitalter der Emanzipation, Berlin 1924.

6. Zur Geschichte des Antisemitismus

302. H. ARENDT, Elemente und Ursprünge totaler Herrschaft. Frankfurt am Main 1955.
303. A. BEIN, Die Judenfrage. Biographie eines Weltproblems. 2 Bde. Stuttgart 1980.

304. I. BELKE, Liberal Voices on Anti-Semitism in the 1880's. Letters to Moritz Lazarus, 1880–1883, in: LBIYB 23 (1978) 61–87.
305. H. BERDING, Moderner Antisemitismus in Deutschland. Frankfurt am Main 1988.
306. D. BERING, Der Name als Stigma. Antisemitismus im deutschen Alltag 1812–1933. Stuttgart 1987.
307. W. BOEHLICH (Hrsg.), Der Berliner Antisemitismusstreit. Frankfurt am Main 1965.
308. M. BROSZAT, Die antisemitische Bewegung im wilhelminischen Deutschland. Diss. phil. Köln 1952.
309. V. EICHSTÄTT, Bibliographie zur Geschichte der Judenfrage. Bd. 1: 1750–1848. Hamburg 1938.
310. R. ERB/W. BERGMANN, Die Nachtseite der Judenemanzipation. Der Widerstand gegen die Integration der Juden in Deutschland 1780–1860. Berlin 1989.
311. S. ETTINGER, Antisemitismus in der Neuzeit (hebräisch). Tel Aviv 1978.
312. H. GREIVE, Geschichte des modernen Antisemitismus in Deutschland. Darmstadt 1983.
313. I. HAMEL, Völkischer Verband und nationale Gewerkschaft; der Deutschnationale Handlungsgehilfen-Verband 1893–1933. Frankfurt am Main 1967.
314. A. HERZIG, The Role of Antisemitism in the Early Years of the German Workers' Movement, in: LBIYB 26 (1981), 243–259.
315. W. JOCHMANN, Gesellschaftskrise und Judenfeindschaft in Deutschland 1870–1945. Hamburg 1988.
316. N. KAMPE, Jews and Antisemites at Universities in Imperial Germany: I. Jewish Students: Social History and Social Conflict, in: LBIYB 30 (1985) 357–394; II. The Friedrich-Wilhelms-Universität of Berlin: A Case Study of the Students' „Jewish Question", in: LBIYB 32 (1987) 43–101.
317. N. KAMPE, Studenten und „Judenfrage" im Deutschen Kaiserreich. Die Entstehung einer akademischen Trägerschicht des Antisemitismus. Göttingen 1988.
318. J. KATZ, Vom Vorurteil bis zur Vernichtung. Der Antisemitismus 1700–1933. München 1989.
319. A. LESCHNITZER, The Magic Background of Modern Antisemitism. An Analysis of the German-Jewish Relationship. New York 1965.
320. R. LEUSCHEN-SEPPEL, Sozialdemokratie und Antisemitismus im Kaiserreich. Die Auseinandersetzungen der Partei mit den

konservativen und völkischen Strömungen des Antisemitismus 1871-1914. Bonn 1978.
321. R. LEVY, The Downfall of the Anti-Semitic Political Parties in Imperial Germany. New Haven/London 1975.
322. P. MASSING, Vorgeschichte des politischen Antisemitismus. Hrsg. von M. Horkheimer/Th. Adorno. Frankfurt am Main 1959.
323. W. MOHRMANN, Antisemitismus. Ideologie und Geschichte im Kaiserreich und in der Weimarer Republik. Berlin (Ost) 1972.
324. G. L. MOSSE, Culture, Civilization and German Anti-Semitism, in: Judaism 7 (1958) 256-266.
325. G. L. MOSSE, Towards the Final Solution. A History of European Racism. London 1979.
326. T. NIPPERDEY/R. RÜRUP, Antisemitismus, in: Geschichtliche Grundbegriffe. Bd. 1. Stuttgart 1972, 129-153.
327. L. POLIAKOV, Geschichte des Antisemitismus. 6 Bde. Worms 1977-1987.
328. H. J. PUHLE, Agrarische Interessenpolitik und preußischer Konservatismus im Wilhelminischen Reich (1893-1914). Hannover 1966.
329. P. PULZER, Die Entstehung des politischen Antisemitismus in Deutschland und Österreich 1867-1914. Gütersloh 1966.
330. E. REICHMANN, Die Flucht in den Haß. Die Ursachen der deutschen Judenkatastrophe. Frankfurt am Main 1956.
331. J. RETALLACK, Anti-Semitism, Conservative Propaganda and Regional Politics in late Nineteenth Century Germany, in: German Studies Review 11 (1988) 377-403.
332. R. RÜRUP, Sozialismus und ‚Judenfrage' in Deutschland, in: [93], 203-227.
333. E. STERLING, Judenhaß. Die Anfänge des politischen Antisemitismus in Deutschland (1815-1850). Frankfurt am Main 1969 (erstmals als: Er ist wie du. Aus der Frühgeschichte des Antisemitismus in Deutschland 1815-1850. München 1956).
334. E. STERLING, Anti-Jewish Riots in Germany in 1819: A Displacement of Social Protest, in: Historia Judaica 2 (1950) 105-142.
335. H. STRAUSS/N. KAMPE (Hrsg.), Antisemitismus. Von der Judenfeindschaft zum Holocaust. Frankfurt am Main 1986.
336. B. SUCHY, The Verein zur Abwehr des Antisemitismus – From its Beginning to the First World War, in: LBIYB 28 (1983) 205-239; 30 (1985) 67-103.

337. K. THIEME (Hrsg.), Judenfeindschaft – Darstellung und Analysen. Frankfurt am Main 1963.
338. S. VOLKOV, The Immunization of Social Democracy against Anti-Semitism in Imperial Germany, in: [93], 63–83.
339. M. ZIMMERMANN, Wilhelm Marr. The Patriarch of Antisemitism. New York/Oxford 1986.
340. M. ZIMMERMANN, Two Generations in the History of German Antisemitism. The Letters of Theodor Fritsch to Wilhelm Marr, in: LBIYB 23 (1978) 89–99.

7. Geschichte der einzelnen Gemeinden und Regionalgeschichte

341. Z. ASARIA (Hrsg.), Die Juden in Köln von den ältesten Zeiten bis in die Gegenwart. Köln 1959.
342. J. BARTYS, Grand Duchy of Poznan under Prussian Rule. Changes in the Economic Position of the Jewish Population 1815–1848, in: LBIYB 17 (1972) 191–204.
343. Bild und Selbstbild der Juden Berlins zwischen Aufklärung und Romantik. Hrsg. v. M. AWERBUCH/S. JERSCH-WENZEL. Berlin 1992.
344. B. BRILLING, Die jüdischen Gemeinden Mittelschlesiens, Entstehung und Geschichte. Stuttgart 1972.
345. V. CARON/P. HYMAN, The Failed Alliance; Jewish-Catholic Relations in Alsace-Lorraine, in: LBIYB 26 (1981) 3–21.
346. V. CARON, Between France and Germany: The Jews of Alsace-Lorraine 1871–1971. Stanford 1988.
347. Dokumente zur Geschichte der jüdischen Bevölkerung in Rheinland-Pfalz und im Saarland von 1800 bis 1945. 2 Bde. Bearb. von G. F. BÖHN/E. BUCHER. Koblenz 1982.
348. A. DRABEK/W. HÄUSLER/K. SCHUBERT/K. STUHLPFARRER, Das österreichische Judentum. Voraussetzungen und Geschichte. Hrsg. v. N. VIELMETTI. Wien/München 1974.
349. S. ECHT, Die Geschichte der Juden in Danzig. Leer 1972.
350. P. FREIMARK/A. HERZIG (Hrsg.), Die Hamburger Juden in der Emanzipationsphase (1780–1879). Hamburg 1989.
351. L. GEIGER, Geschichte der Juden in Berlin. 2 Bde. Berlin 1871.
352. Geschichte und Kultur der Juden in Bayern: Lebensläufe. Hrsg. v. M. TREML/W. WEIGAND. München 1988.

353. A. GOLDSTEIN, Urbanization in Baden, Germany: Focus on the Jews, 1825–1925, in: Social Science History 8 (1984) 43–66.
354. W. HAGEN, Germans, Poles and Jews; the Nationality Conflict in the Prussian East, 1772–1914. Chicago 1980.
355. A. HERZIG, Judentum und Emanzipation in Westfalen. Münster 1973.
356. U. JEGGLE, Judendörfer in Württemberg. Tübingen 1969.
357. S. JERSCH-WENZEL, Juden und ‚Franzosen' in der Wirtschaft des Raumes Berlin–Brandenburg zur Zeit des Merkantilismus. Berlin 1978.
358. S. JERSCH-WENZEL, Die Juden als Bestandteil der oberschlesischen Bevölkerung in der ersten Hälfte des 19. Jahrhunderts, in: Deutsche – Polen – Juden. Ihre Beziehungen von den Anfängen bis ins 20. Jahrhundert. Hrsg. v. S. JERSCH-WENZEL. Berlin 1987, 191–209.
359. I. KRACAUER, Geschichte der Juden in Frankfurt am Main (1150–1824). 2 Bde. Frankfurt am Main 1925–27.
360. H. KROHN, Die Juden in Hamburg 1800–1850. Ihre soziale, kulturelle und politische Entwicklung während der Emanzipationszeit. Frankfurt am Main 1967.
361. H. KROHN, Die Juden in Hamburg. Die politische, soziale und kulturelle Entwicklung einer jüdischen Großstadtgemeinde nach der Emanzipation 1848–1918. Hamburg 1974.
362. H. LAMM, Von Juden in München. Ein Gedenkbuch. München 1958.
363. R. LIBERLES, Religious Conflict in Social Context; the Resurgence of Orthodox Judaism in Frankfurt am Main, 1838–1877. Westport, Conn./London 1985.
364. E. LÖWENTHAL, In the Shadow of Doom. Post-War Publications on Jewish Communal History in Germany (III), in: LBIYB 11 (1966) 306–335, 15 (1970) 223–242, 23 (1978) 283–308, 29 (1984) 419–468.
365. G. MARWEDEL, Geschichte der Juden in Hamburg, Altona und Wandsbek. Hamburg 1982.
366. S. MAYER, Die Wiener Juden, Kommerz, Kultur, Politik 1700–1900. Wien/Berlin 1917.
367. H. MEYER, Aus Geschichte und Leben der Juden in Westfalen. Eine Sammelschrift. Frankfurt am Main 1962.
368. M. MEYER, Die Gründung des Tempels in Hamburg, in: Studien zur Geschichte der jüdischen Gesellschaft im Mittelalter und in der Neuzeit (hebräisch). Jerusalem 1980, 218–224.

7. Geschichte der einzelnen Gemeinden und Regionalgeschichte 153

369. A. MÜLLER, Die Geschichte der Juden in Köln von der Wiederzulassung 1798 bis um 1850. Ein Beitrag zur Sozialgeschichte einer Minderheit. Köln 1984.
370. B. OPHIR/S. SCHMIEDT/C. TURTEL-ABERZHANSKA (Hrsg.), Pinkas Hakehillot. Encyclopaedia of Jewish Communities from their Foundation till after the Holocaust: Germany-Bavaria. Jerusalem 1972.
372. M. ROZENBLIT, Die Juden Wiens 1867–1914. Assimilation und Identität. Wien 1989.
372. H. SCHMITT (Hrsg.), Juden in Karlsruhe: Beiträge zu ihrer Geschichte bis zur nationalsozialistischen Machtergreifung. Karlsruhe 1988.
373. S. SCHWARZ, Die Juden in Bayern im Wandel der Zeiten. München 1963.
374. A. TÄNZER, Die Geschichte der Juden in Württemberg. Frankfurt am Main 1983.
375. H. TIETZE, Die Juden Wiens. Geschichte – Wirtschaft – Kultur. Wien 1933.
376. F. WIESEMANN, Bibliographie zur Geschichte der Juden in Bayern, München 1989.
377. R. WISTRICH, Austrian Social Democracy and the Problem of Galician Jewry 1890–1914, in: LBIYB 26 (1981) 89–124.
378. R. WISTRICH, The Jews of Vienna in the Age of Franz Joseph. Oxford/New York 1989.
379. M. ZIMMERMANN, Hamburger Patriotismus und deutscher Nationalismus. Die Emanzipation der Juden in Hamburg 1830–1865. Hamburg 1979.

Register

Personenregister

ADLER-RUDEL, S. 129
Ahlwardt, H. 50
Alkalai, J. 126
Althoff, F. 55
ALTMANN, A. 88–89, 92, 99
ARENDT, H. 77–78, 88, 91, 118
ASARIA, Z. 79
Ascher, S. 21, 24, 89
ASCHHEIM, S. 58–59, 129
Auerbach, B. 37

Baeck, L. 65, 95, 122–123
Ballin, A. 113
BARKAI, A. 81, 83, 85, 113–116
BARON, S. 109, 110
Bauer, B. 22, 102
Beer, J. H. 26
BEHR, S. 115
BEIN, A. 127
BELKE, I. 123
Bendavid, L. 24
BEN-SASSON, H. 75, 83, 87
BERDING, H. 107, 118
BERGMANN, W. 118
BERING, D. 81
BERLINER, A. 76
Bernays, I. 26
BERNSTEIN, R. 124
Bing, A. 26
Birnbaum, N. 62
Bismarck, O. von 44, 48, 118
Bleichröder, G. 42, 48, 113
Blumenfeld, K. 64
Bodenheimer, M. 61–63
BOEHLICH, W. 105
Böckel, O. 50
BÖHM, A. 126
Börne, L. 79

BORNSTEIN, A. 81, 94
BREUER, M. 98, 99, 130
Breslau, H. 49
BRILLING, B. 79
BROSZAT, M. 78
Buber, M. 59, 64, 66, 79, 88, 89

CARLEBACH, J. 87, 105
„Chatam Sopher" 25
CECIL, L. 113
CHICKERING, R. 120
Claß, H. 53
Cohen, H. 49, 65, 66, 79, 95, 122–123
Creizenach, M. 32

Detmold, J. 37
Deutsch, I. 26
Dohm, C. W. 3, 18, 92, 99, 102
DORON, J. 126
Droysen, J. 50
Dubnow, S. 75, 86, 94, 102, 109
Dühring, E. 62

ELBOGEN, I. 77, 109
ELEY, G. 53
ELIAV, M. 80, 83, 128
Ellstätter, M. 44
ELLENSON, D. 99
ELONI, Y. 94, 127
Emden, J. 87
Ephraim, V. 8, 9
ERB, R. 118
Erzberger, M. 68
Eschelbacher, J. 123
ETTINGER, S. 75, 83, 88, 118–119
Ettlinger, J. 26, 30, 36, 99

Fischhof, A. 37
Formstecher, S. 100
Förster, B. 50
Fränkel 8
Frankel, Z. 28–29, 74, 97, 100
FREUND, I. 124
Freytag, G. 44
FRIEDLANDER, A. 122
Friedländer, D. 12, 14, 16
FRIEDLÄNDER, F. 100
FRIEDLÄNDER, S. 67
Friedrich II. 8
Fritsch, T. 50
FUCHS, E. 124
FUNKENSTEIN, A. 66, 89, 123
Fürst, J. 37

Gans, E. 27, 73, 96, 99
GAY, P. 84
Geiger, A. 28–30, 33, 74, 94–97, 100
GEIGER, L. 125
Glagau, O. 48
GLATZER, N. 100
Gneist, R. von 50, 55
Gobineau, G. F. Graf 45
Graetz, H. 74–76, 86, 94, 102, 109
GRASS, K. 102
GRAUPE, H. 87, 89, 100
GREIVE, H. 118
Grünebaum 36
Güdemann, M. 76, 123
Gumperts, A. S. 9, 11
Gumperts, H. 8
GUTTMANN, G. 79, 100

HALPERN, B. 126
HAMBURGER, E. 85, 100, 109
HAMEL, I. 120
Hantke, A. 64
Harnack, Adolf von 65
HÄUSLER, W. 108
Heckscher, M. 37
Hegel, G. W. F. 27
Heine, H. 17, 27, 79, 89
Henrici, E. 50
Herder, J. G. 29
Hermann, G. 59
HERTZ, D. 90–91
HERTZBERG, A. 126
Herz, H. 11, 13

Herz, M. 11
Herzfeld, H. 79
HERZIG, A. 80, 106, 121
Herzl, T. 62, 127–128
Hess, M. 88, 102, 126
Hildesheimer, E. 99
Hirsch, S. R. 30–31, 33, 74, 89, 94, 99
Hohenlohe-Schillingsfürst, C. von 47
Holdheim, S. 29, 74, 94, 100
Humboldt, W. von 15, 18, 105

Isaak, M. 8
ISRAEL, J. 83
Itzig, D. 8, 9

Jacobson, I. 25
Jacoby, J. 37
Jellinek, H. 37
Jersch-Wenzel, Wenzel, S. 80, 83, 106, 108, 116
JOCHMANN, W. 120–121
Joseph II. 3, 18
JOST, I. M. 73, 87, 89, 109

Kafka, F. 59, 79
Kalischer, Z. H. 126
KAMPMANN, W. 79
Kant, I. 16, 28, 49
KAPLAN, M. 90, 130
KATZ, J. 14, 80, 82–83, 86, 88, 92, 94, 97, 102–103, 105, 109, 118–119
KAZNELSON, S. 84
Kley, E. 32
KOBER, A. 85, 109
KOSELLECK, R. 102
Kuranda, I. 37

LAMBERTI, M. 121, 125
LAMM, H. 79
LANDES, D. 114
LAQUEUR, W. 126
LAVSKI, H. 127
Lazarus, M. 65, 95, 123
LESCHNITZER, H. 79, 90
Lessing, G. E. 88, 92, 99
LESTSCHINSKY, J. 115
LEUSCHEN-SEPPEL, R. 121
LEVY, R. S. 119

LIBERLES, R. 98, 99
LICHTHEIM, R. 64, 124, 126–127
Liebermann von Sonnenberg, M. 50
LIEBESCHÜTZ, H. 100
LOWENSTEIN, S. 98, 116
LÖWENTHAL, E. G. 79
Löwi, I. 26
Luzzatto, S. D. 74

Maimon, S. 11, 16
MARCUS, A. 115
Marcuse, A. 8
MARGALIOT, A. 125
Marx, K. 22, 23, 102
MASSING, P. 77–78, 118
MAURER, T. 130
Mendelssohn, F. 45
Mendelssohn, J. 42
Mendelssohn, M. 3, 10–15, 18, 24, 32, 42, 45, 66, 74, 83, 86–89, 92, 94, 99
MEYER, M. 26, 79, 86–89, 95–98, 100
Meyerbeer, G. 45
MICHAEL, R. 73–74, 100
Michaelis, J. 18
Mommsen, T. 49–51, 105
MOSSE, G. L. 13, 88, 103
MOSSE, W. E. 85, 111, 113

NA'AMAN, S. 93, 112, 120, 126
Napoleon 14, 20
Nathan, P. 61
Nicolai, G. F. 92, 99
NIPPERDEY, T. 108, 117
Nordau, M. 128
Nordmann-Naudh, J. 45

Oppenheim, A. 42
OPPENHEIMER, F. 124

PAUCKER, A. 60, 93, 121, 124–125
PELLI, M. 73, 89
PHILIPPSON, J. 93
Philippson, L. 23, 33, 35, 39
PHILIPPSON M. 64, 109, 125
POLIAKOV, L. 118
POPPEL, S. 127
Prinz, A. 114–115

PUHLE, H.-J. 120
Pulzer, P. G. J. 118

Raabe, W. 44
RAGINS, S. 122, 125
Rappoport, S. J. 25, 74
Rathenau, W. 56, 68, 113
REICHMANN, E. 77–78, 118, 124, 128–129
REINHARZ, J. 64, 93, 121, 123, 125, 127
REISSNER, H. G. 100
RICHARZ, M. 54, 80, 82, 84, 108, 116
Riesser, G. 23, 33–34, 37, 100, 109
Rieger, P. 124
RINOTT, M. 100
Rohling, A. 45
ROSENBLOOM, N. 89, 99
ROSENBLÜT, P. 64, 99–100
Rosenzweig, F. 66, 79, 89
ROTENSTREICH, N. 100, 123
Rühs, F. 21
RUPPIN, A. 114
RÜRUP, R. 37, 80, 83, 85, 103–104, 106–107, 109, 112, 117, 119, 121

Sachs, M. 75, 76
Salomon, G. 32
Savigny, F. K. von 29
SCHATZKER, C. 130
Schleiermacher, F. D. 16, 28
Schnitzler, A. 59
SCHOEPS, H.-J. 79, 100
Scholem, G. 87, 96, 124
SCHORSCH, I. 73–74, 76, 97–98, 100, 122, 125
SCHULIN, E. 113
SCHWAB, H. 98
SCHWARZ, S. 79
SEGALL, J. 114
SHAZAR, S. 96
SHOHET, A. 80, 83, 87
SIEMANN, W. 107
SILBERNER, E. 121
Simon, E. 69
Simon, J. 61
Sokolow, N. 125
SOMBART, W. 114
SORKIN, D. 32, 87, 92, 99, 103
STADELMANN, R. 107

Stahl, F. G. 44
Stein, L. 33, 36
Steinheim, S. L. 89, 100
Steinschneider, M. 28, 74, 96
Steinthal, H. 123
STERLING, E. 78, 109
STERN, STERN-TÄUBLER, S. 83, 88–89, 124
STERN, F. 113
STOBBE, O. 76
Stoecker, A. 49–50, 119
SUCHY, B. 121

TAL, U. 96, 119, 122–123
TALMON, J. 118–119
THEILHABER, F. 115
THON, O. 126
THO, J. 4
Titkin, S. 25
TOURY, J. 4, 6, 9, 37–38, 40, 43, 45, 58, 80, 84–85, 88, 90–91, 93, 95–96, 102–104, 108–111, 113–115, 119, 125
Treitschke, H. von 48, 49

VALENTIN, V. 107
Varnhagen-Levin, R. 13, 91
Veit, M. 37

Veit, S. 10
Virchow, R. 50
VITAL, D. 126
VOLKOV, S. 57, 92, 116, 120–122

Wagener, H. 45
Wagner, R. 44–45
WALKER, M. 9
WALLACH, L. 100
WASSERMANN, H. 59
Wassermann, J. 92
WELTSCH, R. 128
WEHLER, H. U. 108, 118
Weizmann, C. 128
WERTHEIMER, J. 129
Wessely, N. H. 11
Weyl, M. B. 26
WIENER, M. 77, 79, 98, 100
WIRTZ, R. 108
WISTRICH, R. 121
Wolffsohn, D. 63, 128

YERUSHALMI, C. J. 73

ZIMMERMANN, M. 100, 106
Zunz, L. 28, 29, 32, 39, 73–76, 96, 100
ZUR, Y. 130

Ortsregister

Altona 5, 26, 36
Amerika, Vereinigte Staaten 61, 64, 68, 72, 77, 80, 97, 110
Ansbach 37

Baden 4, 12, 19, 38, 41, 42, 44, 47, 80, 108
Basel 63
Bayern 4, 5, 19, 22, 37, 38, 47, 79
Berlin 3, 6, 8, 9, 10, 12, 13, 16, 24, 25, 26, 27, 28, 29, 31, 32, 37, 40, 49, 50, 53, 54, 55, 60, 62, 64, 65, 68, 79, 83, 90, 95, 107, 118, 124
Beuthen (Oberschlesien) 26
Bonn 79
Böhmen 4, 39, 82–83

Braunschweig 30, 37, 41
Breslau 10, 12, 25, 29, 30, 31, 42, 59, 79, 99
Budapest 39, 62

Dessau 10, 13, 32
Dresden 29

Elsaß 38, 82
England, Großbritannien 72, 77, 78, 83, 102, 110

Franken 4
Frankfurt am Main 5, 6, 10, 12, 20, 22, 28–29, 30, 32, 37, 53–54, 58, 79, 99, 107

Frankreich 19, 44, 102, 103, 104
Fürth 4, 5, 26

Galizien 4–5, 58, 83
Glogau 5
Göttingen 18

Halberstadt 4
Hamburg 5, 10, 13, 22, 25–27, 30–33, 37, 38, 79, 99, 106
Hannover 41
Heidelberg 33
Hessen(-Homburg; -Nassau) 4, 5, 12, 37, 38, 40–41

Israel 25, 26, 29, 72, 78, 80, 96

Jerusalem 11, 77, 80, 81, 95, 127

Karlsruhe 10
Kassel 10, 12
Kiel 33
Köln 42, 62, 63, 64, 79, 81
Königsberg 10, 32

Leipzig 33
London 126
Lübeck 37

Magdeburg 4, 33
Mähren 4, 39, 82, 83
Mannheim 5, 42
Marburg 49, 65, 93
Mecklenburg-Schwerin 37
München 63, 79, 107, 108

New York 77, 81, 82, 126

Niederlande 19
Nürnberg 4

Oberschlesien 5, 26, 39
Odenwald 38
Österreich, Habsburger Monarchie 5, 38, 83, 84, 108

Palästina 61, 62, 63, 64, 68, 77, 128
Paris 62
Pfalz 4
Polen 75, 82
Pommern 50
Posen 12, 35, 39, 42, 58, 83, 99
Prag 25, 28, 39, 84
Preßburg 25, 39
Preußen 4–5, 8, 19–20, 22, 26, 35, 37, 41, 46–48, 57, 73, 124

Rheinland 36, 38
Rußland 58, 62, 68

Sachsen 5, 37, 49–50
Schlesien, 42, 58, 83, 99
Seesen 25
Stuttgart 79
Süddeutschland 8, 38, 99

Ungarn 39, 82

Westfalen 4, 20, 25, 79, 80, 106
Wien 5, 19, 37, 62, 63, 84, 108, 123
Wiesbaden 29
Württemberg 19, 42, 47, 116
Würzburg 22, 26

Sachregister

Adelsbürger 9
AGUDAS ISROEL 65
Akkulturation 8, 11, 15, 17, 23, 32, 34, 42, 56, 66, 72, 74, 86, 89–91, 94, 103, 111
Allgemeine Zeitung des Judentums (AZJ) 33–35, 45

Anti-Antisemitismus s. a. Verein zur Abwehr des Antisemitismus 52, 120–121
anti-jüdisch s. antisemitische
antisemitische, anti-jüdische, Antisemitismus 5, 45, 47–53, 55, 57–60, 62, 68–69, 74, 77–78, 80, 85,

91, 93, 103, 106–111, 113, 117, 118–119, 120–122
Gefühle 21, 39, 47–48, 53, 67, 84, 106–108, 119–122
Paragraph 52
Petition 50
Politische Bewegung, Parteien u. Vereine 50–51, 53, 67, 77–78, 109, 118–119
Propaganda u. Publizisten 6, 23, 38, 45, 48, 50, 62, 67–68, 119, 122
Unruhen u. Gewalt 38–39, 107–109
Armee, Heer u. Militär 9
Juden in 35, 44, 54–56, 67–69, 129
Arme, Armut 6–7, 12, 43, 93, 96
Assimilation 34, 44, 49, 53, 56, 62, 63, 90, 91, 94, 102, 103, 104, 105, 110, 116
aufgeklärte, Aufklärer 10, 15, 16, 18, 22, 24, 73, 75, 90, 106
jüdische (MASKILIM) 24, 32, 73, 90, 92
Aufklärung 7, 10, 11, 15–18, 20–21, 27, 32, 72, 77, 80, 82–83, 87, 92, 99, 106, 110, 127
jüdische (HASKALAH) 32, 73, 87, 89
Austrittsgesetz 32, 57
Auto-Emanzipation 103

Berliner Bewegung 50
Berliner Salons 13–14, 90–92
Berufsstruktur, Berufsverhältnisse (der Juden) s. a. Mobilität 6–7, 19, 33, 54, 57–58, 113–115, 117
Akademische u. Freie Berufe 27, 43–44, 48–49, 54, 80
Bank- u. Finanzwesen 6–11, 26, 38–39, 42, 48, 113
Handel, Einzelhandel, Großhandel 6–7, 9, 11, 42–43, 58, 91
Bevölkerung 54, 107, 130
jüdische 4–7, 20, 37, 39, 40, 43, 54, 56–58, 60, 69
Bildung, Bildungsbürgertum 8–10, 12, 14, 17, 26, 31, 32, 48, 50, 74, 103
Bnei-Brith-Logen 61
Bund der Landwirte (BdL) 51, 120
bürgerliche, Bürgertum s. a. Bildung, Sittlichkeit 3, 8–10, 16, 17, 18, 31, 35, 42, 43, 46, 51, 52, 80, 88, 92, 94, 102, 106

CHIBBAT ZION 62
Christlich-Soziale Arbeiterpartei 49, 119
Central-Verein deutscher Staatsbürger jüdischen Glaubens (C.V.) 61, 64, 67, 69, 93, 121–125, 128

décret infâme 19, 38
Deutsch-Konservative Partei 51–52
Deutscher Handlungsgehilfenverband (DHG) 51, 120
Deutscher Nationalverein 43, 93, 120
Dissimilation 53, 56
Dreyfus-Affäre 62

Emanzipation, Gleichstellung, Gleichberechtigung (der Juden) s. a. Gesetze, Edikte, Gesetzgebung 8, 15, 17–23, 26, 33–34, 36, 38, 40–41, 43, 46–49, 62–63, 65, 71, 73–75, 77, 80, 83, 86, 90, 94, 98–113, 118–120, 122, 124, 126
Erziehung 12, 15, 17, 18, 19, 28, 33, 48, 80, 83, 87, 129

Frauen 13, 14, 57, 58, 85, 88, 90, 91, 105, 106, 117, 130
Frauen- und Mädchenerziehung 58, 98, 117
Jüdischer Frauenbund 94

Gesetze, Edikte, Gesetzgebung 4–5, 19, 39, 47, 104
in 1848/49 40–42
in Baden (Konstitutionsedikt 1809) 12
in Bayern (1813) 26, 47
in Preußen 12, 19–20, 31, 35

HALACHA, jüdische Gesetze 16–17, 29, 31, 35–36, 84, 95

Hep-Hep-Unruhen 22, 27, 38
Hilfsverein der deutschen Juden 61
Hofjuden 8, 9
Integration 3, 8, 11, 16, 17, 19, 42, 43, 49, 56, 57, 59, 61, 63, 67, 72, 86, 91, 92, 103, 105, 110, 111, 113, 128

Jeschurun 33
Judenfrage 21, 22, 23, 48, 62, 102, 106, 121
„Judenstatistik" 68–69
Judentum s. a. Neo-Orthodoxie, Reformjudentum, Orthodoxie 3, 8, 10–11, 15–17, 22–24, 27–31, 33, 46, 56–57, 59, 61, 64–67, 72–81, 83, 86–90, 94–100, 102–103, 105–107, 110–111, 113, 115, 119, 121–126, 129
ashkenasisches Judentum 75–76, 82–83
Diaspora-, europäisches u. osteuropäisches Judentum 5, 63, 75, 83, 110
positiv-historisches Judentum 29
Trotzjudentum 57
„Jüdische Rundschau" 64

Konservative, Konservativismus 18, 21, 25, 31, 44, 48, 52, 60, 97, 130

Landjuden, Landjudentum 3–5, 22, 26, 38–39, 51, 53, 57, 116, 130
Lehranstalt für die Wissenschaft des Judentums 65
Leibzoll 6
Lesegesellschaften 14, 91
Liberale, Liberalismus 36, 44–45, 47–49, 52–54, 63–65, 67, 71, 75, 78, 93, 95, 97, 105–107, 111, 120, 121, 128
Linksliberale 52, 54, 60–61, 120
Liberales Judentum s. Reform, Reformer, Reformjudentum

Messianismus 26, 29, 63, 87, 126
Mischehen 29, 45, 56
MIZRACHI 65, 127
Mobilität, Aufstieg s. a. Berufsstruktur 8, 11, 42, 55, 86, 106, 113, 116

soziale u. wirtschaftliche 11, 43, 53, 67, 111, 113, 115

Nationalbewegung, Nationalismus 17, 21, 48, 62–63, 121, 126
Neo-Orthodoxe, Neo-Orthodoxie 30, 33, 64, 74, 89, 98, 111, 127

Orthodoxe, Orthodoxie 26, 30–31, 33, 40, 63–65, 87, 89, 94, 97–99, 130

Palästina 61–64, 68, 77, 128
Patriotismus 14, 31, 65, 68–69, 100, 120
Presse, Zeitschriften 22, 29, 30, 32–34, 37, 40, 48, 54, 62, 64, 76, 114
„Produktivierung" 18, 39, 115

Rabbinerseminar in Breslau 30, 65
Rassismus, Rassenlehre, Rassentheorien 45, 119
Reform, Reformer 7, 21, 23, 25, 26–28, 30–34, 65, 73, 75, 89, 94–100, 125
Reformjudentum, liberales Judentum 29–31, 36, 38, 75, 89, 95–97, 99–100, 125
Religion 8, 11, 15–16, 18, 21–24, 28, 31, 41, 65–66, 77, 79, 98, 100
Revolution 43, 45
Französische Revolution 19
industrielle Revolution 42
1830 33, 38
1848 35–45, 48, 85, 93, 95–96, 98, 107–111, 119

Schutzjuden 10, 20
Selbstbewußtsein u. jüdische Identität 23, 58, 59, 61–63, 76, 85, 106, 127–129
Sittlichkeit 13, 31, 88
Sozialdemokraten, Sozialisten, Sozialdemokratie, Sozialismus 38, 49, 50, 52–53, 121, 124, 126
Sprache 17, 32, 82, 90, 107
Jiddisch 5, 12, 59, 82, 116
Hebräisch 12, 87, 118, 126, 128
Studenten, Studentenverbindungen 38, 52–54, 58–60, 62, 65, 123, 127

Sulamith 32
Synagoge, Tempel 5, 25, 26, 32–33

Taufe, Getaufte, Konversion 9, 11, 15, 17, 27, 33, 57, 61, 66, 85, 89, 91, 105
Toleranzpatente 3, 12, 18
Tradition 12, 28, 30, 58, 60, 65, 73–74, 80, 82, 86–87, 89–90, 96, 99, 111, 126

Urbanisierung 42, 116

Verein für Cultur und Wissenschaft der Juden 27
Vereine, Vereinigungen 14, 44–46, 51, 61, 92–93, 120

Verein zur Abwehr des Antisemitismus 60, 121

Weimarer Republik 57, 69, 84, 129, 130
Wissenschaft des Judentums 24, 27–30, 65, 123

YESHIVOT 24

Zionisten, Zionismus 59, 62–65, 67, 75, 78, 89–90, 94, 96–97, 103, 122–128
Zionistische Vereinigung für Deutschland (ZVfD) 63–64, 94, 123, 126

Enzyklopädie deutscher Geschichte
Themen und Autoren

Mittelalter

Demographie des Mittelalters (Neithard Bulst)	Gesellschaft
Agrarwirtschaft, Agrarverfassung und ländliche Gesellschaft im Mittelalter (Werner Rösener) 1992. EdG 13	
Adel, Rittertum und Ministerialität im Mittelalter (Werner Hechberger)	
Die Stadt im Mittelalter (Michael Matheus)	
Armut im Mittelalter (Otto Gerhard Oexle)	
Die Juden im mittelalterlichen Reich (Michael Toch) 1998. EdG 44	
Wirtschaftlicher Wandel und Wirtschaftspolitik im Mittelalter (Ludolf Kuchenbuch)	Wirtschaft
Wissen als soziales System im Frühen und Hochmittelalter (Johannes Fried)	Kultur, Alltag,
Die geistige Kultur im späteren Mittelalter (Johannes Helmrath)	Mentalitäten
Die ritterlich-höfische Kultur des Mittelalters (Werner Paravicini) 1994. EdG 32	
Die materielle Kultur des Mittelalters (N. N.)	
Die mittelalterliche Kirche (Michael Borgolte) 1992. EdG 17	Religion und
Religiöse Bewegungen im Mittelalter (Matthias Werner)	Kirche
Formen der Frömmigkeit im Mittelalter (Arnold Angenendt)	
Die Germanen (Walter Pohl) 2000. EDG 57	Politik, Staat,
Die Slawen in der deutschen Geschichte des Mittelalters (N. N.)	Verfassung
Das römische Erbe und das Merowingerreich (Reinhold Kaiser) 2. Aufl. 1997. EdG 26	
Das Karolingerreich (Bernd Schneidmüller)	
Die Entstehung des Deutschen Reiches (Joachim Ehlers) 2. Aufl. 1998. EdG 31	
Königtum und Königsherrschaft im 10. und 11. Jahrhundert (Egon Boshof) 2. Aufl. 1997. EdG 27	
Der Investiturstreit (Wilfried Hartmann) 2. Aufl. 1996. EdG 21	
König und Fürsten, Kaiser und Papst nach dem Wormser Konkordat (Bernhard Schimmelpfennig) 1996. EdG 37	
Deutschland und seine Nachbarn 1200–1500 (Dieter Berg) 1996. EdG 40	
Die kirchliche Krise des Spätmittelalters (Heribert Müller)	
König, Reich und Reichsreform im Spätmittelalter (Karl-Friedrich Krieger) 1992. EdG 14	
Fürstliche Herrschaft und Territorien im späten Mittelalter (Ernst Schubert) 1996. EdG 35	

Frühe Neuzeit

Bevölkerungsgeschichte und historische Demographie 1500–1800 (Christian Pfister) 1994. EdG 28	Gesellschaft
Bauern zwischen Bauernkrieg und Dreißigjährigem Krieg (André Holenstein) 1996. EdG 38	

Bauern 1648–1806 (Werner Troßbach) 1992. EdG 19
Adel in der Frühen Neuzeit (Rudolf Endres) 1993. EdG 18
Der Fürstenhof in der Frühen Neuzeit (Rainer A. Müller) 1995. EdG 33
Die Stadt in der Frühen Neuzeit (Heinz Schilling) 1993. EdG 24
Armut, Unterschichten, Randgruppen in der Frühen Neuzeit
  (Wolfgang von Hippel) 1995. EdG 34
Unruhen in der ständischen Gesellschaft 1300–1800 (Peter Blickle)
  1988. EdG 1
Frauen- und Geschlechtergeschichte 1500–1800 (Heide Wunder)
Geschichte des Judentums vom 16. bis zum Ende des 18. Jahrhunderts
  (Friedrich Battenberg)
Militärgeschichte des späten Mittelalters und der Frühen Neuzeit
  (Bernhard Kroener)

Wirtschaft **Die deutsche Wirtschaft im 16. Jahrhundert (Franz Mathis) 1992. EdG 11**
Die Entwicklung der Wirtschaft im Zeitalter des Merkantilismus 1620–1800
  (Rainer Gömmel) 1998. EdG 46
Landwirtschaft in der Frühen Neuzeit (Walter Achilles) 1991. EdG 10
Gewerbe in der Frühen Neuzeit (Wilfried Reininghaus) 1990. EdG 3
Kommunikation, Handel und Finanz in der Frühen Neuzeit (Michael North)

Kultur, Alltag, Medien in der Frühen Neuzeit (Stephan Füssel)
Mentalitäten Bildung und Wissenschaft im 15. und 16. Jahrhundert (Notker Hammerstein)
Bildung und Wissenschaft in der Frühen Neuzeit 1650–1800
  (Anton Schindling) 2. Aufl. 1999. EdG 30
Die Aufklärung (Winfried Müller)
Lebenswelt und Kultur des Bürgertums in der Frühen Neuzeit (Bernd Roeck)
  1991. EdG 9
Kultur und Mentalitäten der unterbürgerlichen Schichten in der Frühen Neuzeit
  (Robert von Friedeburg)
Umweltgeschichte Frühe Neuzeit (N.N.)

Religion und Die Reformation. Voraussetzungen und Durchsetzung (Olaf Mörke)
Kirche **Konfessionalisierung im 16. Jahrhundert (Heinrich Richard Schmidt)**
  1992. EdG 12
Kirche, Staat und Gesellschaft im 17. und 18. Jahrhundert (Michael Maurer)
  1999. EdG 51
Religiöse Bewegungen in der Frühen Neuzeit (Hans-Jürgen Goertz)
  1993. EdG 20

Politik, Staat **Das Reich in der Frühen Neuzeit (Helmut Neuhaus) 1997. EdG 42**
und Verfassung Landesherrschaft, Territorien und Staat in der Frühen Neuzeit (Joachim Bahlcke)
Die Entwicklung der landständischen Verfassung (Kersten Krüger)
Vom aufgeklärten Reformstaat zum bürokratischen Staatsabsolutismus
  (Walter Demel) 1993. EdG 23

Staatensystem, **Das Reich im Kampf um die Hegemonie in Europa 1521–1648 (Alfred Kohler)**
internationale **1990. EdG 6**
Beziehungen **Altes Reich und europäische Staatenwelt 1648–1806 (Heinz Duchhardt)**
  1990. EdG 4

19. und 20. Jahrhundert

Gesellschaft Demographie des 19. und 20. Jahrhunderts (Josef Ehmer)
Umweltgeschichte des 19. und 20. Jahrhunderts (Arne Andersen)

Geschichte des deutschen Adels im 19. und 20. Jahrhundert (Heinz Reif)
1999. EdG 55
Geschichte der Familie im 19. und 20. Jahrhundert (Andreas Gestrich)
1998. EdG 50
Urbanisierung im 19. und 20. Jahrhundert (Klaus Tenfelde)
Soziale Schichtung, soziale Mobilität und sozialer Protest im 19. und
20. Jahrhundert (N.N.)
**Von der ständischen zur bürgerlichen Gesellschaft (Lothar Gall)
1993. EdG 25
Die Angestellten im 19. und 20. Jahrhundert (Günter Schulz) 2000. EdG 54
Die Arbeiterschaft im 19. und 20. Jahrhundert (Gerhard Schildt)
1996. EdG 36
Die Juden in Deutschland 1780–1918 (Shulamit Volkov) 1994. EdG 16
Die Juden in Deutschland 1914–1945 (Moshe Zimmermann) 1997. EdG 43**
Militärgeschichte des 19. und 20. Jahrhunderts (Ralf Pröve)

Die Industrielle Revolution in Deutschland (Hans-Werner Hahn)   Wirtschaft
**1998. EdG 49
Die deutsche Wirtschaft im 20. Jahrhundert (Wilfried Feldenkirchen)
1998. EdG 47**
Agrarwirtschaft und ländliche Gesellschaft im 19. Jahrhundert (Stefan Brakensiek)
Agrarwirtschaft und ländliche Gesellschaft im 20. Jahrhundert (Ulrich Kluge)
**Gewerbe und Industrie im 19. und 20. Jahrhundert (Toni Pierenkemper)
1994. EdG 29**
Handel und Verkehr im 19. Jahrhundert (Karl Heinrich Kaufhold)
Handel und Verkehr im 20. Jahrhundert (Christopher Kopper)
**Banken und Versicherungen im 19. und 20. Jahrhundert (Eckhard Wandel)
1998. EdG 45**
Staat und Wirtschaft im 19. Jahrhundert (bis 1914) (Rudolf Boch)
Staat und Wirtschaft im 20. Jahrhundert (Gerold Ambrosius) 1990. EdG 7

Kultur, Bildung und Wissenschaft im 19. Jahrhundert (Rüdiger vom Bruch)   Kultur, Alltag und
Kultur, Bildung und Wissenschaft im 20. Jahrhundert (Frank-Lothar Kroll)   Mentalitäten
Lebenswelt und Kultur des Bürgertums im 19. und 20. Jahrhundert
(Andreas Schulz)
**Lebenswelt und Kultur der unterbürgerlichen Schichten im 19. und
20. Jahrhundert (Wolfgang Kaschuba) 1990. EdG 5**

Formen der Frömmigkeit in einer säkularisierten Gesellschaft (Karl Egon Lönne)   Religion und
Kirche, Politik und Gesellschaft im 19. Jahrhundert (Gerhard Besier)   Kirche
**1998. EdG 48
Kirche, Politik und Gesellschaft im 20. Jahrhundert (Gerhard Besier)
2000. EdG 56**

Der Deutsche Bund und das politische System der Restauration 1815–1866   Politik, Staat,
(Wolfram Siemann)   Verfassung
**Verfassungsstaat und Nationsbildung 1815–1871 (Elisabeth Fehrenbach)
1992. EdG 22
Politik im deutschen Kaiserreich (Hans-Peter Ullmann) 1999. EdG 52
Die innere Entwicklung der Weimarer Republik (Andreas Wirsching)
2000. EdG 58
Nationalsozialistische Herrschaft (Ulrich von Hehl) 1996. EdG 39
Die Bundesrepublik Deutschland. Verfassung, Parlament und Parteien
(Adolf M. Birke) 1996. EdG 41**

Die Sozialgeschichte der Bundesrepublik Deutschland (Arnold Sywotk)
Die Innenpolitik der Deutschen Demokratischen Republik (Günther Hydemann)

Staatensystem, **Die deutsche Frage und das europäische Staatensystem 1815–1871**
internationale **(Anselm Doering-Manteuffel) 1993. EdG 15**
Beziehungen **Deutsche Außenpolitik 1871–1918 (Klaus Hildebrand) 2. Aufl. 199 EdG 2**
Die Außenpolitik der Weimarer Republik (Gottfried Niedhart) 19. EdG 53
Die Außenpolitik des Dritten Reiches (Marie-Luise Recker) 1990. dG 8
Die Außenpolitik der Bundesrepublik Deutschland (Hermann Graml)
Die Außenpolitik der Deutschen Demokratischen Republik (Joachim Scholtyseck)

Hervorgehobene Titel sind bereits erschienen.

Stand: (August 1999)

www.ingramcontent.com/pod-product-compliance
Lightning Source LLC
Chambersburg PA
CBHW020412230426
43664CB00009B/1263